PLAZA & JANES
P & J
EPOCA

NUESTRA DEMOCRACIA PUEDE MORIR

JOSE MANUEL OTERO NOVAS

PLAZA & JANES EDITORES, S. A.

Portada de

JOAN BATALLE

Primera edición: Setiembre, 1987
Segunda edición: Octubre, 1987

Editado por PLAZA & JANES EDITORES, S. A.
Virgen de Guadalupe, 21-33. Esplugues de Llobregat (Barcelona)

Printed in Spain — Impreso en España

ISBN: 84-01-33335-0 — Depósito Legal: B. 36.520 - 1987

Impreso en Gráficas Guada, S. A. — Gallo, 6
Esplugues de Llobregat (Barcelona)

ÍNDICE

PARTE TERCERA

LOS LÍMITES DEL PODER DE LAS MAYORÍAS

PARTE CUARTA

EL SUPUESTO DERECHISMO EN LA POLÍTICA ECONÓMICA DEL PSOE

PARTE QUINTA

LA CONFRONTACIÓN POLÍTICA EN LA ESPAÑA ACTUAL. EXPLORACIÓN DEL FUTURO

A Elena María e Irene,
mis hijas

INTRODUCCIÓN

A usted, lector, que ha tenido para conmigo la amable decisión de leerme, le debo una explicación previa. La de por qué alguien como yo, que se pasa las jornadas entre demandas judiciales y dictámenes en Derecho, se atreve por vez primera a colocar en el mercado editorial un libro político.

Siempre he tenido la preocupación política. Originada por la intensa formación religiosa de mi juventud. Desde muy pronto caló hondo en mí aquella frase del Nuevo Testamento según la cual «si alguien dice que ama a Dios a quien no ve y no ama a su prójimo a quien ve, es un mentiroso». A partir de ahí, con o sin motivación religiosa, sé que debo preocuparme del bienestar de mis conciudadanos. Y mantengo la inquietud tras haber servido algunos años en cargos oficiales durante los primeros tiempos de la democracia. Raro será el mes en que no dedico un fin de semana a divulgar en conferencias o artículos las ideas que me parece pueden servir a los demás.

En otoño de 1986, la Professors World Peace Academy me invitó a presentar una ponencia sobre el régimen constitucional español de 1978 y su futuro. Y yo, que no me libro de la pequeña vanidad de considerar interesantes mis trabajos, incluso los extraprofesionales, me vi sorprendido, no obstante, con el éxito que la divulgación de mi ponencia supuso. Algunos amigos me halagaron con sus apreciaciones y Emilio Romero le dedicó tres artículos en la amplísima red de periódicos en los que diariamente escribe. Recibí un aluvión de peticiones de poner mi obra a disposición del público.

Medité en cómo debería hacerlo. Por razón de los cargos que ocupé tras la muerte de Franco, podía transformar aquella ponencia en un libro de cierta importancia histórica. Pero no debo hacerlo. Aún no es tiempo. Tendría que producir una obra manifiestamente incompleta y asimétrica.

Me decidí en cambio por la estructura del libro que ahora tiene usted entre sus manos. Amplié mi ponencia sobre la Constitución en un 25 % aproximadamente de su contenido, para que quienes ya la conocen puedan releerla con la esperanza de encontrar más datos y opiniones. Y así compuse un primer capítulo que explicita cómo y con qué condicionantes nació nuestro actual régimen democrático. Al que añadí otros cuatro capítulos, sobre destacados problemas que aquejan al presente, y al futuro, de nuestro régimen político, sobre alguno de los cuales, aunque con otra metodología y contenidos, ya reflexioné en público alguna vez.

La temática del libro tiene una profunda unidad de conjunto. Si usted tiene la paciencia de leerlo en su integridad, comprenderá cómo las grandes virtudes y las adversas circunstancias que concurrieron en la génesis del nuevo sistema político, llegan a justificar la frase final del libro que he trasladado como título de la obra: Nuestra democracia puede morir.

Puede morir nuestra democracia, porque uno de sus partidos clave, hoy en el poder, el Partido Socialista Obrero Español, mantiene unos objetivos finales incompatibles con la actual Constitución, y porque sin violarla, puede legal y constitucionalmente llegar a cambiarla por otra sustancialmente distinta a la que tenemos. Pienso que lo demuestro suficientemente en las páginas que publico. Y lo atribuyo a lo prematuramente que el PSOE alcanzó el Poder, por culpa en buena medida de quienes lo ostentamos hasta 1982.

Pero puede morir también nuestra democracia, aun cuando el PSOE congele o renuncie a sus actuales metas finales y mantenga íntegramente la actual Constitución, si subsiste en su pretensión colectivista y totalizante de controlar hegemónicamente no sólo el poder político, sino también el económico y social. Por la vía que nos llevan y que yo explicito, pronto pueden desaparecer en España las condiciones politicosociales imprescindibles para un proceso normal de reversibilidad del poder.

Con lo cual, y como en otros países del mundo, una Constitución formalmente democrática estaría amparando una realidad no democrática en la que la oposición sería una mera cobertura estética que legitimaría en apariencia al sistema.

Por supuesto, no limito mis juicios críticos a los comportamientos de nuestros gobernantes. Trato de juzgar asimismo las graves responsabilidades de mi propio sector político en la degradación democrática que denuncio. Alguna vez hago autocrítica. Y por si no queda claro, sepa el lector que, aunque me siento satisfecho de muchas de mis actitudes, no me excluyo del tanto de culpa que me corresponde.

Acuso a la sociedad no socialista de la que formo parte, de una anemia ideológica que le impide formular alternativas ilusionantes; de insolidaridad, pereza intelectual y falta de visión de futuro que la llevan a dejarse arrastrar mansamente cuando no a empujar al tren del poder; de permitir, fomentar o dirigir, unas estructuras partidistas, dispersas, enfrentadas entre sí, personalistas, sin real ambición integradora, y carentes de programas con sustancia propia y positiva.

Escribo sobre todas y cada una de estas facetas. Todas las analizo para llegar a la advertencia final. Con lo cual no pretendo hacer un estudio completo de nuestra democracia. Podría hacer también un libro sobre las ventajas que el sistema está reportando a España. A algunas de ellas me refiero en estas páginas. Pero no es mi objetivo hacer el juicio de conjunto de nuestra democracia, sino fundamentalmente de los riesgos que la pueden poner en peligro. Por lo mismo, mis análisis de los comportamientos de la izquierda y la derecha, son globales. Porque conozco muchas personas, en ambos campos, ejemplarmente democráticas, generosas y merecedoras de mis más cálidos aplausos. Pero son minorías que no permiten alterar los análisis de conjunto que formulo.

¿Soy pesimista en mis juicios? Yo creo que si alguien va al hospital porque siente fuertes opresiones en el pecho, debe comprender que el médico investigue si vive con stress, si es fumador, si bebe en demasía, si se alimenta con exceso de grasas, o si descansa poco. Y sería absurdo, si dando positivas todas estas investigaciones, se rebelara contra el facultativo porque le recomiende que modere sus hábitos de conducta bajo la advertencia de que en otro caso podrá sufrir un infarto mortal. A mí me parece que en este libro no peco de pesimista, sino que, como el médico del ejemplo, trato de detectar la realidad y avisar sobre que ciertas pautas de comportamiento pueden ser letales para el sistema.

En las calificaciones, me he esforzado en ser elíptico para evitar molestias. No obstante lo cual, alguna vez puedo parecer duro, como cuando me aproximo al concepto de lo «totalizante». Porque no se debe dejar de decir lo que realmente es cada cosa. Pero también, porque si se descubre la realidad, yo confío en que los actores de las posturas que califico, dado que conservan sensibilidad, pueden ser impelidos a cambiar. Al borracho empedernido, no le molesta que se le llame alcohólico. Pero a quien lo es sin haber perdido el sentido de la moderación y autoestima, puede convenirle que la primera terapéutica consista en que le digan sin eufemismos que ha entrado en el alcoholismo. Para que sirva de arranque reactivo a su proceso de cambio. Lo que en todo caso quiero dejar bien sentado, es que en mis calificativos no existe ánimo ofensivo contra nadie, y que no se dirigen a las personas, sino a la objetividad de sus posiciones. Yo parto de la consideración de la honestidad democrática de todos, a izquierda y derecha. Admito la existencia de la deshonestidad, pero como sé que se reparte entre todos los sectores, no la valoro en mis análisis. Lo que ocurre, es que con la mayor buena fe subjetiva, se pueden cometer objetivamente disparates inconvenientes para España. Y tal como los percibo, los denuncio para que puedan corregirse. A sabiendas de que la «objetividad» no es atributo de ningún humano. Pero esforzándome por acercarme a ella.

Arranqué en mi vida política de una postura racionalista de indiferencia ante el tema de las formas de Gobierno. Me importaban los contenidos democráticos y me daba lo mismo que la Jefatura del Estado fuera monárquica o republicana. Hoy, soy un convencido de que la monarquía democrática es el sistema más adecuado para la realidad histórica española. Y ello, a pesar de que, en las postrimerías del franquismo, Fermín Zelada me enseñó que en España una monarquía tiende a estabilizarse con el contrapeso de la izquierda, mientras que aquí la república sólo se consolida con un predominio de la derecha. Al repasar la Historia comprobé que los dirigentes de la II República, valiosos por muchos conceptos pero sin sentido del tiempo y la oportunidad, como demostraron, no obstante colocaron siempre a burgueses como jefes del Estado republicano. Burgués neto fue Alcalá Zamora. Burgués relativo respecto a las fuerzas que presidía fue Azaña. Y los comunistas se empeñaron en mantenerlo como símbolo del Estado, aun cuando Azaña quería abandonar. Sin embargo, sintiéndome ajeno al izquierdismo, defiendo para España nuestra monarquía constitucional, como valor que interesa conservar y más allá de la Persona regia que hoy la encarna.

Aunque todos los meses escribo centenares de folios de temas jurídicos, debo significar que escribir este libro político me ha costado un gran esfuerzo y muchísimas horas. Esfuerzo que he volcado en la producción de ideas y en su exposición lo más didácticamente posible. Porque me ilusiona convencer a otros de aquello que a mí me parece acertado. Por ello, notará el lector que no eludo reproducir conceptos conocidos, si su reproducción resulta necesaria para anudar la argumentación. En cambio, la técnica literaria, no es mi fuerte, ni mi objetivo. Por lo que seguramente podrán apreciarse «descuidos» en la forma de expresión.

Sé que habrá personas que discrepen de mis puntos de vista. Será normal. Sólo pido, en tal caso, que no se acuda a las descalificaciones simplistas. En otros tiempos se eliminaba de la circulación de las ideas a los adversarios, poniéndoles las etiquetas de judío, masón, comunista, rojo, resentido... Ahora se practica el mismo deporte con los motes de catastrofista, agorero, reaccionario... Yo desearía, y pienso que no es mucho pedir, que los discrepantes se centraran en demostrar el posible error de mis opiniones. Me harían un favor y se evitarían falsear la realidad atribuyéndome posiciones que no son las mías.

Yo soy el primero en desear fervientemente que mis diagnósticos sean inexactos. Bien porque la realidad sea diferente a como la percibo, o porque cambie. Me da igual. Pocas personas hay en España a las que el establecimiento de esta democracia le deba más que a mí. Anhelo para mis hijas y para los hijos de mis hijas, una España próspera, feliz, justa, libre, con convicciones pero sin sectarismos. Y eso exige el mantenimiento real de la democracia que alumbramos. Si en el pasado colaboré a traerla y ahora, con mi libro, puedo contribuir modestamente a que no se extinga, me sentiré políticamente satisfecho.

Abril de 1987

[illegible]

[illegible] fue [illegible] [illegible] [illegible] [illegible] [illegible] [illegible] de [illegible]. [illegible] [illegible] como [illegible] [illegible] [illegible] [illegible] de [illegible] [illegible] [illegible] debido para España [illegible] [illegible] [illegible] valor que [illegible] [illegible] de la Persona [illegible] hoy la [illegible].

Aunque todos los [illegible] [illegible] [illegible] [illegible] de [illegible] [illegible] — [illegible] significar que [illegible] [illegible] mucha [illegible] [illegible] y [illegible] [illegible]. [illegible] que ha volcado en la producción de ideas [illegible] más [illegible] [illegible]. Por [illegible] [illegible] [illegible] de aquello que a mí me parece [illegible] [illegible] el [illegible] que [illegible] [illegible] [illegible] [illegible] resulta [illegible] para [illegible] [illegible]. [illegible] [illegible] [illegible] [illegible] [illegible] que [illegible] podrían [illegible] [illegible] forma de expresión.

Se que [illegible] [illegible] que [illegible] de mis [illegible] [illegible] normal. Sólo pudo [illegible] que no se [illegible] [illegible] sus [illegible]. En otros [illegible] [illegible] [illegible] de las ideas a los [illegible] [illegible] [illegible] de [illegible] [illegible] [illegible] [illegible] el [illegible] [illegible] con los [illegible] de [illegible] [illegible] [illegible] que no [illegible] [illegible] que los [illegible] [illegible] el error de mis [illegible]. Me [illegible] la realidad [illegible] [illegible] que no [illegible] mía.

Yo sé el [illegible] [illegible] [illegible] [illegible] que mis [illegible] [illegible] [illegible] [illegible] la realidad [illegible] [illegible] a [illegible] [illegible] [illegible]. Me [illegible] [illegible] [illegible] España a las [illegible] [illegible] de esta [illegible] [illegible] que a mí. [illegible] para mis [illegible] y para [illegible] de mis [illegible] [illegible] [illegible] [illegible] [illegible] [illegible] [illegible] [illegible] [illegible] [illegible] [illegible] la [illegible] que [illegible] [illegible] [illegible] [illegible] y ahora [illegible] [illegible] pueda continuar [illegible] [illegible] [illegible] [illegible] [illegible] políticamente [illegible]

[illegible]

Parte primera

GÉNESIS Y CONDICIONANTES DEL SISTEMA CONSTITUCIONAL ESPAÑOL DE 1978

I. LA CONSTITUCIÓN DEL CONSENSO

1. Condiciones poco propicias para el consenso. La prosperidad del franquismo en 1975

Si examinamos los manuales de ciencia política al uso en las democracias, nos encontraremos con la afirmación incuestionable de que las Constituciones son obra de un llamado poder constituyente que es, directamente o por representación democrática, el pueblo soberano.

Mas si en vez de ello acudimos a la realidad sociológica, tendremos que salir del camino de la ingenuidad y reconocer que las constituciones de los pueblos son las reglas que al mismo pueblo impone quien realmente ostenta el poder fáctico en el momento constituyente. Estos poderes fácticos constituyentes actuarán con mayor o menor amplitud de miras, pero normalmente imponen su decisión al pueblo soberano.

Esta consideración, si analizamos el fenómeno con profundidad y rigor, se aplica también al suceso de la aprobación de la Constitución española de 1978. De una forma u otra, también responde al dictado de quienes ejercían el poder (directa o indirectamente; ganado o regalado) en los años 1977 y 1978.

Y sin embargo, creo que es legítimo destacar que nuestra Constitución de 1978 se elaboró de una forma singular. En un análisis superestructural del tema, destaca como una Constitución que quienes detentaban en aquellas fechas el poder político y social, no impusieron al país, sino que quisieron pactar con otras personas o grupos que a la sazón carecían de poder real y que tan sólo eran una expectativa de poder. Es una Constitución de consenso. Y probablemente es la única Constitución auténticamente consensuada de nuestra historia política.

Este dato ha sido tan reiteradamente destacado y aun magnificado, que visto desde 1987, nos parece natural y lógico, máxime cuando algunas fuerzas políticas potenciales llamadas al consenso, se han revelado con el tiempo fuerzas políticas y aun sociales, reales y temibles en su poderío. Yo creo personalmente que el fenómeno del consenso constitucional dista mucho de haberse producido con naturalidad. Si superamos el manido tópico de la madurez del pueblo español, lo cual no pasa de ser, entre otras cosas, una absurda simplificación organicista, constataremos que la infraestructura politicosocial de España estaba a la muerte del general Franco muy lejos de favorecer, y menos aún de propiciar, un consenso constitucional. El consenso no fue un suceso natural. Y ello que, me parece a mí, supone un motivo adicional de orgullo para quienes participamos en el proceso, se convierte asimismo en un elemento que ha de ser analizado por sociólogos y politólogos como posible factor de riesgo en la línea de razonamiento que Montesquieu esbozó en *L'esprit des lois.*

El golpe de Estado del 23-F fue una manifestación palmaria del desajuste entre poder constitucional y poder efectivo.

No es prudente explicar cómo detalles nimios permitieron que el Rey estuviera en condiciones de impartir órdenes que fueran obedecidas, o provocaron que la solución alternativa de Armada no fuera aceptada.

Durante el secuestro del Parlamento, y aunque las fuerzas asaltantes nos lo habían prohibido, yo me dediqué a tomar notas de todo lo que iba ocurriendo en el hemiciclo con su hora exacta. Lo hacía escondido bajo la mesa extensible del escaño o pidiendo permiso para ir al servicio con un guardia en la puerta. En mis anotaciones figura cómo a pesar de la orden de silencio que se nos dio, había muchos momentos en que las conversaciones se generalizaban y el ruido era perceptible. Entonces entraba Tejero por una puerta, y al instante, nosotros, la representación de la soberanía nacional, enmudecíamos como colegiales cogidos en falta, hasta que aquel teniente coronel salía por la otra puerta.

Pero este desajuste, con ser el más ostensible, no es el que me inquieta. Me preocupan otros menos aparentes y más profundos. Los hábitos y convicciones más o menos conscientes de núcleos importantes de la población que sólo cambian muy poco a poco y nunca al ritmo del Boletín Oficial.

Acabo de dejar apuntada una idea, la de la inexistencia de clima social de consenso a la muerte de Franco, que convendrá razonar.

Porque es verdad que en 1975, el pueblo español temía al fantasma de la guerra civil y tal temor podía favorecer el entendimiento político. Pero deja de ser cierto que ese miedo a la repetición de la guerra conduzca necesariamente al consenso social. Por el contrario, en mucha gente, situada en el ámbito de los vencedores, generaba un impulso de mantenimiento del sistema político vigente a la sazón, máxime cuando tal sistema estaba lleno de fuerza.

Es muy fácil decir ahora, cuando el régimen franquista ha desaparecido, que estaba caduco. A mí me da la impresión de que lo único caduco fue la vida del general Franco. Mientras que su régimen conservaba un extraordinario vigor, y que sus contradicciones y precariedades eran inferiores a otras que había superado en etapas anteriores.

Seguramente el único factor serio y realmente preocupante para el porvenir del franquismo, visto en 1975, era el de la «desafección» de la Iglesia católica que estudió De la Cierva. Por ser un pilar de su creación, los fermentos democratizadores que iba segregando la Iglesia conducían a la transformación del régimen.

Los demás enemigos del franquismo no pasaban de arañar su fuerte piel. El terrorismo golpeaba sangrientamente a través de ETA y FRAP en el primer quinquenio de la década de los 70. Pero no afectaba en nada a la estabilidad del régimen. Por aquellos días, un alto dirigente del sistema me decía con cierto cinismo: el régimen tiene capacidad para reclutar muchos agentes del orden por cada uno que sea eliminado por el terror. Es más: las actuaciones terroristas servían para que el régimen cerrara filas y se afirmara en su voluntad de pervivencia.

La llamada oposición democrática no quitaba el sueño a ningún dirigente del sistema. El autor de este trabajo formaba el grupo de quienes realizaban múltiples actividades de concienciación y preparación democrática. Incluso hube de pasar en una ocasión por el Tribunal de Orden Público. Creo haber cumplido con las exigencias de mis convicciones políticas. Pero no quiero engañarme. Aunque nuestra labor resultara históricamente útil, mientras vivió el general Franco éramos un elemento ornamental de su régimen que se consideraba cada vez más seguro de sí mismo. Un ministro de los 70, despachando con Franco, le propuso un nombramiento con pega. «Excelencia, es que este señor es socialista.» Franco le preguntó simplemente: «¿Pero acepta?» Y cuando oyó la respuesta afirmativa sentenció: «Pues nómbrelo.» (Hoy, aquel señor ocupa un alto puesto en la Administración socialista. Y no se trata de F. Fernández Ordóñez que en aquella época era sólo «aperturista» del franquismo, perteneciente a los magníficos equipos que formó Barrera de Irimo). Idéntica situación a la mía y de mis amigos, era la de Felipe González y los suyos. Eran perfectamente conocidos y en gran medida su actividad se toleraba con cierta benevolencia (1).

Tan sólo la oposición comunista era hostigada. Pero no a fondo. Lo sé porque tuve ocasión de ayudar a mis amigos comunistas a superar las dificultades que entonces tenían.

El contexto internacional era francamente favorable al general Franco. A pesar de las condenas retóricas o de las colectas de Olof Palme. Nuestras relaciones con los Estados Unidos eran magníficas. Y la Comunidad Económica Europea firmó el 29 de junio de 1970, un acuerdo con España, tan favorable, que los primeros Gobiernos democráticos solicitamos reiteradamente

(1) Siendo yo miembro del Gobierno, en una comparecencia ante el Senado, ante cierta pretensión del PSOE, yo la rechacé, calificándola, con otras palabras, de corporativista en línea mussoliniana. Se produjo un gran alboroto y la retirada de los socialistas de sus escaños. Al salir, me rodearon las Fuerzas del Orden porque temieron que se me agrediera. El portavoz del PSOE me dijo que no podían tolerar el calificativo (que yo había aclarado no era a las personas sino a la posición concreta que mantenían) porque en sus filas había viejos luchadores antifranquistas. Yo dije admitir el hecho con respeto, Pero que si ellos querían les leería en el Pleno la relación que obraba en mi poder de distinguidos miembros del PSOE, incluyendo parlamentarios, que habían gozado de nombramientos de libre designación y prebendas del Régimen anterior. Aún no se había producido el desembarco en el PSOE de Ordóñez y sus compañeros. Sin embargo, no contestaron a mi ofrecimiento.

que se mantuviera vigente durante las negociaciones de adhesión a las Comunidades. A lo que la CEE se negaba. Según su artículo 1.°, era un convenio para llegar a la progresiva desaparición de barreras comerciales y arancelarias entre España y la CEE. Es decir: para una integración económica. Pero con unas condiciones muy beneficiosas para España.

La situación económica interior, previsiblemente se hubiera deteriorado más o menos igual que ocurrió bajo la democracia, si el franquismo se hubiera mantenido. Pero el régimen se extinguió todavía con sensación de euforia económica en la calle. El paro se había mantenido sobre la población activa, en torno al 1 por 100 desde 1961 a 1971. En 1972 y 1973, se situó sobre el 2 por 100. Y en 1974 y 1975, superó el 3 y el 5 por 100 respectivamente. Pero lejísimos del 22 por 100 actual.

El PIB a precios constantes, aunque crecía al final desaceleradamente (8,25 por 100 en 1960-1965 y 7,01 por 100 en 1965-1970), todavía lo hizo en el quinquenio 1970-1975 al 5,85 por 100. Mientras que en estos años democráticos ha oscilado entre el 1 y el 2 por 100.

La renta interior a precios constantes, últimamente estancada, crecía al 7,2 por 10 en 1960-1965, al 6,6 por 100 en 1965-1970 y al 6,1 por 100 en 1970-1975.

Y no es solamente que la situación económica se manifestara próspera (a pesar de los datos internos e internacionales que contribuirían a su crisis coincidiendo desgraciadamente con el advenimiento de la democracia). Es que además de crecer la «tarta» repartible, y para sonrojo nuestro, la tendencia de su reparto era socialmente más «progresista» al final del franquismo que en la democracia. Si hemos de fiarnos de las estadísticas más solventes (estoy manejando la serie homogénea 1955-1975 del Banco de Bilbao), las rentas puras del trabajo que en 1955 eran el 46,46 del total nacional, pasaron al 48,95 por 100 en 1960, al 53,10 por 100 en 1965, al 55,52 por 100 en 1970 y al 62,75 por 100 en 1975. En estos años democráticos se ha ido produciendo la evolución inversa.

Voy a ilustrar el tema con alguna anécdota de contraste que me tocó vivir.

Antes de firmarse los Pactos de la Moncloa (documentos de 9 y 27 de octubre de 1977), el presidente Adolfo Suárez nos reunió informalmente a algunos ministros para que Enrique Fuentes nos explicara las líneas del plan económico que subyacía en los Pactos. En el plan se contenían medidas de congelación de rentas salariales que bajo el rótulo «Política de Rentas» se incluyeron en los Pactos. Yo llamé la atención sobre el hecho de que se hablaba de congelación de rentas salariales y no me parecía equitativo que, en tales circunstancias, se mantuviera plena libertad para otras rentas del capital. Que en los decretos leyes del franquismo siempre que se producían congelaciones de rentas, afectaban a ambos tipos. Y que aun siendo imprescindible reconstituir la capitalización de la empresa española, ello era compatible con la congelación de dividendos al accionista mientras se juzgara necesario congelar las rentas laborales.

Alguien con autoridad moral sobre mí, me dijo que si Santiago Carrillo, Enrique Tierno, Felipe González y Ramón Tamames no habían planteado tal exigencia de equidad, no debía hacerlo yo. Y aunque nunca entendí el centrismo político como vía media entre un supuesto liberalismo de la derecha y otra supuesta justicia de la izquierda, me callé, y así, con tal injusticia, se firmaron los Pactos. Posteriormente insistí, y con el apoyo de Adolfo Suárez conseguí que en los Reales Decretos Leyes 3/1978 y 49/1978 se incorporaran artículos que congelaban también dividendos y participaciones en Consejos junto con las de rentas salariales.

Vistas las cosas desde la perspectiva de los trabajadores dependientes, los hechos son que ahora los salarios crecen anualmente más o menos al ritmo de la inflación. Y en 1975, llevaban varios años incrementándose sustancialmente por encima de la inflación. Así las cosas, aunque la crisis estaban iniciándose (y aun potenciándose sus efectos), no debe extrañarnos que el régimen mantuviera sus más altas cotas de asentamiento social, al menos implícitas.

2. Franquismo, reformismo y rupturismo bajo el primer Gobierno del Rey

El general Franco se muere, pues, con un régimen muy fuerte y nada propicio a operaciones de consenso. Su muerte introduce un nuevo factor trascendente: el Rey don Juan Carlos, quien hereda jurídicamente casi la totalidad de los poderes de Franco, pronuncia en el acto de su juramento como Rey ante las Cortes, un discurso en el que los partidarios del cambio destacamos ciertas frases alentadoras, aunque escasamente concretas («que nadie espere una ventaja o un privilegio». «La Patria... su fortaleza y grandeza deben de apoyarse por ello en la *voluntad manifiesta* de cuantos la integramos»). Pero no podía olvidarse que los poderes de Franco los recibía en tanto en cuanto se moviera en los esquemas de su régimen. Por eso, prudentemente el Rey ratifica a Carlos Arias en la Presidencia del Gobierno y tan sólo consigue un avance ante la opinión pública, logrando la incorporación al Gobierno de dos destacados aperturistas del sistema, Fraga y Areilza.

Conocí a Fraga, cuando con otros amigos de la Asociación de Propagandistas, organizábamos en Galicia, durante el franquismo, seminarios y actos públicos sobre los derechos humanos. Entonces la Secretaría General del Movimiento vetaba su participación. Pero la logramos. Y hablamos de la instauración de una democracia centrista. Yo entendía entonces por centrismo, el espacio democrático limitado por el franquismo vigente y el marxismo emergente. Cuando accede con el Rey a la Vicepresidencia del Gobierno me llama y me invita a trabajar por aquellos ideales de los que habíamos hablado años atrás. Acepté ser director general de Política Interior a sus órdenes. Él tenia prisa por hacer su reforma que deseaba programar en dos meses. Y las Navidades de 1975, José Manuel Romay, Juan Alfonso Santamaría y yo, las pasamos encerrados preparando para Fraga un proyecto de Constitución. Era completo y se lo entregamos a fin de año. El 2 de enero, nos citó y nos entregó un texto manuscrito (que yo conservo) con «su» proyecto de reforma. Discrepaba sustancialmente del nuestro. Era simple. Básicamente consistía en un pequeño retoque del artículo 2 de la Ley de Cortes, estableciendo un sistema bicameral, a cuya Cámara Alta se remitía a los representantes «orgánicos», dejando la Cámara Baja para los elegidos por sufragio universal. De entrada nos decepcionó. Pero nos convenció de que ésa sí que era una vía posible y que acababa inevitablemente en el mismo objetivo que nosotros ansiábamos.

Había que ser realistas y pragmáticos. En aquellos últimos días del año 1975, quiso Fraga que yo le acompañase a comer en unos Reservados de Jockey, con altos mandos del Ejército y Fuerzas de Orden Público. Lanzó la idea de legalizar la ikurriña como gesto de comprensión hacia el problema vasco. Las reacciones fueron muy cerradas en contra. Incluso por parte de un militar que hoy tiene acreditada fama de demócrata. Fraga hizo un aparte conmigo y me dijo que no me desanimase. Que conseguiríamos nuestros objetivos a pesar de las posiciones que contemplábamos. Pero había que contar con aquella realidad poderosa.

Con el año nuevo de 1976, comenzamos a trabajar en aquella línea. Redactamos y aprobaron las Cortes una Ley de Reunión y Manifestación y otra de Asociaciones Políticas y fuimos produciendo por vías de autorización y de hecho una real apertura que se plasmó en actos como la legal celebración en España del XXX Congreso de la UGT.

Entretanto, la oposición de izquierdas, muy poco conocedora de la realidad del país, se había lanzado frontalmente, aprovechando la apertura producida, a negar cualquier posibilidad de reforma política y a exigir la ruptura pura y simple con formación de un Gobierno Provisional y la retirada del Rey. Quizá no fuera pura coincidencia, que en ese primer trimestre de 1976 las alteraciones del orden público por motivos laborales, fuesen especialmente intensas, y exponentes del nerviosismo creado fueron los acontecimientos del Martes Negro en Vitoria y de Montejurra.

Como siempre ocurriera bajo el régimen de Franco, estas actividades volvieron a endurecer al franquismo. Carlos Arias metió la Reforma de Fraga en la laberíntica vía semicongeladora de una Comisión Mixta Gobierno-Consejo Nacional del Movimiento y Fraga pasó a estar prioritariamente preocupado por evitar el desbordamiento del poder en la calle y el posible triunfo de la ruptura. En abril yo le escribí unas reflexiones haciéndole ver que estaba abandonando el liderazgo de la reforma que a mi juicio podía llevar adelante pese a todos los obstáculos. Me consta que lo pensó. Y afortunadamente en cuanto pudo tener la seguridad de que el 1 de mayo lo tenía bajo control, volvió a desplegar su iniciativa política. El 30 de abril, aceptó una cena que Carlos Argos y yo concertamos con Enrique Múgica y que reunió en casa de Miguel Boyer a Felipe González, Boyer, Gómez Llorente, Fraga y yo. Cena en la que Fraga propuso a Felipe González algo así como la versión renovada del Pacto del Pardo de la Restauración. En junio, en declaraciones al *New York Times,* Fraga manifiesta que se legalizará el Partido Comunista, y en las semanas siguientes yo redacto un Proyecto de Referéndum de la Reforma Política en el que se prevé la participación comunista y que suscita en este punto el rechazo de otra personalidad que luego prestaría grandes servicios a la democracia.

Cuando al finalizar junio de 1976 el Rey decide sustituir a Carlos Arias y consigue nombrar presidente a Adolfo Suárez, yo había tenido conversaciones con todas las fuerzas políticas de la oposición, incluidos comunistas. Y todas, salvo el PSOE, se mostraban partidarias de aprovechar las posibilidades democratizadoras de la reforma política en curso. El PSOE decía que no, pero de hecho iba entrando poco a poco en el juego.

3. Triunfo del reformismo con el primer Gobierno Suárez

El cambio en la Presidencia del Gobierno, y la salida de Fraga y Areilza fue recibido con desconfianza en los ambientes democráticos. Suárez me ofertó la Subsecretaría Técnica del Presidente del Gobierno, con singular dedicación a la integración en la política legal de la oposición de izquierdas. Me consideraba muy próximo y bien relacionado con la izquierda. Mi mujer se mostraba recelosa de que yo pasara a colaborar tan íntimamente con el ex ministro del Movimiento, pero yo acepté por tres argumentos que le razoné: Había conocido un poco a Adolfo Suárez y le había oído hablar de su voluntad democratizadora; estaba seleccionando un Gobierno con predominio de mis compañeros del Grupo Tácito; y era impensable que el Rey hubiera quebrado la línea del Gobierno anterior, salvo que tuviera la voluntad decidida de avanzar en el proceso democrático. El prestigio de la Corona quedaba comprometido con el recambio en la Presidencia del Ejecutivo.

No me equivoqué en el juicio. Aunque de entrada no existían proyectos claros. En el mes de julio presenté a Suárez un plan de legalización gradual del Partido Comunista. Consideraba yo que era una operación clave, primero porque una democracia ha de legalizar a todos los partidos que acepten actuar dentro de sus reglas, aunque no crean en ellas. Y segundo, porque sólo con un PC legalizado el PSOE actuaría sensatamente, ya que, en la clandestinidad, en aquel momento convertía al PSOE en un «colaboracionista» acomplejado que no podía hacer su papel de oposición de izquierdas salvo con radicalismos extremos. No debe pensarse con esquemas de hoy, cuando la situación es bien distinta.

Suárez me rechazó el plan como imposible y por eso creo que cuando en setiembre aseguró a los mandos del Ejército que su límite de apertura no incluía al PC, era sincero. En el otoño de 1976, volví a mis intentos de legalización del PC, esta vez por otros caminos que acabaron demostrándose más eficaces (1).

En agosto sometimos a Adolfo Suárez dos proyectos de reiniciación de la reforma política. Uno de ellos, muy ponderado, se inclinaba por consumar el camino iniciado a través del Consejo Nacional del Movimiento. El mío explicaba que el golpe de timón dado por la Corona, exigía un nuevo planteamiento reformista, más audaz e intenso, aunque dentro del esquema ideológico reformista. Se llevó los dos proyectos un fin de semana largo a Almería, y cuando a su vuelta fui a recogerlo al aeropuerto, me dijo que se había decidido por mi modelo.

A partir de entonces, comienza a ser frecuente la presencia de Torcuato Fernández Miranda en Castellana, 3, con Adolfo Suárez. Presencias continuadas y largas que hicieron suspender con frecuencia mis despachos vespertinos con Adolfo Suárez. Ahí se fue perfilando el Proyecto de Ley para la Reforma Política. No era exactamente la reforma sino el método para la

(1) Un Gobierno consciente de su dignidad, no pide permiso a nadie para hacer lo que cree que debe. Pero, en los temas más delicados, ha de buscar la comprensión si no el apoyo de fuerzas internas o exteriores. En esa labor yo obtuve la opinión favorable de la Iglesia católica sobre la legalización del PC que me transmitió una cualificada personalidad de la misma —que no fue el cardenal Tarancón. En cambio, los dos Gobiernos que más peso indirecto tuvieron en la transición española (USA y República Federal Alemana), fueron algo menos proclives a la legalización del PC. Mis contactos de la socialdemocracia alemana, el SPD en el Gobierno, no se pronunciaban, pero me decían y repetían que un sistema democrático puede serlo perfectamente excluyendo al comunismo de la legalidad y me ponían el ejemplo de la propia República Federal tras la guerra. En cuanto a mis contactos americanos, a título personal eran propicios a la legalización del PC (no olvidemos que el servicio exterior USA tiene una densa presencia de lo que ellos denominan «liberals»). Pero la Administración Carter distaba de sentirse emocionada con la idea. Tuvimos bastantes reuniones, en las que yo les exponía las razones favorables a la legalización. Y ellos me daban su opinión que, al final, fue favorable. Siempre decíamos que hablábamos «a título personal», pero como recientemente nos confesamos, sabíamos el juego que nos traíamos entre manos y tras cada contacto «de amigos» trasladábamos la opinión de la otra parte a nuestros respectivos centros de poder. Por razones fáciles de entender no voy a facilitar los nombres de mis contactos.

reforma. Preparamos minuciosamente cada detalle y cada posible reacción de las Cortes existentes y de sus miembros.

Personalmente, aparte de celebrar centenares de entrevistas y reuniones, abrí fichas a los procuradores en Cortes en las que iba anotando sus posiciones y reacciones de cada día ante la Ley, redacté argumentarios sobre nuestras pretensiones, elaboré textos alternativos de discursos y colaboré en la preparación de una estrategia de recambio para el improbable caso de que fuéramos derrotados en las Cortes. En algunos de estos trabajos nos ayudó eficazmente un militar de Estado Mayor que supongo prefiere seguir en el anonimato.

Ganamos la batalla en las Cortes sin alterar un tema esencial que se reveló como principal escollo: el sistema electoral proporcional que nos parecía imprescindible para poder integrar en las Cortes Constituyentes a todas las voces. Poníamos como ejemplo a Ruiz-Giménez, quien no sería parlamentario con un sistema electoral mayoritario y que desafortunadamente tampoco lo fue con el proporcional, pese a que yo, con la aquiescencia de Suárez, suministré apoyos desde el poder a sus organizaciones (1).

Conseguida la aprobación de las Cortes, cuya trascendencia para la transición pacífica no ha sido suficientemente ponderada, y que a mi juicio ha sido el logro histórico más destacado

(1) Hice múltiples esfuerzos para integrar a las gentes de los equipos de la DC de Ruiz-Giméenez y Gil-Robles en el proyecto de UCD. Fracasaron, fundamentalmente por la negativa de don José María Gil-Robles. Y al llegar a las elecciones del 77 yo me encontré racionalmente abocado a colaborar con UCD, pero sentimentalmente más unido a mis viejos amigos de la DC. Por ejemplo, en mi tierra gallega, los líderes de UCD, procedían del Régimen anterior y habían sido anteriormente adversarios míos (así, una persona tan valiosa y meritoria como don Antonio Rosón, que luego evolucionó, pero que en 1976 era en Lugo el símbolo más estable del Régimen de Franco, del Movimiento y del Sindicalismo Vertical). Mientras que en el Partido Popular Gallego —parte de la DC de Ruiz-Giménez— militaban hombres como García Agudín, Fernández Albor, Jaime Isla, Agustín Sixto... que eran mis compañeros políticos de siempre. Y lo mismo me ocurría en otras partes de España. En abril, mayo y junio de 1977, yo tenía los trabajos y encuestas del CIS, provincia por provincia. Me negué a facilitarlos a la UCD para que el partido del Gobierno no se aprovechase de los materiales de Gobierno. En esos trabajos aparecía el fracaso previsible de las candidaturas de la DC. Pero contenían estudios electorales interesantes de cada distrito. Y confieso que se los pasé —quizá no debí hacerlo— a los candidatos de la DC. También pedí permiso a Suárez, que no vaciló en dármelo, para desviar algunos fondos de la UCD hacia la DC. Y solicité a ciertos gobernadores que ayudaran a los candidatos de Ruiz-Giménez. Tras su cantado fracaso electoral, muchos de ellos vinieron a la UCD. Algunos a colaborar conmigo concretamente.

de Suárez, convocamos y ganamos abrumadoramente el Referéndum, pese a la consigna de abstención de las fuerzas de izquierdas. El PSOE, todavía no legalizado, celebra su primer Congreso legal en España para lo cual, con la complicidad de Suárez, tuve que vencer resistencias intragubernamentales. Y se produce la detención de Carrillo en un instante en que Suárez está flexionando en el tema de la legalización del PC.

En Navidad de 1976, Suárez, su Secretaría y sus dos Subsecretarios nos trasladamos a la Moncloa y comenzamos a preparar las primeras elecciones libres. Mi documento al Presidente razonando y aconsejando el 15 de junio como fecha de la celebración, es de aquellos días monclovitas de 1976.

Queremos acelerar la legalización de todos los partidos. Ya es conocida la fase final de la del PC. Menos lo son las resistencias del PSOE enrocado en el intrascendente pretexto de no admitir la exigencia de registración. En un momento tuve que decirle a Enrique Múgica, en uno de mis frecuentes contactos con él, que si no se legalizaban, tendríamos que jugar con otro partido socialista. Me contestó que dado el apoyo que tenían de la Internacional no nos atreveríamos. Y le repliqué que por nuestro propósito de legalizar al PC, que aceptaba sin remilgos, podríamos hacer la operación con credibilidad, y que la Internacional les abandonaría para apoyar a cualquier otro socialismo con fuerza parlamentaria. No sé si fueron estos argumentos. Pero muy pocas fechas más tarde, el PSOE acudió a legalizarse y entonces se encontraron con que las siglas del PSOE estaban ya registradas en favor del PSOE Histórico que se les había adelantado. El PSOE de Felipe González acudió a los Tribunales reclamando la titularidad de las siglas. Y uno de sus dirigentes vino a pedirme que el Gobierno diera instrucciones al Tribunal Supremo de fallar a su favor. Le dije que era imposible en un Estado de Derecho y me contestó que el pleito no era tanto jurídico, como político, y que por tanto debíamos hacerlo. Obviamente no atendí a su requerimiento, pero me reuní en mi domicilio con don José Prats, hombre magnífico y presidente del PSOE Histórico y con Manuel Murillo, secretario general. Les pedí la renuncia a las siglas «PSOE» en favor del partido de González y les hice ofrecimientos sustanciosos que podían lanzar y consagrar su nueva denominación socialista. Don José Prats agradeció mi interés, pero declinó aceptar el planteamiento porque, decía, para ellos las siglas eran un patrimonio histórico y sentimental. Al final el pleito se resolvió absorbiendo el PSOE de Felipe al PSOE Histórico.

Tuvimos también entre manos, antes de las elecciones del 77, el tema de los militares de la UMD, separados del servicio al final del franquismo. En la primavera del 77, solicitaron entrevistarse con el general Gutiérrez Mellado. Suárez y Gutiérrez Mellado consideraron inconveniente la entrevista y me pidieron a mí que la celebrase discretamente. Fue en mi domicilio. Los «Umedos» valoraron muy positivamente el proceso de democratización en marcha, y me dijeron que no podían volver al Ejército. Somos militares, señalaron, y conocemos muy bien que es imposible que se nos readmita. Me sorprendió su planteamiento tan realista. Sus requerimientos tenían dos facetas. Una personal. Me indicaron que tenían serias dificultades para integrarse en la vida civil y pedían el apoyo del Gobierno para remover los obstáculos existentes. Les dije que era una petición razonable y atendible. La segunda faceta era política. Querían colaborar con el Gobierno en la democratización del país y de las Fuerzas Armadas y ofrecían al efecto su red de contactos en los cuarteles para labores de información y apoyo. Del lado de ellos era un ofrecimiento generoso. Como representante del Gobierno, yo tenía que valorarlo como algo distorsionante de la estructura de las Fuerzas Armadas y aun peligroso, sabiendo, como sabía, que algunos de los «Umedos» estaban con el PC y que la historia enseña mucho sobre estas colaboraciones comunistas. Por ello me limité a indicarles que sobre la petición política, trasladaría al Presidente su inquietud. Como así lo hice. Y el Presidente decidió dar por no recibido el ofrecimiento.

Suárez me encomendó presidir una comisión —en la que participaba Miguel Herrero— con los representantes de la oposición, para redactar la ley electoral. Y entretanto fue configurándose la Unión de Centro Democrático. Algunos se ponían nerviosos (yo también a partir de la Semana Santa) por la parsimonia en la creación de UCD. Suárez no. Me explicó que era consciente de sus inmensas posibilidades electorales, y deliberadamente quería que fuésemos a las elecciones con mayor equilibrio, para que un PSOE potente parlamentariamente, aunque perdedor, se sintiera integrado en el proceso. No se inquietó lo más mínimo cuando tres días antes del 15 de junio le llevé la última encuesta del C.I.S. (que entonces dependía fácticamente de mi Subsecretaría) en la que salía el PSOE como victorioso. Valoraba mucho las encuestas pero decía fiarse más aún de su instinto. Y acertó.

Curiosamente eran los socios extragubernamentales de UCD quienes más vehementemente clamaban por la extinción de la Secretaría General del Movimiento. Suárez me encargó que les hiciera ver su ingenuidad. Carecíamos de toda estructura electoral. Confesaban que no tenían ni siquiera interventores. Les convencí que necesitábamos demorar la desaparición legal del Movimiento organización, para así poder aprovechar su red electoral en toda la geografía. Como así ocurrió tras aprobarse los decretos de disolución que yo redacté.

4. De la Constitución participada a la consensuada. Del consenso sobre la Constitución al consenso generalizado. Del consenso altruista al consenso refugio

Tres meses antes de las elecciones, mi Subsecretaría, vistos varios proyectos de constitución elaborados por otras fuerzas políticas, entre ellas el PSOE y PC, entregamos a Suárez un borrador de texto constitucional. Por entonces Adolfo Suárez había avanzado desde la primitiva idea de hacer una Constitución con la participación abierta a todos, a una Constitución con el consenso de todas las fuerzas políticas parlamentarias. No me explicó nunca cómo se produjo en él ese salto cualitativo. Quizá porque me adherí a la idea desde el primer momento. Y con esa promesa explícita fuimos a las elecciones que ganó UCD.

No era necesario hacer una Constitución por consenso. Aquel Gobierno de Suárez, tenía capital político sobrado para imponer mayoritariamente un texto contitucional, especialmente cuando el 15 de junio todos los partidos estaban legalizados y compitiendo electoralmente. Incluso para mayor tranquilidad respecto de nuestra preocupación por no dañar la figura del Rey, podíamos hacer —y lo meditamos— dos referéndums separados, uno sobre la Monarquía y otro sobre el resto de la Constitución.

Pero se trataba de romper el maleficio de nuestra historia constitucional, compuesta de textos que las fuerzas dominantes habían impuesto, con su mejor voluntad, a las otras. Queríamos una Constitución perdurable y con el máximo asentamiento social. Y pensamos que para ello lo mejor sería una Constitución consensuada. Sabíamos que ello nos perjudicaba como fuerza política. Pero en aquellas fechas nos sentíamos generosos e imbuidos de un noble ideal patriótico.

El timing constitucional que nos habíamos trazado, concluiría en diciembre de 1977. Partíamos de un borrador que el Gobierno entregaría a una comisión de expertos que lo convirtiera en un proyecto que habríamos de discutir y aceptar todos. Pero el plan quebró cuando cedimos ante la exigencia de la oposición de consensuar la redacción de cada artículo sin admitir un texto de referencia.

No sé si fue una trampa. Pero operó como tal. El proceso constituyente en vez de seis meses duró año y medio. Y la izquierda, sabedora de nuestro especialísimo interés por preservar a la Corona de cualquier discusión, aprovechó la baza inteligentemente para ponernos con frecuencia contra las cuerdas.

Pronto comprendimos que no era posible mantener un consenso en la redacción de la Constitución con un clima de confrontación en otros terrenos importantes. (En nota mía a Suárez antes de las elecciones del 15-6-1977, ya le sugería la necesidad de un consenso extraconstitucional durante el período constituyente.) Y paralelamente en octubre de 1977 se negociaron y firmaron los Pactos de la Moncloa, que en ciertas materias venía a ser la plasmación práctica del Gobierno de Concentración con el que soñaba Carrillo. Y aún tuvimos que irnos sometiendo por la misma razón a otras exigencias como la negativa a la TV privada o a sindicatos ajenos a los clásicos de izquierda.

Teníamos conciencia de ser una fuerza política hegemónica, y por ello, muchas cesiones las hacíamos con la confianza de que estábamos contribuyendo a la creación de una estructura democrática equilibrada. Pero pronto comenzamos a percatarnos de que aquello duraba mucho. Que nuestro electorado no comprendía bien que utilizáramos la mayoría que nos había dado para realizar en parte la política de los perdedores. Y aún más: pronto nos asaltaron dudas sobre si nuestras cesiones no estaban yendo demasiado lejos. Si por construir una democracia sin partidos hegemónicos, no estábamos contribuyendo a trasladar la hegemonía a otros partidos.

Por eso, cuando en diciembre de 1978 se aprobó la Constitución, fuimos varios quienes pedimos a Suárez que diera por finalizado el consenso. Se dejó convencer. Disolvió el Parlamento y anunció que empezaría a gobernar con arreglo al nuevo programa electoral de UCD de 1979 (similar a los de la derecha europea). Ganó las elecciones con una intervención televisiva en la que habló de los dos modelos de sociedad contrapuestos electoralmente, y constituyó un nuevo Gobierno del que excluyó a Fernández Ordóñez, como hombre próximo al PSOE.

Los problemas que el PSOE planteó con la autonomía andaluza a principios de 1980 y la moción de censura que se presentó en mayo, acusando la ruptura del consenso y atribuyendo tal ruptura al Estatuto de Centros Escolares que yo tramité en el Parlamento, creo que hicieron volver a Suárez a intentar un consenso. A mí me cesó en setiembre de 1980, suprimiendo un frente de conflicto con la izquierda (1).

(1) El paso de mi Estatuto de Centros Escolares (LOECE) por el Congreso, al generar una ofensiva tan fuerte del PSOE y PC contra mí, provocaron el «desmarque» público de Ordóñez y J. Garrigues respecto de dicho Estatuto. Aunque habían estado plenamente de acuerdo con él. O al menos así me lo dijeron y así lo votaron. En el Consejo político de UCD de primavera, Rafael Arias hizo mención a las discrepancias ideológicas existentes en UCD respecto al Estatuto de Centros Escolares. Pedí inmediatamente la palabra e improvisé un discurso en el que manifesté: que la Ley se había hecho con el consentimiento y participación de todos los sectores de UCD. Que yo hablé con todos y nadie había formulado reparos. Que únicamente Ordóñez me había mostrado el temor de que después de aprobado el Estatuto prestáramos menos atención a la escuela pública, temor que yo le disipé, pues nunca en la Historia se había hecho un esfuerzo tan notable en favor de la escuela pública como el que nosotros estábamos llevando a cabo. Pedí: que si alguien tenía algún reparo, que lo dijera públicamente, solicitando del Presidente un debate en aquella misma sesión o en otra posterior. Y ofrecí: que si se demostraba que el Estatuto no era la aplicación rigurosamente fiel de los programas de UCD, o no tenía una configuración idéntica a la de la legislación educativa de todos los países de la Europa libre, yo me comprometía a retirarlo antes de que lo aprobara el Senado. Nadie pidió la palabra ni debate alguno. Ni siquiera quienes habían manifestado a la Prensa sus desacuerdos y que estaban oyéndome.

Pero yo había trabajado muy íntimamente con Suárez y creía saber que alguna mella le hacían los ataques de la izquierda. Aunque en más de una ocasión, justo es decirlo, me felicitara con entusiasmo por mi modo de defender la política del Partido, en materia educativa.

Por eso, cuando en abril de 1980, cambia el Gobierno y me telefonea para leerme la lista en la que yo seguía figurando como ministro de Educación, le contesté que «aún no tenía completo el Gobierno, pues le faltaba ministro de Educación». Me preguntó si bromeaba y le dije que para contar conmigo en Educación antes teníamos que hablar. Me citó urgentemente a su despacho y allá me fui. Le expliqué mi sospecha de que ante el ataque de la izquierda acabaría cortando mi política educativa. Y que como tal política era un

Y en la misma crisis volvió a introducir en el Gobierno a Fernández Ordóñez quien rectificaría el proyecto en trámite de la Ley de Divorcio de acuerdo con los planteamientos del PSOE y dando la espalda a compromisos electorales explícitos de UCD. Santiago Carrillo felicitó públicamente a Suárez por haber cesado a Otero Novas y nombrado de nuevo a Fernández Ordóñez (1).

---

compromiso electoral de UCD que yo había asumido, en el momento en que me impidiera llevarla adelante yo dimitiría, lo cual siempre tendría alguna consecuencia de escándalo. Por lo cual era mejor que me cesara en aquel momento aprovechando un cambio de Gobierno. Me contestó que me equivocaba y que siempre apoyaría aquella política educativa que yo llevaba a cabo. Por lo que yo acepté seguir. En setiembre de 1980, con ocasión de una nueva crisis de Gobierno, volvió a telefonearme. Esta vez ya me dijo que no podía seguir respaldando mi política educativa, de modo que según mi sugerencia «disponía de mi Cartera». Fue sincero. El Proyecto de Ley de Financiación de la Enseñanza, que había de complementar al Estatuto de Centros estableciendo el cheque escolar, que ya contaba con financiación aprobada por el Gobierno en varios plazos anuales, y que había de empezar a discutirse la semana siguiente en el Congreso, nunca más se tramitó. Yo, como le prometí a Suárez, sin que él me lo pidiera, me retiré en silencio y sin protesta de ningún tipo.

(1) En UCD, todos estábamos a favor de la promulgación de una Ley de Divorcio. Se había ofrecido en el programa electoral, pero con una restricción explícita: no se admitiría el divorcio por mero consentimiento mutuo, como se había establecido en la Ley de la República. El mismo criterio fue ratificado más tarde por el Congreso del Partido en Palma de Mallorca en 1981.

El Gobierno había ya enviado un Proyecto de Ley de Divorcio al Parlamento, que recibió «avanzadas» enmiendas del PSOE. Ordóñez, al llegar al Ministerio de Justicia, reforma el Proyecto de acuerdo con las exigencias del PSOE. No sólo establece el divorcio por mero consentimiento mutuo, sino que se admite el «divorcio» por voluntad unilateral del cónyuge «culpable» aunque no lo quiera el inocente.

Por aquellos días, dos dirigentes del PSOE, amigos míos, a los que profeso admiración y afecto, uno de ellos del sector radical, me invitan a cenar en Zalacaín. Y el radical me pregunta cómo en UCD hacemos una Ley de Divorcio tan desmesurada. Que ellos si gobernaran no se atreverían a tanto. Yo le indico que en definitiva Ordóñez está siguiendo la línea PSOE y que el PSOE aún pide más. Él me aclara que es natural. Que ellos pedían más porque les forzábamos en su papel de oposición de izquierdas.

Con cierta tensión, antes de llegar al Pleno del Congreso, se reúne el Grupo Parlamentario de UCD. Paco Ordóñez nos enfatiza con que quiere hacer la Ley de Divorcio más avanzada de Europa.

En mi crítica al Proyecto, invoco el sentido de la medida y la necesidad de que las leyes se adapten a la realidad de cada país. Que la pretensión de hacer la Ley de Divorcio más avanzada de Europa, la manifestaron también los republicanos de 1932. Y lo consiguieron. Pero poco después desapareció de España todo divorcio. Y así vamos de extremo en extremo. Afirmo que no podemos violar nuestras promesas electorales. Antes de aprobarse aquella Ley, tendríamos que volver a otras elecciones con un programa distinto. Y añado que según encuestas que Carmela G. Moreno (del grupo Ordóñez)

Tal fue el contexto del que surgió nuestra Constitución. Creo que sin conocerlo, no se puede juzgar solventemente el fenómeno.

nos facilitó, la mayoría del pueblo español estaba en contra del divorcio por consentimiento mutuo.

La Ley fue aprobada con el apoyo del PSOE. UCD seguía olvidando sus compromisos electorales. Y dos de los máximos dirigentes de UCD, a quienes de veras aprecio, me reprocharon con motivo del tema del divorcio mi «derechización». Al parecer yo había cambiado mucho desde mi progresismo inicial. Les recordé que hacía tres o cuatro años cuando yo defendía un divorcio civil causalizado, la legalización de TODAS las izquierdas dentro de una Constitución democrática, las Autonomías regionales sin mengua de la nación y el Estado español, el sindicalismo libre..., tenía que hacerlo con gran suavidad y escalonamiento porque ellos se escandalizaban. Les hice levantar el pie de sus frenos intelectuales hasta que llegaron a mi posición. Yo ahora seguía defendiendo básicamente las mismas ideas. Eran ellos los que habían cambiado. Suprimidos sus frenos, se dejan llevar por las ideas que más lucen en cada momento. Vaticiné que cuando en España se reconstruya el anarquismo, ellos llegarán a ser discípulos de Bakunin.

II. LAS AUTONOMÍAS

1. Motivaciones para las Autonomías en 1976/1977

Quienes organizamos (unos con merecido relieve, otros con buscada discreción) las operaciones de la transición política, tuvimos que laborar simultáneamente en el frente de la izquierda (sustituido a veces por los nacionalismos de derechas) para que aceptaran jugar en una cancha que no era la de sus sueños, y en el del franquismo, oficial o sociológico, para que sus integrantes comprendieran, cuando menos, la necesidad del cambio en aquella circunstancia.

De mi trabajo con el franquismo de entonces, sólo hay dos puntos que recuerde me hayan costado un esfuerzo o paciencia especiales. Uno fue el del sistema electoral proporcional en la Ley para la Reforma Política. Otro fue el de las Autonomías. Los hábitos centralistas estaban (quizá siguen siéndolo) arraigados hasta lo irracional. Y la frase del régimen anterior de «la unidad de los hombres y las tierras de España», era una de las pocas afirmaciones doctrinales que habían permanecido intactas desde el principio al fin del régimen. Tantos escritos y diálogos hube de emplear para juntar el tema autonómico con el discurso democratizador, que el presidente Suárez me presentaba a veces a sus interlocutores de despacho, obviamente bromeando, como «el separatista del Gobierno».

Fui formado intelectualmente en una escuela de pensamiento social cristiana, que partiendo del valor central de la persona proclama el principio de subsidiaridad, de forma que todas las funciones sociales deben ser atribuidas —según esta filosofía— a los ámbitos más próximos a la persona. Lo que pueda hacer bien el individuo hay que respetarlo. Lo que pueda hacer el municipio no debe asumirlo la provincia. Y así sucesivamente pasando por la región y el estado. No es antiestatismo, y menos en quien como yo es profesionalmente servidor del Estado. Es una concepción instrumental de las instancias políticas al servicio del hombre. Había pues, en mí y en otras personas de la misma procedencia, una base ideológica para el regionalismo.

Pero, al lado de esta base ideológica, se reunían consideraciones pragmáticas que incluso el franquismo tuvo, aunque mínimamente, en cuenta. Y es que España venía arrastrando unos problemas históricos, especialmente en Cataluña y País Vasco, algo también en Galicia, de estructuración de la unidad nacional. Problemas agudizados porque la oposición al franquismo había unido las motivaciones democráticas y autonómicas en su reivindicación, igual que ocurriera en el Pacto de San Sebastián prerrepublicano.

2. El Modelo Autonómico proyectado

Había que dar respuesta a este doble reto. Fraga lo intentó profundizando en las comisiones para el régimen especial de Cataluña y País Vasco creadas por García Hernández. Suárez, ya en un momento posterior en que se podía y debía ser más imaginativo, asumió decididamente la tarea. Aunque con preocupación. Más de una vez me preguntó si yo veía claro el esquema final. Yo le explicaba que sí. Se trataba de hacer una descentralización político administrativa general, creando algo así como unas Diputaciones regionales con amplias competencias, y con autonomía de verdad y no como las Diputaciones del régimen anterior, pero con una competencia normativa reducida a la de Ordenanza. Y dotar de un estatuto especial más ambicioso, de sustancia federal, a las regiones «históricas» con problema singular. Sin que el grado autonómico supusiera privilegio alguno, especialmente en el campo financiero. Tras unas conversaciones con expertos estadounidenses le pasé unas notas recomendando potenciar la Hacienda estatal como necesario factor de unidad y situando como labor prioritaria, por tanto, tras las elecciones del 77, la de Reforma Fiscal. Le pareció bien y así lo acometió.

Mi modelo autonómico era en grandes rasgos el italiano, que a su vez se había inspirado en el español de 1931. Y me ayudó el hecho de que por su parte Alfonso Osorio, entonces vicepresidente del Gobierno, le entregara a Suárez un estudio proponiendo la misma solución. De ahí que en el Proyecto de Constitución que mi Subsecretaría pasó a Suárez en Semana Santa del 77 había unos pocos artículos dedicados al tema autonómico que se preveía fueran desarrollados por una ley marco y cuya última concreción estuviera en los Estatutos particulares. Con esas ideas yo redacté la parte del programa de UCD para las elecciones del 77 referente a las regiones.

3. Causas y significado de las Preautonomías

Aunque el hambre popular de autonomía regional era muy baja, como se demostró con las exiguas tasas de participación en el Referéndum de los Estatutos de Autonomía (incluso País Vasco, Cataluña y Galicia), a nivel de clase política el tema era vivido con mucha intensidad. Suárez decía que cuando una presa va a reventar es preferible hacer nuevas presas aguas abajo y canalizar la riada, a poner parches que no evitan la tragedia. Y se decidió a ir dando pasos en esta materia antes de que se aprobase la Constitución. Para bien o para mal, yo estuve de acuerdo con él y colaboré muy activamente en la tarea desde mi puesto de ministro de la Presidencia.

Con esa idea, ya el 29 de setiembre de 1977, se aprobó un Real Decreto Ley, restaurando la Generalidad de Cataluña bajo la Presidencia de Tarradellas, en operación concluida por Suárez y que ya había sido iniciada por Fraga (conservo todos los papeles de las dos épocas). Creo que fue un gran acierto. Me sentí solemne y repetí en la ocasión la frase que en otros tiempos pronunciara mi eximio paisano Castelao: «Por la puerta que abre Cataluña y ensanche el País Vasco, cabrá la Autonomía de Galicia.» El 4 de enero se instituyó el Consejo General del País Vasco. El 16 de enero la Junta de Galicia (a petición mía, un día antes que las de Aragón, Canarias y País Valenciano, que estaban preparadas). Luego las demás.

Estos órganos, preautonómicos como fueron denominados, pasaban a ser titulares de funciones descentralizadas en virtud de transferencias propuestas al Gobierno por unas comisiones mixtas cuyas presidencias nos repartíamos Clavero y yo. Si se observan los Decretos de Transferencias y Organización —que salían con mi firma de refrendo— se verá que estábamos en la fase programada de lo que yo había definido como Diputaciones regionales.

4. El trámite parlamentario del Título VIII de la Constitución. Fidelidad básica a la idea previa

La discusión constitucional del tema autonómico, no por ello dejó de ser muy ardua. De un lado PNV y CiU, vendían muy cara su participación en el consenso y subordinándolo a este punto. Aceptamos la inclusión de las palabras «nacionalidades y regiones» en el artículo 2. Fue muy criticado por la derecha, aunque a mi juicio, de forma exagerada, cuando tales expresiones venían precedidas de la afirmación de que «La Constitución se fundamenta en la indisoluble unidad de la nación española, patria común e indivisible...», colocando tal principio a nivel supraconstitucional.

Seguramente menos acertado —aunque nada criticado— fue la renuncia a la técnica de la Ley Marco como intermedio entre la Constitución y los Estatutos. Ello obligó a constitucionalizar todo lo que podría contener la Ley Marco, dándole una rigidez y generalidad indeseable (más tarde se quiso hacer un remedo de la Ley Marco a posteriori con la LOAPA). No supimos dar solución, que las había, al problema de orgullo regional de algunas regiones (o nacionalidades) que sólo admitían su poder derivado directamente de la Constitución.

De otro lado, contábamos con la ofensiva federalista del PSOE. Probablemente por influencia de la República Federal Alemana y su homólogo el SPD (la influencia era tanta en aquellos años que más de un problema con el PSOE en la transición lo arreglé yo acudiendo a mis interlocutores del SPD). Por aquellas fechas el PSOE era un partido singularmente inmaduro. Cuadros muy jóvenes que habían roto prácticamente con los veteranos, y gentes en su inmensa mayoría carente de experiencias de responsabilidad.

Establecían un torpe paralelismo de la España posfranquista, con la Alemania posnazi, ignorando diferencias fundamentales en la historia de los dos pueblos. Pues mientras la unidad española arranca del siglo XV, la germana no se consiguió y aun ello en forma federal, hasta fines del XIX. Y la Ley Fundamental de Bonn, además de haber sido impuesta al pueblo alemán derrotado por los aliados victoriosos, se limitaba en este punto a reproducir el esquema federal prehitleriano.

A pesar de nuestros constantes esfuerzos, en el Senado se rompió el consenso con el PNV que, como consecuencia se abstuvo de pedir el refrendo popular a la Constitución. Al acabar una jornada de trabajo en el Ministerio de la Presidencia, a las 10 de la noche, Adolfo Suárez me pidió un informe para las 8 de la mañana siguiente sobre la última propuesta del PNV. Con mis colaboradores Serafín Ríos y Fernando Prieto estuvimos toda la noche estudiando el asunto y consultando los viejos Fueros. El dictamen, que fue filtrado por la Moncloa y apareció casi íntegramente en toda la Prensa como redactado por «expertos constitucionales de UCD», llegaba a la conclusión de que, aun contando con ciertos precedentes históricos, la fórmula del PNV era de contenido no federal sino confederal. Y como consecuencia Suárez la rechazó, ofreciendo en contrapartida la que hoy es Disposición Adicional Primera de la Constitución. Pero no se rompieron las relaciones. Yo cené en casa de Manu Uriarte con Michel Unzueta, un senador tan nacionalista como sensato y creo que comprendió muy bien nuestros puntos de vista.

El título VIII de la Constitución, resultó farragoso y muy imperfecto técnicamente. No hay un solo entendido que lo alabe. Es dificilísimo de interpretar aun después de que el Tribunal Constitucional se haya pronunciado en la multitud de conflictos que ha generado. Y sin embargo, yo creo que con todas sus imperfecciones es defendible. Aun siendo malo, no es «lo malo» del proceso autonómico, que vino después.

Aunque sólo formalmente, el Título VIII se salvó de la disparatada federalización generalizada, a través de la previsión de que los Estatutos se tramitan como ley en las Cortes Generales. De suerte que es el Estado central el que «otorga» a las regiones su Estatuto.

Se contemplan además en la Constitución, al menos para un período inicial, dos clases de autonomía: las de las regiones históricas que hubieren plebiscitado en el pasado un Estatuto de Autonomía, fórmula contenida en la Disposición Transitoria Segunda y en cuya redacción participé para que cupieran no sólo Cataluña y el País Vasco sino también Galicia. Y las demás. Entrelíneas de la Constitución se ve la intención de que Galicia, País Vasco y Cataluña pudieran tener plenitud de competencias e instituciones (poniendo en relación los artículos 151 y 152 con la citada Disposición Transitoria, 2.ª), mientras que las demás quedaban sometidas a un período de reflexión o maduración y entretanto encajaban con la idea inicial de las Diputaciones regionales según se iban perfilando en el proceso preautonómico. Con ello, que no implicaba ventaja o privilegio alguno, se solucionaba el problema del orgullo histórico de vascos y catalanes, que se veían intensamente necesitados de obtener el reconocimiento de su «hecho diferencial».

5. Confusión, desbordamiento y huida hacia delante posconstitucional en el tema autonómico. El posterior proceso de recortes generalizados

En mi opinión, el problema autonómico se dispara después de aprobada la Constitución. Se detecta la falta de criterios en quienes rompieron su anclaje ideológico con el régimen pasado sin sustituirlo por un pensamiento de recambio. Van arrastrados por los acontecimientos y las presiones.

En febrero de 1979, a las puertas de la campaña electoral, el Consejo de Ministros aprueba transferencias al País Vasco y Cataluña sin texto a la vista. Cuando después del Consejo me lo envían para publicar en el BOE, yo me alarmo al leerlos. En materia de enseñanza, el Estado transfería la inspección educativa. ¿Cómo podía garantizar el cumplimiento de sus competencias constitucionalmente irrenunciables? Con la aquiescencia de Suárez retuve sin publicar los Decretos y luego como ministro de Educación seguí negándome a tramitarlos.

El Estatuto de Guernica se redacta sin que yo, en el Ministerio de Educación, participe. Hasta que un día Suárez me reclama, porque estaba atascado precisamente en Educación. Los negociadores representantes del Gobierno, estaban empeñados en crear en el País Vasco dos sistemas educativos paralelos. Uno español y otro vasco. Me pareció esquizofrénico y así lo dije a Suárez. Yo era partidario de traspasar a las comunidades históricas la íntegra gestión del sistema educativo, pero ejerciendo en cambio a fondo las competencias normativas e inspectoras previstas en el apartado 30 del artículo 149 de la Constitución. Es decir: un sistema educativo programado y vigilado eficazmente por el Estado pero gestionado en los territorios históricos por sus comunidades. La expedición de títulos en función del cumplimiento constatado de los planes de estudio estatales, se convertiría en la pieza clave de la unidad. Adolfo Suárez me da el visto bueno y me deja solo con Garaicoechea en su despacho. Antes de una hora habíamos llegado a un acuerdo, previa aceptación telefónica del Euskadi Buru Batzar. Al día siguiente, por filtración maliciosa de alguien, Abel Hernández publicaba en *Ya* que el ministro de Educación había sorprendido a Garaicoechea porque era más autonomista que el vasco. No había tal, sino un planteamiento meditado de unidad y autonomía. Los Estatutos catalán y gallego, siguieron luego las líneas abiertas por el vasco, sin intervención mía.

La confusión en áreas gubernamentales se extendió con el problema andaluz. El PSOE, por su federalismo generalizado, y probablemente por sus fuertes raíces sevillanas, se rebela contra el trasfondo constitucional —no contra su letra— y se empeña en que Andalucía alcance su autonomía por la vía de las comunidades históricas. UCD sabe que si se acepta, no habrá argumentos para negarlo a las demás regiones y que ello quiebra las previsiones de autonomía a la italiana que se contenían en la Constitución. Pero en esta ocasión, y a diferencia de otras anteriores, le falta aquella generosidad que le hacía anteponer los intereses del Estado al posible desgaste del partido. Y cedemos.

Cuando el PSOE va a presentar su moción de censura contra Suárez en mayo de 1980, otros compañeros le preparan al Presidente una declaración de política autonómica que copia literalmente las ideas expuestas por García de Enterría en el prólogo a un libro del Instituto de Estudios Económicos. Lo que llamaba «Federalismo cooperativo». Y pronuncia su propósito de «generalización, uniformización y aceleración del proceso autonómico». Conservo los esquemas de mi manifestación de discrepancia con el planteamiento. España es algo más que un espacio de cooperación entre regiones federadas. La aceleración es una huida hacia delante. La uniformización y generalización, quiebra el modelo previsto en la Constitución, hace renacer el problema de los territorios históricos, y como se trata de uniformizar por máximos y no por mínimos (pues los Estatutos de las comunidades históricas están aprobados), el Estado quedará extremadamente debilitado (1).

(1) El Presidente escuchó mi discrepancia, que le manifesté en dos ocasiones, pero no me hizo caso. Ni siquiera me contestó. La realidad era que desde mi salida de Presidencia en abril de 1979, mi influencia en la política general era prácticamente nula.

En primavera de 1980, Suárez creó con los llamados «barones» de UCD una Comisión Permanente del Comité Ejecutivo que no figuraba en los Estatutos. La designación fue digital. Yo le pasé una nota reiterándole algo que ya le había planteado estando en Presidencia: la necesidad de democratizar sin miedo la vida de UCD. Democratización que a él le beneficiaría, pues su liderazgo era entonces indiscutible para el 98 % del Partido. Le indiqué que al crear la citada Comisión Permanente el liderazgo Suárez estaba condenado a desaparecer, pues lógicamente todos los militantes de UCD se verían impelidos a «apuntarse» a algún «barón» que defendiera sus posiciones. Con lo cual el poder pasaba de Suárez a los «barones». Lo consideraba elemental, como así sucedió a los pocos meses. Pero él me dijo que parecía mentira que yo no me percatara de lo buena que era la fórmula. Seguí sin percatarme, y en el Comité Ejecutivo Nacional advertí que yo no aceptaba aquel órgano nuevo que ni era estatutario ni democrático.

En el verano de 1979 le había hecho otro informe diciéndole que el Gobierno del que yo formaba parte me recordaba a esos grupos de amigos que acaban de descubrir el golf y no viven ni hablan más que de ello. Eso nos pasaba a nosotros con la democracia parlamentaria. Todas nuestras preocupaciones se centraban en el desarrollo constitucional, en la consolidación democrática y en aventurar las posiciones de otros grupos políticos o seguir haciendo pactos con ellos. Vivíamos emborrachados de política formal, mientras el pueblo, que daba ya por hecha la democracia, pedía otras cosas. Tras analizar las principales asincronías, llegaba a la conclusión de que era previsible un golpe de Estado. No nos quedemos tranquilos, le decía yo en aquel informe, por el dato de que no conozcamos en este momento a ningún general golpista. El militar que da el golpe, surge rápidamente cuando se dan las condiciones objetivas que lo propician. Y las circunstancias yo las veía venir. Por lo que le sugería una serie de medidas. En esta ocasión me dio la razón tanto en mi diagnóstico como en cuanto a los remedios. Pero lo olvidó en seguida.

Hablando de este tema, tengo que recordar que el día de la primera votación de investidura de Calvo-Sotelo, tres días antes del 23-F, estando yo fuera del Gobierno, en el Salón de Relojes del Congreso, me senté con Pío Cabanillas y le dije: Pío, vais a tener un golpe de Estado. Se rió y le añadí: No te rías que me recuerdas a Casares Quiroga el 17 de julio de 1936. Los Gobiernos, como los maridos engañados, sois los últimos en enteraros. Le aconsejé algunas cosas que luegon hicieron tras el 23-F. Pero la noche del

Fijémonos bien en el cambio profundo que se produce en el proceso autonómico en mayo de 1980, respecto del esquema constitucionalmente previsto. Se establece la «generalización» de las autonomías. Toda España, según la nueva tesis, estaría integrada en alguna comunidad autónoma. Y no era tal lo regulado en la Constitución. Según nuestra Carta Magna, así como el Estado se organiza territorialmente en municipios y provincias (art. 137), no necesariamente en comunidades autónomas. La comunidad autónoma es una mera posibilidad de autoorganización que se da a ciertos territorios limítrofes entre sí con características especiales, que habrán de pedirlo expresamente (art. 143). Con la «generalización», toda España, incluso Madrid, Ceuta y Melilla, está en alguna comunidad autónoma. Y a las provincias que no querían (León y Segovia) se las obligó a integrarse en ellas. Se dispuso políticamente la «uniformización». El mismo techo competencial y el mismo esquema de poderes para todas las comunidades. Todas con su Parlamento y con su Tribunal Superior de Justicia. Se confundió autogobierno derivado de especiales circunstancias con privilegio, ignorando que los privilegios hacia ciertas zonas del país se dan y dieron tanto cuando todas eran iguales bajo un régimen centralizado, como cuando todas son comunidades autónomas. Los privilegios se producen por otras vías y causas, especialmente las financieras. Y los artículos 151, 152 y D. T. 2.ª de la Constitución, preveían autonomías diferenciadas. Y se acordó la «aceleración» del proceso autonómico. Todas constituidas con su Estatuto y a toda velocidad. Lo contrario de lo que pensó el poder constituyente, cuando en el artículo 148.2 de la Constitución estableció un período de reflexión de cinco años entre la asunción de las competencias iniciales (las de las preatonomías o según mi esquema, las de las Diputaciones regionales) y las demás constitucionalmente posibles que podrían ser ampliadas tras los cinco años, no de golpe, sino «sucesivamente».

En julio de 1980, Miguel Roca vuelve a pedirme la transferencia de la inspección educativa. Soporto fuertes presiones desde mi propio campo, pero me niego. Roca se muestra comprensivo y tras aceptar mi negativa, acordamos una fórmula

secuestro, recordando aquella conversación me preguntó si es que yo «lo sabía». La verdad es que no lo sabía pero la predicción era «de libro» uniendo todos los datos conocidos.

que permita al Estado conservar su inspección en Cataluña salvando el prestigio formal de la Generalidad. Pujol está tan contento que me anuncia una invitación formal a Cataluña al aprobarse el Decreto en setiembre. Pero en la primera semana de setiembre ceso yo, y lo que va al primer Consejo de Ministros del nuevo Gobierno es el texto del Decreto que yo me había negado a tramitar, junto con otras concesiones financieras, inequitativas a mi juicio, que yo venía rechazando para el País Vasco (1).

Aunque es la primera vez que yo relato estos hechos, otras personas los detectaron, y así se publicaron en el libro: *España: por un Estado Federal* del colectivo Javier de Burgos. Después del 23-F, el Gobierno Calvo-Sotelo aprueba un Decreto de Inspección Educativa del Estado con los criterios que mi equipo había dejado redactados. Pero en la práctica no se cumplió nunca. La Inspección Educativa del Estado en Cataluña y País Vasco, se hace básicamente desde mínimos despachos de Madrid. Es decir: en la práctica no se hace.

La huida hacia delante se consolida aprobando leyes como la LOFCA o la de Cesiones de Tributos a las Comunidades Autónomas que van mucho más lejos que la Constitución y los Estatutos de Autonomía. Calvo-Sotelo toma el tema autonómico en la posición que lo deja Suárez. La variante consiste en que la generalización, uniformización y aceleración la pacta con el

(1) El Gobierno vasco venía solicitando subvenciones para las ikastolas muy superiores a las máximas que se concedían para los centros privados españoles. También las querían para el BUP que en el resto del país no estaba subvencionado. Alegaban que se trataba de reparar la postergación en que se había tenido a la lengua vasca. Yo me negué pues ello implicaría rebajar las ayudas a otros centros privados de España. Y les dije que si de reparar postergaciones históricas se tratara, mucho más que con el País Vasco habría que operar con Galicia, pues mientras la vejación del euskera comenzó en el siglo XIX, la del gallego arranca del ascenso al trono de Isabel la Católica. En un momento, un dirigente vasco me advirtió que si no accedía, no me lamentara luego con un secuestro. Quizá debería haber levantado la reunión. En vez de ello, le repliqué que si actuaba en ese plan, acabaríamos en un golpe de Estado. Y que en un golpe de Estado es posible que yo fuera encarcelado. Pero acaso él sería fusilado. Cambió el tono de la conversación. Poco después del 23-F, aquel dirigente vasco se encontró conmigo en un restaurante. Me dijo que había madurado mucho desde nuestras últimas discusiones.

Lo cierto es que el ministro de Hacienda me presionaba para que yo otorgara las subvenciones que pedían los vascos. Yo le decía que no. Y que si tanto interés tenía que se lo diera él de la Sección 18 de los Presupuestos, pero que yo no dispondría del de Educación para tal fin.

Esas subvenciones con cargo a Educación, fueron las que se concedieron, con cargo a Educación, la semana siguiente a mi cese en el Gobierno.

PSOE, y como se asustan de la meta a la que lleva el camino emprendido, piensan con ayuda de una comisión de expertos en hacer recortes —también uniformes— a las autonomías a través de la LOAPA. En enero de 1982, publico en *Ya* un artículo sobre nuestras autonomías, mostrando mi preocupación por la dirección del proceso. Manifiesto unos cálculos que hice comparando las autonomías USA con las españolas. Mientras Washington tiene una capacidad de gasto 124 veces superior a la media de los Estados federados, Madrid, al final del proceso sólo la tendrá de 27,7 veces sobre la de cada comunidad autónoma. Anuncio la inconstitucionalidad de la LOAPA e insisto en que sólo por el camino de autonomías diferenciadas se puede resolver el problema. Martín Villa, a la sazón vicepresidente del Gobierno me llama inmediatamente, y cuando yo espero que me haga reproches por mi publicación, me sorprende diciéndome que comparte mi preocupación y aun haciéndome otras consideraciones más negras que las mías.

Cuando comenzó a funcionar la comisión de expertos que prepararía la LOAPA, el presidente Calvo-Sotelo reúne al grupo parlamentario de UCD y nos expone su plan. Yo manifiesto algunas de las reticencias que había publicado en Prensa (se incorporan como apéndice a este capítulo), y le pido que antes de enviar el Proyecto de Ley al Parlamento, podamos discutirlo en el grupo. Me contestó afirmativamente. Pero más tarde hizo una declaración pública diciendo que había pactado la Ley con el PSOE y UCD votaría el texto pactado. No pasó por el grupo. Y yo voté afirmativamente sólo algunos artículos de la Ley.

La política de orden público, otro de los pilares de un Estado unitario, se ve también cuarteada por las autonomías. La Constitución fue imprecisa, pues si bien en su artículo 149.1.29, atribuye al Estado competencia exclusiva en materia de Seguridad Pública, añade luego una fórmula que permite vaciar de contenido al Estado. Dice así: «Sin perjuicio de la posibilidad de creación de policías por las comunidades autónomas en la forma que se establezca en los respectivos Estatutos en el marco de lo que disponga una ley orgánica.» Tal ley orgánica se ha dictado bajo el Gobierno socialista. Es la Ley Orgánica 2/86 de 13 de marzo, y en ella, a las comunidades autónomas que según sus Estatutos tengan Policía propia (¿cuánto tiempo creemos que va a transcurrir hasta que todas las comunidades exijan Policía propia según los principios de «uniformación» imperantes?), se le atribuyen no sólo las funciones de Seguridad Pública prevista en el artículo 148.1.22, de la Constitución, sino otras de prestación «simultánea e indiferenciada con las Fuerzas y Cuerpos de Seguridad del Estado» y unas terceras de «en colaboración con las Fuerzas y Cuerpos de Seguridad del Estado», entre las que se encuentran (artículo 38.2.a), «velar por el cumplimiento de las leyes y demás disposiciones del Estado», con lo cual se le atribuyen competencias en *todo* lo que se refiere al orden público sin excepción. Así se reconoció paladinamente en el Parlamento tanto por el señor González como por el señor Barrionuevo.

Cierto que esta competencia total de las Policías autónomas, se ha de ejercitar en colaboración con la estatal. Pero la colaboración se dirige por una Junta de Seguridad de composición paritaria entre el Estado y la comunidad autónoma (artículo 50.1 de la Ley).

A diferencia de los Estados federales, donde existen delitos determinados (drogas, terrorismo, monetarios, extranjería...) que son de competencia reservada a la federación que cuenta para ello con una Policía federal y especializada que opera en todo el ámbito del Estado federal (por ejemplo el F.B.I., en USA), en España, todas las materias y todos los delitos son de la competencia de las Policías autonómicas. Y así presenciamos cómo el Gobierno de la nación pacta con el vasco, el despliegue de la «ertzantza» sustituyendo en el País Vasco a las Fuerzas de Policía nacionales y atribuyéndoles plenitud de competencias incluso en materia de terrorismo (1).

El proceso sigue adelante con todas sus consecuencias. Pronto las comunidades más retrasadas cumplen los plazos en que pueden pedir plenitud de competencias. Y como era de esperar, en Cataluña y País Vasco, ya comienzan a pedir, entre otras razones, para diferenciarse, la reforma al alza de sus Estatutos. El PSOE gobernante, se ve también atemorizado por el proceso. Pero en la vía en que se colocó, la solución sólo la encuentran

(1) Al celebrarse en marzo de 1987 en Mondragón (Guipúzcoa) el entierro y homenaje popular al dirigente etarra Txomin Iturbe, el gobernador civil denuncia a la Justicia los hechos como posiblemente constitutivos de delito y remite en apoyo de sus denuncias notas de la Prensa local. Preguntado por la razón de tan extraño acompañamiento documental, explicó por TVE que como la vigilancia de la concentración pro-ETA no corrió a cargo de la Policía del Estado, sino de la Ertzantza, no está en condiciones de ofrecer a la Justicia más información que la de los periódicos.

a base de cicaterías generalizadas a la hora de aplicar principios generosamente concebidos. No se soluciona nada y se irrita a todos. Seguramente que ya no es posible volver al espíritu de la Constitución sin reformarla. Hemos llegado demasiado lejos y creo que nadie tiene capital político suficiente, en esta hora, para enfrentarse a la racionalización política de nuestro sistema autonómico. Por ahora habrá que esperar y ver cómo se van poniendo parches. O confiar en que la dinámica histórica acabe convirtiendo en bueno lo inicialmente mal enfocado.

III. LA EDUCACIÓN

1. Las estrategias educativas antes de 1977

Por razones diversas, la Iglesia católica siempre desempeñó un papel relevante en la enseñanza de este país. Unas derivadas del esencial proselitismo de su propia doctrina («Id por el mundo y predicad el Evangelio a toda criatura»). Otras provinientes de circunstancias históricas, que arrancan de la Edad Media. Y es difícil hacer un juicio simplificador de su esfuerzo educativo. Junto a enormes logros, vistos desde una óptica social, pueden encontrarse abusos flagrantes. Es natural, pues, que los siglos XIX y XX españoles presenciaran querellas y bandazos sobre el tema de la enseñanza, con la Iglesia como protagonista activo o pasivo.

La cuestión se hace más delicada con el advenimiento del marxismo encarnado principalmente en España en el PSOE y en el PC. Marx había dicho aquello de que la religión es el opio del pueblo, y coherentemente con ello, se comprende —aunque no se justifique— que cuando el PSOE gobernó la educación española en el primer bienio de la República, cerrara por decreto 7.000 aulas de colegios católicos, abriendo como contrapartida 10.000 de centros públicos. Era una lucha frontal y sincera.

Mas, tomando pie en las resoluciones estratégicas del Congreso de la Komintern de agosto de 1935, Antonio Gramsci en sus Cuadernos desde la cárcel, que tienen gran difusión con la Segunda Guerra Mundial, revoluciona el pensamiento táctico marxista. Tres son las tesis suyas que conviene ahora destacar: 1.° A la Iglesia no hay que atacarla, sino infiltrarla de marxismo. 2.° En Occidente la vía insurreccional para llegar a la dictadura del proletariado es ya imposible. Se hace preciso utilizar el método del juego democrático burgués para instalar y mantener el socialismo en el poder. 3.° Lenin, conquistando en Rusia el aparato del Estado, pudo dominar la sociedad. Pero en Occidente las sociedades son muy complejas y con vida propia. Es necesario ir tanto a la conquista del Estado como a la de la sociedad. Y para lograr la «hegemonía» en esta última hay que utilizar la vía cultural en dos fases sucesivas. Primera: neutralizar los valores culturales del enemigo. Segunda: introducir con agentes orgánicos en *todos* los centros culturales y educativos, los valores propios del marxismo. Con ello la sociedad caerá indefectiblemente en manos marxistas.

Las tesis gramscianas cuajan políticamente en el Eurocomunismo de Togliati y Carrillo, y son aceptadas por el PSOE que desde los años 30 es tributario ideológico del PC. Es así como socialistas y comunistas se convierten sorprendentemente tras la Segunda Guerra Mundial en adalides de la democracia, derechos humanos, autonomías... dando un espectacular giro de sus posiciones anteriores.

Al producirse la restauración democrática española en 1976, el PSOE mantiene dos tesis en materia educativa, distantes de las de 1931 y en línea gramsciana. Por una parte proclaman su ideal de la «escuela única, pública, laica y autogestionaria». Y por otra, no queriendo cerrar traumáticamente los centros privados, afirman que «no toleraremos centros privados con carácter propio». En definitiva, se trata de neutralizar influencias adversas en la enseñanza, primera fase de la lucha cultural programada por Gramsci.

Entretanto, las normas vigentes en materia de enseñanza estaban contenidas en la reciente Ley General de Educación de 4 de agosto de 1970. Pese a sus afanes modernizadores y a los indudables avances que reportó, no pudo dejar de arrastrar los principios totalitarios que habían estado presentes en los orígenes de aquel régimen político. Y así, además de conceptuar a la educación como servicio público (art. 3), considera como sus fines, la formación «en el concepto cristiano de la vida y en la tradición y cultura patrias... todo ello de conformidad con lo establecido en los Principios del Movimiento Nacional...» (art. 1). Obviamente el Estado se consideraba en el derecho y deber de ahormar las conciencias juveniles según la filosofía propia de quienes detentaban el poder.

2. Tesis enfrentadas al discutirse el artículo 27 de la Constitución. Resultado

Pero, curiosamente, al discutirse el texto constitucional, nadie se presenta como heredero de tal concepción educativa. La propia Iglesia se abstiene de pedir la formación cristiana obligatoria de la juventud, y reivindica tan sólo el derecho de tener centros propios en concurrencia con los demás públicos y privados, y el de enseñar religión en todos ellos con carácter voluntario. En definitiva, la Iglesia y los demás enseñantes privados asumen la bandera de la libertad de enseñanza en un régimen de libertades.

A pesar de ese giro de su tradicional enemigo eclesiástico, el PSOE y el PC hacen dolorosísimo el parto del artículo 27 de la Constitución en el que se regula la enseñanza. El neoliberalismo de las fuerzas tradicionales, no podía ser suficiente para mentalidades marxistas que aspiraban, al menos, a la neutralización del sistema educativo y no podían aceptar que hubiera un porcentaje, a determinar según la demanda social, con enseñanza ideológica según principios que ellos perciben como adversos a su implantación.

Por ello, el artículo 27 de la Constitución se consensúa con transacciones que lo hacen ambiguo. Transacciones que se producen, no entre franquismo y marxismo puro, sino entre liberalismo y marxismo, en su versión gramsciana. Y así nos encontramos con principios liberales acordes con las Declaraciones Universales de Derechos Humanos y Convenciones Internacionales complementarias, tales como la libertad de enseñanza, el derecho de los padres a que sus hijos reciban la formación religiosa y moral que esté de acuerdo con sus convicciones, el derecho de todos a crear centros docentes y el deber de los poderes públicos de ayudar a los centros no estatales. Como contrapartida, la izquierda consigue que se constitucionalicen otros principios de programación política y de participación social, que si bien no consagran la autogestión, la permiten, constituyendo un portillo por donde eventualmente pudieran introducirse factores neutralizadores.

3. Primera concreción constitucional en materia educativa. El Estatuto de Centros Escolares (LOECE)

En 1979, yo paso desde el Ministerio de la Presidencia al de Educación (1).

Quizá por mis hábitos de consenso de la etapa anterior, pero también consciente de que la educación no puede quedar a merced, en sus principios básicos, de los vaivenes electorales, quiero llegar a un acuerdo con todas las fuerzas políticas y sociales sobre el Estatuto de Centros Escolares que habría de concretar las generalidades del artículo 27 de la Constitución.

Llegué rápidamente a un acuerdo con la Iglesia y las representaciones de centros privados sobre los criterios de libertad, igualdad de oportunidades y desaparición del ánimo de lucro industrial en los centros que recibieran alumnos financiados por el Estado. También con Alianza Popular, PNV y Convergència i Unió. Otros pequeños partidos de izquierda se

(1) Mi llegada al Ministerio de Educación fue casual. A finales de 1978, yo me di cuenta de que mi influencia en la política de Suárez iba decreciendo por causas que no interesa reseñar. Y le pedí cambiar de Ministerio. Me dijo que le contrariaba mi petición, pero accedió. Sabía que me hacía ilusión ser ministro de Hacienda y me lo prometió. Hasta que veinticuatro horas antes de formar el Gobierno subsiguiente a las elecciones del 79, me dijo que tenía que darme una mala noticia: no podía ser ministro de Hacienda, porque, dijo, me necesitaba en otra Cartera. Concretamente en Sanidad y Seguridad Social. En las horas siguientes hablamos también de Obras Públicas y de Interior. Lo cierto es que cuando a las once de la noche me llama para que redacte como ministro de la Presidencia el Decreto del nuevo Gobierno, y me lee la lista, yo al llegar a Educación, le digo que el nombre que tenía no podía ir en aquel cargo. Porque era estatista en materia educativa. Reconoció mis razones y me preguntó cómo podía solucionarlo rápidamente (TV estaba esperando la lista para el último Telediario). Salvo que, me dijo, aceptes tú Educación. Y acepté. Combinamos unos cambios en otras Carteras, hizo unas llamadas telefónicas para arreglar el tema y yo fui ministro de Educación.

mostraron comprensivos pero por razones tácticas me dijeron que no podían votar a favor. En cambio el PSOE y el PC, se me mostraron irreductibles. Su condición mínima para el pacto era la supresión del derecho a existir de centros privados con ideario o carácter propio, y por supuesto la colocación de la libertad de cátedra como derecho absoluto que no tenía que ceder en nada ante el ideario del centro en que el profesor impartiera sus enseñanzas. No pude aceptar estas condiciones que implicaban violación de derechos humanos fundamentales —como luego sentenció el Tribunal Constitucional—, y hube de soportar aunque contratacando, pues nunca tuve complejos de inferioridad, unas durísimas campañas descalificadoras de mi posición política.

En el verano de 1982, a través de tercero, me advirtieron que si ganaban las elecciones y a consecuencia de mi actuación en el Estatuto de Centros Escolares, me degradarían y menoscabarían mis derechos profesionales. Y se cumplió el contenido de la advertencia. Ignoro en qué niveles políticos se produjo la decisión. Hoy lo tengo superado. Y me alegra poder decir que, algún alto dirigente del PSOE se mostró apesadumbrado por tal comportamiento.

No me arrepiento. En el Parlamento, PSOE y PC, con idénticos argumentos explicaron hasta la saciedad su postura. Decían que nuestro sistema legal conduciría a resucitar las dos Españas. Justo para combatir la libertad de enseñanza, utilizaron las mismas razones y expresiones que otrora se aducían para negar la libertad de Partidos, de Sindicatos o de Prensa. Con los mismos fundamentos recurrieron ante el Tribunal Constitucional, el cual afortunadamente se pronunció diciendo que el derecho a existir de centros privados con carácter propio, no sólo era constitucional, sino que constituye una exigencia de la Constitución. Y que la libertad de cátedra ha de respetar el ideario del centro donde se ejerce por respeto a los derechos de elección de los padres. Así como que el Estado y sus centros públicos no pueden «adoctrinar» a la juventud, sino que han de ser neutrales, neutralidad que no se respeta por el equilibrio entre los enfoques diversos de cada profesor, sino que ha de mantenerse asignatura por asignatura (con lo cual se rechaza el enfoque «pluralista» que la izquierda quería para los centros públicos).

4. La LODE socialista y su giro intenso. La flexibilidad de la Constitución

En 1982, al llegar el PSOE al poder, acatan la sentencia del Tribunal Constitucional. En su LODE, admiten ya el derecho a la existencia de centros privados con ideario o carácter propio. Pero hábilmente utilizan aquel portillo abierto por el artículo 27.7 de la Constitución, y para los centros que reciban financiación pública (más del 95 % del total) imponen unas condiciones con las que pronto el ideario será pura fórmula, mientras que la enseñanza impartida en el centro estará neutralizada. Son los principios de zonificación en la admisión de alumnos, selección del profesorado por concurso público de méritos (un profesor ateo con más antigüedad que otro judío, habrá de ser contratado para enseñar en un centro con ideario judío), y gobierno autogestionario del centro a través de un Consejo Escolar en el que se asegura una composición pluralista desde el punto de vista ideológico.

Nuevamente fue el Tribunal Constitucional quien, sentenciando el recurso interpuesto contra la LODE por el Grupo Popular, defendió la libertad de enseñanza y aunque desestimando el recurso, recortó en puntos importantes las pretensiones de la LODE. Pero no pudo por menos que decir que tan constitucional era el sistema participativo del Estatuto de Centros de UCD (LOECE) —igual al de los países de la Europa libre—, como el autogestionario de la LODE. Ambos caben en la deliberada amplitud constitucional.

Como vemos, la Constitución en este punto se ha revelado como superflexible. No admite la filosofía educativa del franquismo. Tampoco la originaria de Marx. Pero permite implantar tanto la liberal de Europa occidental, como la marxista gramsciana de vía hacia el socialismo. Si el sistema de la LODE se mantiene, en poco más de diez años no existirán más centros privados con carácter propio en la práctica que los residuales para clases pudientes y quizás algunos otros por casualidad, o como consecuencia de esfuerzos casi heroicos. El sistema educativo en su conjunto estará neutralizado.

(Naturalmente, a pesar de esta visión explicada, no todo en materia de educación ha sido conflictivo. El artículo 27.5 de la

Constitución obliga al Estado a crear centros públicos, y tal formulación fue pacífica en su redacción y en la práctica. El esfuerzo de la derecha —o centro si se prefiere— en la construcción de centros públicos durante estos años, no ha sido inferior al de la izquierda. Seguramente ha sido superior. Conozco lógicamente mi mandato en el que puse en funcionamiento 930.000 nuevos puestos escolares públicos. Un centro por cada cuatro municipios. En año y medio, 2.000 puestos escolares por día. Ahora don Felipe González dice con satisfacción que ellos van en 1.000 por día. Y es que para nosotros, la libertad de enseñanza se traduce igualmente en dotar de buenos centros públicos a los españoles que los prefieren o que los necesitan.)

IV. LA CORONA

1. Las posiciones ante la Monarquía en 1975 y 1976. Un tema clave

En 1975 no había en España muchos monárquicos convencidos. Pero la legalidad era monárquica para el posfranquismo. Y por eso, los partidarios de aquel régimen, con más o menos reservas, se agarraban a la supervivencia de sus instituciones bajo un reinado de don Juan Carlos, mientras que los reformistas, tanto los que habían colaborado con Franco como quienes no lo habían hecho, ponían ineludiblemente su esperanza de cambios en la persona del Rey. Unos a otros nos contábamos frases o gestos de don Juan Carlos, que aunque escasamente comprometidos, alimentaban aquella esperanza. Por el contrario, la izquierda en bloque, puede decirse que era visceral o doctrinariamente republicana y ya tenía superados los compromisos con don Juan de Borbón de finales de los años 40.

Muerto el general Franco, quienes trabajábamos para la instauración de la democracia, aprendimos muy pronto dos cosas. Que don Juan Carlos efectivamente deseaba la democratización del país, aunque no precisara hasta qué punto. Y que sólo de la mano del Rey la democratización era viable. Cualquier intento democratizador al margen de la Corona supondría en primer lugar la violencia que no queríamos, y en segundo lugar el fracaso, dada la fortaleza del franquismo tanto institucional como sociológica.

Por eso, una de las más importantes labores de aquellos tiempos de transición fue la de convencer a las fuerzas políticas emergentes para que se legalizaran sin cuestionar la Corona que, les asegurábamos, conseguiría la democracia. El Partido Comunista, que pragmáticamente luchaba de modo prioritario por su reconocimiento oficial, comprendió rápidamente la situación y ya en junio de 1976 alguno de mis contactos me confirmó que dejarían de atacar a la Corona si se les legalizaba. El PSOE, por el contrario, actuaba más dogmáticamente. En todas mis conversaciones con ellos, salía su rechazo a la Monarquía. En la cena del 30 de abril de dicho año, cuando Fraga planteó su oferta de pacto con la condición de aceptar la Monarquía, Felipe González contestó que era imposible pues el PSOE no era un partido «aristocrático» y Fraga en una de sus ingeniosas réplicas le dijo que cambiaba en el acto la totalidad de sus ingresos por la totalidad de los de González. Y en el libro *Socialismo y libertad* que recoge las conclusiones de la Escuela de Verano del PSOE de 1976, tras ratificarse el republicanismo del PSOE, se afirma que no querían la legalización porque ello sería una forma de apoyar implícitamente a la Monarquía. Tan irreductibles se mostraban, que yo en una de mis conversaciones con Enrique Múgica, entre los demás argumentos, le dije que el compromiso de acatar la Corona que les pedíamos, podría ser sólo inicial, con la posibilidad por parte de ellos, si ganaban las elecciones, de replantear el tema de la forma de gobierno. Pero, así como yo sabía que el acatamiento inicial les ligaría a la Corona por mucho tiempo, ellos también lo sospechaban y se resistían.

Aunque Suárez sólo me contó unas impresiones generales de su largo contacto con Felipe González en casa de Joaquín Abril en agosto de 1976, yo estuve siempre convencido que aquella tarde-noche se produjo la «flexión» de Felipe González en el tema monárquico. Debió mostrarse dispuesto a reconocer la Corona, pero a unos precios no suficientemente concretados a juzgar por las reacciones posteriores de ambos.

El comportamiento de la izquierda al constituirse, bajo la

presidencia de Su Majestad, las Cortes nacidas del 15 de junio de 1977, aunque objetivamente censurable, era lo más que lógicamente podía pedírsele en aquel momento y conociendo el estado de la cuestión. El 24 de junio en el Palacio de Oriente yo me encontraba con Felipe González y un puñado de dirigentes del PSOE cuando felicitamos a Su Majestad y su actitud fue, contrariamente, muy correcta. Quizá porque se trataba de un grupo pequeño y escogido.

2. La Corona en la Constitución. Regulación y ambigüedades

En el período constituyente, al haber optado por un tratamiento de la Corona englobado con el resto de la Constitución, el tema monárquico tuvo una doble incidencia, según ya quedó apuntado. Por una parte se convirtió, algunas veces explícitamente, pero siempre en el trasfondo, en el arma de negociación de la izquierda, sabedora de nuestro extraordinario interés por obtener su consenso sobre la forma de gobierno monárquica. Todavía en marzo de 1980, año y medio después de promulgada la Constitución, al discutir el Estatuto de Centros Escolares en el Congreso, el portavoz educativo del PSOE advirtió que si sacábamos adelante aquella ley, el Partido Socialista se consideraría desvinculado de su compromiso de aceptar y mantener la forma monárquica de gobierno. Naturalmente la amenaza no era de recibo y yo reaccioné como es frecuente en mi tierra cuando no queremos ni transigir ni provocar: puse cara de no comprender el sentido de la expresión. La ley siguió adelante, y la amenaza parece que se archivó. Y también fue objeto de negociación específica en el Título II dedicado a la Corona.

El Título II contiene algunas reglas pacíficas de técnica sucesoria. En ellas se consiguió superar satisfactoriamente la cuestión de si la Monarquía se instauraba o se restauraba. La opción restauradora podría significar un repudio del pasado, franquista y republicano. La instauradora era tanto como privar a la Corona de su fundamental valor de continuidad. La fórmula encontrada fue hábil: «La Corona de España es hereditaria en los sucesores de S. M. don Juan Carlos I de Borbón, legítimo heredero de la dinastía histórica.»

También nos preocupaba marginar la institución regia de

posibles veleidades reformistas de la Constitución. Queríamos que fuera obligatorio un referéndum para quien en el futuro quisiera abolir la Monarquía. Y se consiguió de forma suave e indirecta, cuando en el artículo 168 se estableció un procedimiento singular de reforma constitucional para cuando la reforma que se intente afecte a toda la Constitución o una parte que comprenda el Título Preliminar, al Capítulo Segundo, Sección primera del Título I (derechos y libertades) o al Título II (la Corona). Para tales reformas será preciso un acuerdo de mayoría reforzada de las Cámaras (2/3 en vez de 3/5), la disolución de las Cámaras, su ratificación por 2/3 de las nuevas Cámaras elegidas y la posterior aprobación del proyecto por referéndum popular. Sin duda el método es disuasorio en circunstancias normales, aunque quienes modificamos legalmente los principios «permanentes» e «inalterables» del régimen anterior, sabemos de las debilidades de estas cautelas. Basta con modificar primero el artículo 168 de la Constitución, para que la reforma del Título II pueda producirse por las vías ordinarias de la reforma constitucional.

Mayor complejidad encerró la redacción de los poderes de la Corona. Nadie quiso nunca exceder del marco normal de una monarquía democrática y parlamentaria. Pero dentro de esos límites cabían posiciones de mayores o menores facultades regias. UCD y AP pretendimos la fórmula más amplia. La izquierda, naturalmente, la más restrictiva. El resultado fue conferir al Rey los poderes de un presidente de república parlamentaria pero con algunas fórmulas de ambigüedad calculada que permitieran interpretaciones más generosas.

En Derecho Político se distingue entre poderes estatutarios y de prerrogativa en la Jefatura del Estado. Los primeros son aquéllos específicamente mencionados en la Constitución. Los de prerrogativa son el residuo de poder que conservan los monarcas y —*servata distantia*— los Jefes de Estado en general, después de que Parlamentos y Gobierno les fueron arrebatando porciones de sus antiguos poderes absolutos. Es una especie de *última ratio* que para circunstancias extraordinarias se residencia en la Corona.

No cabe pensar que los constituyentes y sus asesores ignoraban estas afirmaciones de la ciencia política. Que fueran frívolos cuando en el artículo 102.3 se habla de la «prerrogativa real». O inconscientes cuando en el artículo 56, además de otorgar al Rey «las funciones que le atribuyen expresamente la Constitución y las leyes» (esto es, el poder estatutario), le confieren otras no estatutarias, de alcance indefinido como la de ser símbolo de unidad y permanencia del Estado o la de arbitrar y moderar el funcionamiento regular de las instituciones. Y de hecho, el comportamiento de los políticos que participaron en el consenso constitucional, ninguno de los cuales censuró (sino que por el contrario todos alabaron) el comportamiento del Rey don Juan Carlos el 23-F, ratifica mi interpretación, pues supongo que no será necesario recalcar que el Rey, en aquella ocasión, asumió y además sin refrendo ministerial, facultades que no le concede estatutariamente la Constitución. Es decir, ejerció lo que la ciencia política llama facultades de prerrogativa. Pero, ciertamente, la Constitución no las recoge con claridad.

Tampoco quiso la Constitución recoger explícitamente la facultad regia de veto o devolución de actos y normas sometidas a la firma del Jefe del Estado, como existe en otras Constituciones (monárquicas y republicanas) y como ha venido sucediendo en la tradición española. Sin embargo, como razonaré en el capítulo 3.°, si el artículo 62 confiere al Monarca la facultad de «expedir» los decretos y «sancionar y promulgar» las leyes es porque el Rey ha de efectuar un acto voluntario que complementa los requisitos de la norma. Y no se limita a la «promulgación» de la misma, sino que también ha de «sancionarla», como función distinta de la protocolaria «promulgación». Al margen de las facultades de prerrogativa, a las que antes me referí, dentro de sus facultades estatutarias, ello significa que cuando se presente a la firma regia una norma que entre en la categoría de las nulas de pleno derecho (producida con violencia, o con ausencia de las formalidades esenciales, o con «manifiesta» ilegalidad), el Rey no sólo puede sino que debe negar su firma.

Aunque la fórmula sea usual en el Derecho Constitucional Comparado, cuando el artículo 62.4 dice que corresponde al Rey «el mando supremo de las Fuerzas Armadas», se está soslayando un problema importante de nuestra arquitectura política (recuérdese la tesis del «Rey-solado» que impuso Cánovas en la 1.ª Restauración), una vez más por la vía de la ambigüedad. Porque «mando supremo» puede ser tanto el «superior» sobre el que ejerce el Gobierno, como otro honorífico sobre el «superior» que compete al Gobierno. Tema singularmente delicado en la realidad política española y que probablemente irá perfilándose por vía de hechos generadores de tradiciones. Pero de resultados todavía imprevisibles en este momento.

Réstanos decir, sobre este punto, que actualmente la izquierda ha comprendido y asumido nuestras observaciones iniciales de la transición en el sentido de que sólo la Corona haría viable el establecimiento de una democracia en España. Quizá como consecencia del 23-F. Ello puede llevarla a la afección a la institución monárquica. O acaso a su aceptación táctica hasta privarla de las razones que la hacen necesaria. Las apariencias del momento apuntan en la primera dirección. Pero no faltan síntomas de la segunda.

V. LOS INSTRUMENTOS DE PARTICIPACIÓN DEMOCRÁTICA

1. Normalización preconstitucional de los partidos

Los principales instrumentos de participación democrática, partidos, sindicatos, sistema electoral, poco o nada le deben a la Constitución. Estaban ya consagrados y rodados al inicio del período constituyente.

Era fundamental el adelanto. Recordemos que estábamos manteniendo con firmeza el principio de la reforma frente al de la «ruptura democrática» propiciada desde la izquierda. Para unos, la vía reformista era cuestión de principios, pues era la única que salvaba su conciencia política en función de sus anteriores juramentos en el régimen de Franco. Para todos nosotros, los que participábamos del poder, era, además, puro pragmatismo, ya que el reformismo era la única senda transitable hacia la democracia. Y eso nos obligaba a dotar al proceso reformista de democratización en curso de la máxima credibilidad.

Teníamos que legalizar a todos los partidos políticos existentes, con la única condición de que asumieran las reglas y renunciaran a la violencia para conseguir sus fines. Que nadie se quedara sin voz cara a las elecciones del 77. Y por ello, tras la legalización de los más importantes (PC, PSOE, PSP), hicimos una labor de normalización de muchos pequeños partidos. Varias veces, en mi despacho de la Moncloa retocaba yo con los interesados sus estatutos de partido, para poder hacer su legalización sin problemas.

Nos sentimos obligados a seguir una estrategia singular en el País Vasco. Nos parecía decisivo que en aquellos territorios pudieran celebrarse las elecciones con normalidad, sin miedo, pero también sin estados de excepción, para que sus resultados no aparecieran como dudosos y la participación ciudadana fuera apreciable. Para ello, por un lado realizamos unas negociaciones indirectas con ETA. Suárez me las encomendó, escribiéndome en una cuartilla que obra en mi archivo las condiciones máximas. Se trataba de que no hubiera terrorismo en aquellas semanas. A cambio procedimos a efectuar extrañamientos a ciertos países de etarras detenidos que expresamente lo solicitaron y que antes de ser liberados hacían llamamientos para la participación electoral democrática a sus afines en el País Vasco. Confieso que en parte pecamos de ingenuos. ETA practicó actos terroristas durante la supuesta tregua. Y cuando yo telefoneaba a mis contactos para protestar, me contestaban que se trataba de «grupos incontrolados». Para mi consuelo, debo señalar que no fuimos los únicos ingenuos con ETA en la reciente historia política. Bajo el mandato del almirante Carrero ya se habían montado mesas de negociación en Bruselas con ETA. El coronel San Martín sabe bastante de ello. Y más tarde, en 1982, Felipe González tuvo la misma ilusión y también creyó que con él sería distinto. Pero lo positivo para nosotros fue que las elecciones se celebraron con completa normalidad y abundante participación en el País Vasco.

De otro lado, dos magníficos gobernadores que teníamos en Vizcaya (Uriarte) y en Guipúzcoa (Benlloch, ya fallecido), cumplieron a la perfección su difícil papel en aquella coyuntura. Con la aprobación de Suárez yo les manifesté que lo importante era la participación electoral pacífica, aunque para ello hubiera que sacrificar al partido del Gobierno. Uriarte trató de integrar a la Democracia Cristiana Vasca (Julen Guimón) en UCD (lo que consiguió tras las elecciones) y tuvimos escaños en Vizcaya. En Guipúzcoa pareció preciso sacrificar nuestra presencia y así se hizo.

La Constitución se limitó, pues, en su artículo 6, a consagrar lo que ya estaba establecido sobre los partidos. Se reflejó en ella una constante preocupación mía: Que «su estructura interna y funcionamiento deberán ser democráticos», pues en otro caso la democracia es aristocracia en el mejor de los casos, y más fácilmente oligarquía. Si así no ocurre, creo que no es culpa de la Constitución, que no debe decir más, sino de la legislación ordinaria de desarrollo de la misma. Y del dudoso sentido democrático de bastantes dirigentes políticos, por mucho que apelen verbalmente a la democracia.

2. Normalización preconstitucional del sindicalismo. Influencia del consenso en el desarrollo posterior

El tema sindical tuvo una evolución bastante parecida. Durante el mandato del primer Gobierno del Rey (el Gabinete Arias), se arrastraban en esta cuestión los criterios del régimen anterior: mantener la unidad de la organización sindical, aunque flexibilizada con asociaciones libres en su seno. Era una estrategia paradójicamente coincidente con la comunista, que deseaba, como en Portugal y antes en Italia, controlar el fenómeno sindical, en cuyas estructuras oficiales estaba muy implantado. No lo quería en cambio UGT. Yo presencié en la primavera de 1976 cómo, en el Palacio de la Trinidad, Fraga trataba de convencer a sus compañeros de Gabinete de la necesidad de establecer el pluralismo sindical. Suárez, al menos en su etapa de Presidente, también lo vio así. Y Enrique de la Mata instrumentó la desaparición de la Organización Sindical y la legalización de los sindicatos libres. Yo no tuve participación en ello, salvo por vía de Informe, aunque luego me correspondió la tarea de integración de sus medios en la Administración.

Formalmente, el período constituyente tampoco afectó al tema sindical. El artículo 7 de la Constitución, también se limitó a ratificar constitucionalmente una realidad previamente conseguida.

Pero, en cambio, por vía política extranormativa, el consenso sí que influyó en materia sindical. En 1978 pensamos en mantener todo el aparato social y asistencial de la extinguida Organización Sindical (muy importante) como un servicio de la Administración a los trabajadores de cualquier sindicato y a los no afiliados. Entonces UGT y CC.OO. (y sus partidos) se opusieron. Y en aras del consenso dejamos morir aquellos servicios. También pensamos en montar algún sindicato autónomo desde el poder o desde UCD. Suscitó igual oposición e idéntica renuncia por nuestra parte. Seguramente fueron graves equivocaciones nuestras, pero por aquel entonces aún nos considerábamos prepotentes, y nos parecía que contribuíamos al equilibrio democrático del sistema. Incluso cuando en 1979 dimitió Felipe González y UGT entró en crisis, Fernando Abril fue su principal sostenedor. Las ayudas del poder de UCD a los sindicatos «de clase» fueron numerosas y no siempre ortodoxas.

En este terreno sindical, el espíritu del consenso se prolongó indefinidamente. El Gobierno Calvo-Sotelo, para conseguir en el ANE lo mismo que sindicatos y patronales firmaban al margen del poder en toda Europa, dotó presupuestariamente con 2.400 millones de pesetas a los sindicatos «de clase», a cuenta, se dijo, de la devolución del patrimonio sindical. Tales dotaciones subsistieron, incrementadas, más allá de los años previstos. Y aparte se hizo la ley de Devolución del Patrimonio Sindical, amén de conceder a los sindicatos facultades de disposición del uso de la antigua Obra de Educación y Descanso. El Tribunal Constitucional tuvo que defender a los sindicatos minoritarios frente a la prepotencia de UGT y CC.OO. que, con la colaboración de la Administración, pretendieron monopolizar las ayudas del poder. Al día de hoy, se ha montado por diversos procedimientos una situación de hecho, que hace dificilísima la existencia real y digna de sindicatos nacionales distintos de UGT y CC.OO. La hegemonía sindical de la izquierda parece consolidada y, por tanto, el equilibrio democrático, notablemente dañado en favor de la izquierda. Pero de ello, no es responsable la letra de la Constitución.

3. El sistema electoral. Constitucionalización de criterios previos

En cuanto al sistema electoral, fue aprobado por Real Decreto Ley para las elecciones de 1977, dentro de los criterios de la Ley para la Reforma Política y consensuado en una comisión que me tocó presidir y a la que ya me referí. Prácticamente sus normas fueron recogidas en la actual ley electoral. La Constitución, por su parte, en el artículo 68, elevó de rango la representación proporcional como sistema electoral para el Congreso. Habiéndolo yo defendido intensamente en 1976, consideré, y considero, que fue un error constitucionalizar este principio. Era necesario, a mi juicio, para el período constituyente, donde toda voz, aunque reducida en su respaldo, debía ser escuchada. Pero acaso en el futuro, la gobernabilidad del país aconseje, como en otras democracias maduras, un sistema electoral mayoritario. Y no es bueno tener que hacer reformas constitucionales para poder operar tal cambio.

VI. LOS DERECHOS HUMANOS

1. Prolija regulación constitucional

El largo trámite de elaboración parlamentaria de la Constitución, favoreció un amplísimo tratamiento de los derechos humanos. No sólo se recogieron los clásicos contenidos en las declaraciones y convenios internacionales y los más modernos, como la cláusula de conciencia en materia informativa y la objeción de conciencia ante el servicio militar, sino que se llegó a una auténtica inflacción de declaraciones de derechos. Que cada vez se extendía más por un efecto de inducción. Llegan a regularse derechos y situaciones tan singulares, como los relativos al medio ambiente o la agricultura de montaña. Y fue preciso hacer una clasificación y gradación de derechos. Así, bajo la rúbrica «De los derechos fundamentales y de las libertades públicas», la Sección 1.ª del Capítulo II del Título I, comprende los que son susceptibles de reclamar ante los tribunales ordinarios por procedimientos de urgencia (hoy la ley 62/1978) y ante el Tribunal Constitucional en Amparo. Estos mismos, más los comprendidos en la Sección 2.ª del mismo Capítulo y Título, «De los derechos y deberes de los ciudadanos», se declaran en el artículo 53.1 vinculantes directamente para todos los poderes públicos, y sólo regulables por ley que ha de respetar su contenido esencial. Una tercera categoría, está en el Capítulo III del Título I, «De los principios rectores de la política social y económica» (donde se incluye la familia, la salud, la vivienda, previsión...), que tiene mero carácter informativo o inspirador de la legislación ordinaria y que tan sólo son exigibles de acuerdo con las leyes que los regulen. Pero no se agotan en estas tres categorías las declaraciones de derechos. En otras partes de la Constitución también se contienen, como ocurre en el Título VII relativo a «Economía y Hacienda». Y por si ello era insuficiente, por iniciativa del Senado, al artículo 10 se le incorporó una cláusula de cierre que está dando un gran juego aplicada por los tribunales, ordenando que los derechos fundamentales y libertades, se interpretarán de conformidad con la Declaración Universal de Derechos Humanos y los tratados y acuerdos sobre la misma materia ratificados por España.

2. El Tribunal Constitucional

Este cuadro se complementa con la regulación de un tribunal constitucional, querido por todas las fuerzas políticas y al que se ha hecho una dotación inusual de medios en la justicia española. Por razones profesionales, y al incidir sus pronunciamientos sobre todas las ramas del Derecho y no sólo sobre el político, conozco todas sus sentencias y estoy en condiciones de afirmar su extraordinaria categoría técnica y sensibilidad. Muchos de sus planteamientos han sido jurídicamente revolucionarios en España, aunque en algunas materias ha moderado sus ímpetus iniciales e incluso ha entrado en regresión, aparentemente coincidiendo con el acceso al poder del Partido Socialista. Así ocurrió con el derecho a un proceso sin dilaciones indebidas (hoy la carga de trabajo en el T/C es tan alta que ya participa de las generalizadas dilaciones judiciales), con el valor del precedente administrativo o judicial en aras del principio de igualdad, con el alcance de la potestad reglamentaria del Ejecutivo, con el ámbito de regulaciones posibles del decreto ley, o con la proscripción de la jubilación forzosa por el puro dato de la edad del trabajador.

Se le acusa frecuentemente de politización y de falta de independencia. En mi afán de ser objetivo, debo romper una lanza en favor de los magistrados del Tribunal Constitucional. Incluso en sus sentencias más censuradas, una vez leídas íntegramente, hay notables dosis de resistencia al poder político. Así en la sentencia sobre el decreto ley de expropiación de Rumasa, pese a ser favorable a los gobernantes, vienen a decir que esperan que sea la última vez que se utiliza tan especial procedimiento. Y en la de la Ley Orgánica del Poder Judicial, si bien la declaran constitucional, afirman que si se aplica como de hecho la aplicó el Gobierno, viola el espíritu de la Constitución. Pese a que tal aplicación había producido el resultado de sentar en el Tribunal Constitucional a algunos de sus miembros.

El presidente del Tribunal, en declaraciones públicas reconoce que la politización es inevitable dada la naturaleza de los temas que tienen que resolver. Tiene razón. Pero hay más motivos y más preocupantes de politización. Tras la Ley Orgánica del Poder Judicial, resulta que todos los magistrados del Tribunal Constitucional son en definitiva designados políticamente por quien consigue ciertas mayorías en las cámaras legislativas. Como consecuencia, todos, o al menos la mayor parte de los magistrados, son designados por el partido en el poder, el cual tendrá la explicable tendencia a nombrar personas favorables a sus puntos de vista. De esta forma, no es que el poder político imparta instrucciones a los magistrados, no me refiero a tal corrupción que con este cuadro estructural es más posible, doy por supuesto que no existe. Lo que ocurre es que en los temas importantes, el poder político cuenta con que al menos la mayoría de los magistrados del Tribunal Constitucional comulgan con sus tesis o se sienten íntimamente inclinados a apoyarlas.

Cierto es que la persona humana es compleja y cabe la sorpresa. La Historia nos relata cómo Tomás Becket fue designado por Enrique II para dirigir la Iglesia de Inglaterra, y así tenerla controlada, dada la íntima amistad entre ambos. Pero Becket, al asumir el cargo, sintió la dignidad y responsabilidad del mismo. Y se opuso resueltamente a las ilegítimas intromisiones del Rey, llegando a soportar primero el destierro y después una muerte por asesinato regio.

En personas de cierta calidad, giros de esta naturaleza son muy posibles. Pero para ello se necesita que el cargo que se asume sea estable, como era el de Becket, o como es el de los magistrados del Superior Tribunal de USA que nombra el presidente. La heroicidad no puede racionalmente esperarse, cuando el titular del cargo lo es a plazo y precisa para la renovación de su mandato, o para su «recolocación» en otro puesto, de la confianza del mismo poder político que lo designó inicialmente. Cual es el caso de los magistrados de nuestro Tribunal Constitucional (art.º 159.3 de su Ley Orgánica).

3. Juicio global

El esquema de derechos humanos de la Constitución española resulta, por consiguiente, de los más completos y progresivos del mundo. Lo cual no puede llevarnos a ninguna situación de descanso y autocomplacencia. Primero, porque toda declaración constitucional de derechos, y también la española, es siempre incompleta y contiene numerosas fisuras a través de las cuales se pueden violentar. Pero también, porque cualquier fetichismo constitucionalista es no sólo anacrónico, sino infundado, ya que las Constituciones pueden ser reformadas por las mayorías gobernantes y los derechos hoy reconocidos en ellas pueden ser desconocidos o negados en el futuro.

No obstante, aún hay otro aspecto positivo de los derechos humanos en nuestra Constitución de 1978. Y es que los derechos no los «concede» la Constitución, sino que sólo los «reconoce». Se admite que son «preconstitucionales» o «naturales» como dicen los iusnaturalistas. Ello me permite a mí sostener con más fundamento la tesis de que sería ilegítima cualquier reforma constitucional que pretendiera suprimir alguno de ellos. No entran en el ámbito de lo que puede ser dispuesto por la soberanía popular ni pueden ser afectados por las reglas de las mayorías. A título de mero ejemplo, diré que como consecuencia, no es válida una decisión democrática que afecte a la esencia de la misma democracia. Nadie está obligado a aceptar la proclamación democrática de una dictadura. A poco que se piense, podremos ponderar las fértiles derivaciones de estos principios.

En algunos puntos es probable que nuestros constituyentes se hayan excedido. Quizás en el tema de la pena de muerte, abolida por el artículo 15 de la Constitución. Yo no soy un defensor de la pena de muerte. Pero me parece que en el estado actual de la cuestión, su regulación (negativa o positiva) debe dejarse al Parlamento. Cuando en las discusiones constituyentes, Landelino Lavilla comunicó al Presidente del Gobierno haber aceptado la supresión constitucional de la pena de muerte, yo estaba con Adolfo Suárez. No le gustó, al menos inicialmente, su abolición constitucional. Yo acababa de entregarle la última encuesta del CIS, según la cual más del 60 por 100 del pueblo español deseaba mantener la pena de muerte para ciertos supuestos. Y curiosamente, hacía pocos meses que mi Subsecretaría Técnica había elevado un borrador de proyecto de ley a Suárez, de supresión de la pena de muerte para delitos comunes que no se tramitó porque a Lavilla, ministro de Justicia, no le pareció conveniente.

4. Especial mención a los derechos de libre iniciativa económica

La discusión parlamentaria de los derechos humanos para su inserción constitucional, fue en conjunto bastante pacífica. Salvo en el artículo 27 referente a la educación (y al que me refiero en otro capítulo), y en materia del derecho a la libre iniciativa económica.

En esta última, es de justicia reconocer que la izquierda fue bastante flexible, habida cuenta de cuáles son sus principios doctrinales. La Constitución acabó reconociendo, aunque en la Sección 2.ª del Capítulo II de su Título I (es decir, como derechos de segundo rango no susceptibles de recurso de amparo constitucional), la propiedad privada, la herencia, la libre elección del trabajo, el derecho a la promoción a través del trabajo, la proscripción del carácter confiscatorio de los tributos y la libertad de empresa en el marco de una economía de mercado.

La expropiación se reguló según los moldes clásicos. Requiere causa justificada y declarada, así como indemnización. En las primeras redacciones se exigía que la indemnización fuera «previa» a la ocupación de los bienes expropiados. Pero una iniciativa de Miguel Boyer, publicada por el Centro de Estudios Constitucionales (que entonces dependía de mí como ministro de la Presidencia), consiguió que la locución «previa» decayese del texto. Yo pensé que la exigencia de que la indemnización fuera previa, era razonable excluirla de la Constitución, y dejarla para la legislación ordinaria. Aunque reconozco que su supresión puede ser motivo de abusos que a veces no son compensables con incrementos indemnizatorios.

La izquierda se dio por satisfecha con proclamaciones que nosotros también propiciábamos y que están de una u otra forma en todas las constituciones occidentales. Así la función social de la propiedad como delimitadora de su contenido. La referencia ambigua a la planificación «en su caso» del artículo 38, el reconocimiento de la iniciativa pública en la actividad económica, las posibles leyes socializadoras para «recursos o servicios esenciales», y las facultades planificadoras del Estado para estimular el crecimiento de la renta y su más justa distribución.

Es obvio que siendo todas estas proposiciones conformes con nuestra filosofía política, alejada del liberalismo dogmático, son susceptibles de ser aprovechadas por una izquierda gobernante para aproximarse a la socialización económica. Pero se comprenderá que en una Constitución democrática, no podíamos pretender cerrar todo camino a programas económicos diferentes del nuestro.

VII. LA DEMOCRACIA AVANZADA

1. La realidad de los posicionamientos ante la democracia

En la presente época histórica existe una aceptación generalizada del concepto de democracia. En una encuesta universal promovida por la Unesco en 1948, no se registraron criterios contrarios a la democracia. Hasta las dictaduras procuran enmascararse en ropaje democrático. Ya Marx y Lenin, que predicaban un rechazo sustancial a la democracia, llamaron sin embargo «socialdemócrata» a su Partido Comunista.

Pero, si queremos ser mínimamente rigurosos, tenemos que proceder a una cierta desmitificación de la democracia, que dista mucho de ser un fenómeno universal, ni en el tiempo, ni el espacio. No lo es en el tiempo, y uno de sus principales mentores, J. J. Rousseau, cuando tuvo que hacer un proyecto de Constitución para Córcega, opinó que aquella isla era demasiado grande para ensayar la democracia. Y es en el siglo XX cuando la democracia comienza a ser realmente aceptada a nivel doctrinal generalizado. Ni tampoco es un fenómeno universal en el espacio, ni aun en nuestros días. Realmente es ínfimo el número de países democráticos que existen en el mundo.

Y aun dentro de los Estados democráticos, hay distintas posiciones respecto a este sistema. Están en primer lugar quienes creen —creemos— en él como forma estable de convivencia y gobierno, aunque muchos pensamos como Churchill que no es una panacea sino «el menos malo de los sistemas políticos». No faltan, en qualquier ala del espectro ideológico, quienes niegan validez a la democracia. Y también existen quienes aceptan la democracia, pero no como sistema estable, sino como método o vía que les permita alcanzar otros objetivos ajenos a la democracia misma. Desde una concepción de tolerancia y libertad, en principio, todas estas posiciones deben ser respetadas si son honestas. E incluso la grandeza de la democracia, que constituye asimismo su posible debilidad, es dar las mismas posibilidades de actuación a quienes la rechazan o quieren manipularla, que a sus adeptos.

Por eso, vigente el régimen anterior, éramos muchos los que rechazábamos las llamadas democracias «adjetivadas». Solíamos decir que cuando a una democracia se le necesitaba añadir un adjetivo (orgánica, popular...), era para justificar su desnaturalización y falseamiento.

2. «La democracia avanzada» en el preámbulo de la Constitución. Unas reflexiones de preocupación

Redactada la Constitución y establecidas ya en el Congreso las líneas maestras del consenso, se confeccionó un preámbulo para la misma. Pretendía ser una breve pieza retórica que no molestara a nadie, y se propuso, como así se hizo, votarlo sin debatirlo. Cuando lo leí, y entre otras cosas proclamando la voluntad de la nación española de «establecer una sociedad democrática avanzada», me repelió encontrarme con un adjetivo para la democracia. Pero me pareció un mero gesto progresista sin trascendencia. Y no hice nada en contra de su inclusión. Bastante habíamos discutido ya sobre el articulado.

La expresión permaneció para mí olvidada en el preámbulo constitucional, hasta fechas recientes. En las resoluciones del XXX Congreso del PSOE, celebrado con dicho partido ya en el poder en diciembre de 1984, me encontré en su Capítulo I, número 21, con la afirmación de que «la democracia como método y como proceso es la seña de identidad estratégica del comportamiento y el pensamiento socialista». Y en ello no aprecié novedad. El PSOE sigue apuntándose a la concepción gramsciana que estima a la democracia como vía imprescindible para llegar al socialismo. Igual que el eurocomunismo. Es la utilización estratégica de la democracia para el logro de otras metas que debo considerar respetables.

Lo que ya me inquietó fue leer en el epígrafe siguiente el titular que dice: «De la consolidación de la democracia a la construcción de la democracia avanzada.» Porque aquí ya se utiliza la expresión «democracia avanzada» del preámbulo de la Constitución para definir una fase posterior a la de la democracia. Me sentí engañado en mi buena fe en el período constituyente.

Traté de indagar en qué podría consistir el modelo de democracia avanzada que busca el PSOE a través de la democracia, y no pude menos que volver a la resolución núm. 1 del mismo Congreso, donde «El XXX Congreso del PSOE expresa la plena vigencia de los principios e ideales desarrollados en el programa máximo del partido que orientaron la acción del PSOE desde su fundación en 1879...». Y al repasar dicho programa máximo, con su marxismo radical, me asalta el temor de que la proyectada democracia avanzada sea la versión española de las democracias populares del este de Europa.

Últimamente conseguí leer el libro de Burnett Bolloten *La revolución española,* según los expertos el mejor trabajo histórico sobre la España republicana durante la guerra civil. Me preocupó enterarme que a las prácticas sovietizantes y anarquizantes de los años 1936 y 1937 en la zona republicana, tan intensas que hubieron de ser atajadas y reconducidas por el Partido Comunista, la CNT y el PSOE-UGT, las denominaron «democracia avanzada».

Deseo que mis temores sean sólo suspicacias sin mayor fundamento.

VIII. EL RÉGIMEN CONSTITUCIONAL Y SU FUTURO

1. La conveniente estabilidad de la Constitución. Sus riesgos

Ninguna Constitución es óptima. La nuestra, con sus excesos, sus defectos y sus posibles errores, puede ser juzgada en conjunto como francamente buena y positiva. Lo es en sí misma, y mucho más aún por su potencialidad al haber sido apoyada en su origen por todas las fuerzas políticas en presencia. Hasta por el nacionalismo vasco que si no votó formalmente la Constitución, lo hizo en cambio y con entusiasmo por el Estatuto de Guernica que se desprende de ella.

Próximos al primer decenio de su vigencia, es lógico que unos y otros hayamos ido detectando algunos de sus fallos. Y sin embargo, en mi opinión, sería prematuro pensar en cualquier reforma de la misma. Porque nuestro texto constitucional no está aún suficientemente rodado y han de extraerse todas sus potencialidades y operados todos sus propios mecanismos de corrección, antes de plantearse la reforma. Y aun entonces habría que someter la cuestión a un amplio debate nacional, previamente a acometer la reforma. Yo no participo de la idolatría constitucionalista de nuestros predecesores del siglo XIX, y renacida en nuestra clase política de 1978. La Constitución es un mero instrumento formal al servicio de la convivencia política y caben muchas variantes de ella en democracia. Así como es posible que una constitución democrática encubra políticas no democráticas. Pero, situados en esta perspectiva relativista, entiendo que debe ser rodeada del máximo respeto y ser dotada de vocación de estabilidad, especialmente si tenemos la suerte de que reúna las condiciones de nuestra Constitución de 1978.

Ello, no nos exime, sino que por el contrario nos impone, ser críticos con nuestro régimen constitucional para mantenerlo en su pureza, conservarlo con su vigor inicial y, en definitiva, para que sirva al futuro de nuestro pueblo.

2. El partido hegemónico

De muy poco sirve una Constitución irreprochablemente democrática, si alguna de las fuerzas políticas que actúan en su seno se convierte en hegemónica. A mí me ha alarmado escuchar a través de TV cómo dirigentes del PSOE decían en asambleas de su partido que ahora que cuentan con la hegemonía política, han de ir a conquistar la hegemonía social, repitiendo así las consignas de Antonio Gramsci. Y naturalmente mi alarma se acrecienta cuando compruebo cómo paso a paso un partido va adueñándose de más y más resortes políticos y sociales. Si la mayoría parlamentaria aumenta su poder económico a través de una socialización no por discreta menos real y progresiva, si interfiere en los mecanismos directivos de la Justicia, si no se recata en admitir que utiliza la educación y la cultura para impregnar a la sociedad de sus propios valores neutralizando los adversos, si domina una abultada mayoría de los impactos que se transmiten a través de los medios de comunicación social, si sólo la izquierda cuenta con fuerza sindical y penetra en el tejido asociativo del país, todo ello, unido al estricto poder político, va configurando lo que se conoce como partido hegemónico. Se alteran las bases de la reversibilidad del poder y se convierte en ficticio al régimen democrático. Utilizando los modernos esquemas doctrinales que distinguen entre regímenes autoritarios y totalitarios, si en España se consolida un partido hegemónico, no sólo se estaría atacando el espíritu del consenso constitucional (en cuya virtud la UCD fue cediendo parcelas de poder para evitar su hegemonía y conseguir una situación de equilibrio), sino que llegaríamos a vivir un régimen constitucional formalmente democrático con una estructura real de corte totalitario. No sería el único caso en el mundo. Una vez más habría fracasado la democracia en España.

Mas, no es éste el único peligro que acecha al futuro de nuestro régimen democrático. Hay otros que los demócratas debemos descubrir, aunque nos duela, si queremos preservar eficazmente nuestra naciente democracia. Voy a tratar de tocar algunos de ellos.

3. La intensidad del cambio

No comparto la visión pesimista de la evolución social que predicaron insignes pensadores como Aristóteles, Polibio, Cicerón, Montesquieu o Juan Bautista Vico, cuando afirman que la vida social camina en círculo volviendo periódicamente a sus puntos de partida. Pero tampoco de la utopía del progreso rectilíneo indefinido que definiera Condorcet y en cierto modo Hegel. Seguramente la figura más ajustada a la realidad histórica es la del desarrollo en espiral que describió Pareto. La Humanidad va y viene, pero en ese vaivén ensancha su progreso. Y lo que parece difícilmente discutible es que el mundo social se ve afectado por la ley del péndulo. Cualquier exceso en una dirección produce la tendencia al exceso de signo contrario. Creo que todos tuvimos en cuenta esta realidad sociológica cuando hicimos la transición política, y unos más, otros menos, tratamos de introducir moderación en la velocidad de caída del péndulo, evitando las oscilaciones traumáticas que se produjeron en España en otras épocas o en otros países de nuestro entorno geográfico. Sin duda, hasta ahora la operación va teniendo éxito, y no quiero regatear el mérito que, en este punto, tiene el PSOE por su actuación al respecto en estos últimos años. Pero esconderíamos la cabeza bajo el ala si nos conformáramos con la autocomplacencia de lo hecho y dejáramos de otear el horizonte próximo. Porque el péndulo social español ha descendido con suavidad, y con suavidad va caminando en la dirección contraria. Pero no por ello está dejando de recorrer su camino sociológicamente previsible. En muy pocos años España está pasando de ser un Estado fuertemente centralizado, a un modelo autonómico intenso; de una gran represión social en las costumbres, a unas cotas de permisividad altas; de la familia tradicional, a la dilución del espíritu familiar; de una sociedad algo teocrática, al laicismo agresivo; de la meritocracia que instaló el franquismo en su última época, a la rebelión de las masas y la mediocracia; del militarismo, al civilismo; del orden férreo, a la delincuencia instalada, y, por supuesto, de la dictadura a la democracia y de la derecha a la izquierda. Muchos de estos cambios para mí son motivo de satisfacción. Pero son cambios numerosos y rápidos. Y desde mi reflexión de mero aficionado a la sociología e historia me preguntó: ¿Se han consolidado alguna vez cambios tan intensos y rápidos como los que vivimos sin sangre o dictadura? ¿Al recorrer nuestro péndulo social tan largo camino no estará generando una nueva inercia para deshacer lo andado, tanto lo bueno como lo malo? Ya sé que si nos metemos de lleno en la vida diaria del pueblo, no se piensa así. Nuestro régimen constitucional se percibe bien asentado y hasta la política de nuestros actuales gobernantes cuenta con un ancho respaldo popular. Pero es preciso hacer ejercicios intelectuales de distanciamiento para ver los fenómenos con perspectiva y acierto. Los que yo hago en estos párrafos me los enseñaron viejos republicanos del 31, a los que no se oye, porque, desgraciadamente, en todo el espectro político de nuestra joven democracia, hemos jubilado apresuradamente mucha madurez valiosa y necesaria. (En un aberrante proceso antihistórico hemos jubilado políticamente, no ya a los ancianos, sino a los maduros. Y ahora completamos el disparate marginándolos también de la vida profesional y social.)

4. Partidos importantes con objetivos contrarios al sistema

Aún hay más motivos de inquietud. Es consustancial a un sistema democrático integrar en su seno incluso a las fuerzas políticas que pretenden cambiar el sistema. Ya lo apunté anteriormente. Pero no conviene ser ilusos. La democracia es capaz de asimilar fuerzas radicalmente contrarias, si éstas son minoritarias. Es inviable cuando la oposición al sistema la protagonizan las fuerzas políticas principales del Gobierno o de la oposición. Aunque produzca algún escozor, sin ánimo descalificador, con espíritu constructivo y lealtad democrática, va llegando la hora de llamar la atención del Partido Socialista sobre sus contradicciones. Porque siendo partido gobernante con mayoría absoluta y habiendo aceptado nuestra Constitución y régimen democrático, mantienen en sus Congresos la plena vigencia de un programa máximo que ataca los fundamentos del sistema y que llevado a la práctica es incompatible con nuestra Constitución.

Para muchos burgueses este tema no es preocupante. Aducen que los dirigentes socialistas se han apuntado tan entusiásticamente al lujo que no pueden volver a sus tesis revolucionarias. Pero olvidan que la vida de lujo también es característica de dirigentes de países socialistas totalitarios. Los dirigentes políticos no tendrán necesariamente que sacrificar el lujo en un proceso socialista acelerado o revolucionario.

También se invocan frases tranquilizantes respecto del sistema occidental que de cuando en cuando pronuncian los gobernantes socialistas y que no concuerdan con su programa máximo. Yo no minusvaloro estos gestos. Pueden tener el efecto de ir lentamente cambiando la perspectiva radical de las bases del partido hasta arrumbar definitivamente sus objetivos últimos. Pero no me aquietan. Porque son palabras o gestos de Gobierno, dichas coyunturalmente desde el punto de vista de lo que se puede hacer en una legislatura. Y esos mismos dirigentes que, como gobernantes, dicen que el sistema económico occidetal es aceptable, luego, como militantes y líderes del partido, proponen y asumen el objetivo de su transformación radical. No puedo dejar de acordarme de las posiciones de la izquierda en otros tiempos, cuando decían que no era hora de hablar de socialismo, sino de república, para así poder hacer luego el socialismo. Ni ignorar que ahora mismo hay dirigentes del PSOE que se expresan igualmente. Y en todo caso, doy más importancia a las líneas estructurales de una organización que a las posturas de sus dirigentes. Dignatarios de la Iglesia ha habido en la Historia carentes de fe en Dios. Pese a sus desvíos, no por eso dejaron de servir a una Iglesia que les trascendió.

Y lo que digo sobre el PSOE y su programa máximo es aplicable al nacionalismo vasco y su independentismo. Nuestro régimen constitucional no puede considerarse estabilizado, mientras partidos tan importantes que gobiernan España o el País

Vasco, mantengan tesis que alteran las bases del sistema.

Éstos son algunos de los problemas de nuestra democracia. Que no dejarán de existir porque queramos cubrirlos con un púdico velo. Pienso, por el contrario, que han de ser sacados a la luz pública para meditación de políticos y pensadores, y que deben dar lugar a un segundo consenso para asentar definitivamente nuestro régimen constitucional democrático.

Apéndice

EL PROBLEMÁTICO RESULTADO DE LA POLÍTICA AUTONÓMICA

(Texto publicado por el autor el 6-I-82)

Denunció en su día Antonio Machado la profunda ingenuidad de los progresistas e izquierdistas españoles, quienes al desconocer la realidad social de nuestra patria provocan, con cada paso adelante que intentan, algunos más hacia atrás como reacción. Es la triste ignorancia sobre el espíritu de las leyes que trató Montesquieu y que persiste en la España de hoy, más necesitada que nunca de demócratas moderados que la hagan avanzar por vías de progreso escalonado y seguro. Es una desgraciada ceguera que se observa en muchos temas y también en el que motiva los comentarios de este artículo: el problema autonómico.

Un país en el que ya por dos veces fracasaron sendos regímenes democráticos al ensayar fórmulas autonómicas para sus regímenes; con un entramado de fuertes instituciones de espíritu centralista; con una historia unitaria muy consolidada; en trance de estreno democrático tras muchos años de autoritarismo; con tantos problemas vitales que se nos han acumulado y con una reducida demanda popular de autonomía, no puede sensatamente convertirse en un lustro desde un Estado rigurosamente centralista a un Estado totalmente federalizado. Aunque se crea firmemente, como yo creo, en la descentralización administrativa y política. Aunque haya que buscar soluciones singulares, sin privilegios, para algunas comunidades históricas.

Yo creo que el título VIII de la Constitución, pese a sus muchas deficiencias, si hubiera sido objeto de un desarrollo prudente, meditado y coherente con sus pautas internas, permitiría mantener un Estado fuerte y liberar las tensiones autonómicas reales. En definitiva, nuestra Constitución asume la filosofía del modelo regional italiano que a su vez se había inspirado en el de nuestra república de 1931.

Pero a partir de 1980, el desarrollo autonómico, sin violar formalmente la Constitución, se va apartando sustancialmente de su filosofía. Respondiendo a fuertes impulsos coyunturales y sin un previo debate clarificador, se acepta primero la uniformidad de los techos autonómicos finales, naturalmente al nivel de los máximos alcanzables por las comunidades históricamente más definidas, con lo que se consagraron muchos grados artificiales de demandas autonómicas. Y a continuación se toma la tesis programática del PSOE del federalismo generalizado. Es una admisión implícita y quizás inconsciente, aunque la semántica utilizada en algunas comunicaciones del momento era suficientemente reveladora del sustrato de las fórmulas que se ofrecían.

Desde entonces, nuestro modelo autonómico se ha situado a años luz del italiano. Hay que admitir la realidad y reconocer que estamos construyendo un Estado federal para España. No voy a hacer hincapié en los aspectos formales porque a los efectos de este artículo son poco relevantes y siempre discutibles dada la indeterminación doctrinal de los conceptos. Lo importante es el dato de que nuestros contenidos autonómicos son más intensos que los de la mayoría de los llamados estados federales, y que en aspectos sustanciales pueden ser homologados con ventaja para las autonomías españolas, con la federación USA, que constituye el más típico y justificado Estado federal por sus dimensiones y por su historia. Así podemos observarlo en los dos campos que mejor reflejan el auténtico grado de descentralización de una comunidad: el gasto público y la dirección de la política económica.

En USA, según notas que Luis Ortega toma de Reagan, el Gobierno federal obtiene un 62 por 100 de todos los ingresos fiscales, quedando un 26 por 100 para los Gobiernos de los Estados y un 12 por 100 para las haciendas municipales. Ello permite al poder federal, respetando las competencias de los Estados miembros, utilizar sus holgados presupuestos para ofrecer programas de asistencia, condicionados al cumplimiento de los requisitos fijados por Washington, con los cuales dirige de algún modo el 25 por 100 del gasto realizado por los Estados miembros, además de efectuar directamente los gastos de la Federación.

En España el gasto público del poder central quedará reducido según la comisión de expertos (informe julio 1981) a un 50 por 100 de gasto público total. Y aún, seguramente, ese porcentaje será realmente menor, pues, dada la redacción de los artículos 15 y 16 de la LOFCA, las asignaciones complementarias para servicios mínimos, las dotaciones del Fondo de Compensación, que van a cargo del 50 por 100 del gasto estatal, en la medida en que se empleen en actividades propias de las comunidades autónomas, son sólo controladas por las Cortes Generales, pero no por el ejecutivo central, que probablemente no llegue a manejar el 45 por 100 del gasto público total, dentro de cuyo 45 por 100 se incluyen los importantes gastos de defensa, que como los del servicio exterior, son en España fundamentalmente consuntivos. El proyecto de ley de Fondo de Compensación prevé una participación de la Administración central en la preselección de proyectos a financiar. Pero tal participación, que es imprecisa, se compensa con otra igual de las comunidades autónomas en aquellas que sean competencia del poder central.

En términos de capacidades financieras relativas, mientras que Washington tiene una capacidad de gasto 124 veces superior a la de la media de cada Estado miembro USA, Madrid sólo la tendrá de 27,7 veces sobre la de cada comunidad autónoma. Pese a que la media dimensional de nuestras comunidades autónomas es muy inferior a la de los Estados miembros de la Federación USA.

En los Estados Unidos, la Federación tiene competencia no sólo sobre el comercio exterior, sino también sobre el interestatal, ampliándose la competencia federal incluso al comercio intraestatal respecto de todos aquellos actos o aspectos que tengan efectos directos o indirectos fuera del territorio de un Estado miembro, lo que otorga al poder federal una verdadera capacidad de dirección de toda la vida económica con trascendentes repercusiones sociales.

En España, el estado central sólo se reserva la competencia sobre el comercio exterior y las bases de la vida económica. El comercio interior es de la competencia de las comunidades autónomas, y al no decirse nada del comercio interregional (el equivalente del interestatal en EE.UU. que es regulado por la Federación) creemos que forma parte y sigue el régimen del interior. Cuando las autonomías funcionen tendremos que efectuar una fina, laboriosa y controvertida interpretación de los principios de solidaridad, libre circulación e igualdad para que el Estado español pueda llegar a alcanzar un poder de dirección económica semejante al que hoy posee la Federación de EE.UU.

Creo que es importante que contemplemos con sinceridad y reflexionemos con sosiego sobre el modelo final de Estado al que caminamos. Al margen de preocupaciones electorales y partidistas. Prescindiendo de nominalismos, vamos a pasar de un Estado exageradamente centralista a un poder central español más débil que el de la mayoría de los Estados federales. Y no nos engañemos pensando que la estructura unitaria nos la garantizarán los llamados partidos nacionales. Eso sólo ocurre en las dictaduras como en la URSS. En una democracia, los partidos se adaptan necesariamente a la distribución real del poder. Nuestros partidos nacionales acabarán adoptando sus decisiones «españolas» por consenso interno entre sus organizaciones regionales. Ello encierra ventajas e inconvenientes. Unas y otras han de ser analizadas. ¿Lo hemos hecho? ¿Recordamos suficientemente que nuestra democracia no es presidencialista, sino parlamentaria, con lo cual se reduce la capacidad de liderazgos nacionales? ¿Hemos valorado debidamente el efecto acumulativo que esta estructura produce con el sistema de representación proporcional del Congreso de Diputados? ¿Cuál será la resultante previsible de nuestra política internacional? ¿Cuánto tiempo podría mantener España esa posición resultante? ¿Tendrá el Estado fuerza suficiente para realizar la esencial política redistributiva entre regiones y clases sociales?

En esta situación, los actuales objetivos de homogeneizar y acelerar el proceso autonómico creo que son una huida hacia delante. La comisión de expertos y los pactos autonómicos subsiguientes constituyen la expresión de un esfuerzo honesto y aportan unos resultados positivos en tanto en cuanto tecnifican y ordenan el proceso. Pero no nos hagamos falsas ilusiones. La solución no consiste en que hayamos conseguido la paz parlamentaria a través de un pacto entre partidos, ni en que contemos con unos mejores instrumentos técnicos aportados por los expertos. Soportando ataques de los adversarios habíamos construido una mala pista en dirección probablemente equivocada. Los pactos autonómicos significan el esfuerzo conjunto para convertir la mala pista en buena carretera, pero con el mismo destino problemático. La solución requiere el previo replanteamiento de las bases del giro autonómico de 1980.

Es cierto que con los pactos autonómicos y con los proyectos de ley derivados de los mismos, al socaire de la racionalización técnica, se recortan un poco los contenidos de las autonomías (competencias exclusivas e inversiones nuevas). Pero en el esquema uniformista en que nos movemos, al tener que ser generalizados dichos recortes, se establecen tales matices y compensaciones que resultan globalmente intrascendentes, pese a lo cual menoscaban el fuero de las comunidades históricas con estatuto en funcionamiento.

Creo, modestamente, que la solución de nuestro problema autonómico pasa necesariamente por los siguientes puntos: 1) Romper el fetichismo uniformista, concibiendo dos o tres niveles sustancialmente diferentes de descentralización. 2) Ejercicio decidido y a fondo por el Estado de todas sus competencias residuales incluso respecto de las autonomías del máximo nivel.

El tiempo se nos acaba. Si no corregimos inmediatamente el rumbo del proceso va a resultar inevitable la reforma título VIII de la Constitución, con todos los riesgos que ello comporta. Y no nos consolemos pensando que lograremos el consenso de los partidos para mantener la dirección actual. Ello sería peor. Es malo, muy malo, que en una democracia no haya alternativa para los grandes problemas.

Deseo que mis fuentes, mis cálculos, mis temores o mis criterios sean erróneos.

Parte segunda

LA GUERRA ESCOLAR

I. TRASCENDENCIA POLÍTICO-SOCIAL DEL FENÓMENO EDUCATIVO

1. El sistema educativo, medio de transformación social

En nuestro siglo, ni siquiera los incultos dejan de reconocer la gran importancia de la educación. Evidentemente cumple unas funciones sociales de primera magnitud. Es el instrumento mediante el cual las generaciones humanas van transmitiendo sus conocimientos de unas a otras, permitiendo a las siguientes construir, tomando como suelo de partida lo que para las anteriores constituyó su techo. Decía Ortega que el hombre es el único animal capaz de aprovechar las experiencias de sus antepasados y ese aprovechamiento, añado yo, se efectúa por medio de la educación que es así la pieza básica del progreso sobre la que luego, o simultáneamente, opera la inteligencia del educando. Y junto con esta notable función, cumple la educación otra no menos destacada: la formación de la personalidad del alumno, porque la educación es algo mucho más complejo y completo que la mera instrucción o enseñanza. Y a ambas funciones, aún se le añade una tercera, que acaso sea la más valorada por las familias: la educación como proceso de preparación profesional de la juventud, es decir, como método de «colocación» de las nuevas generaciones en el sistema productivo de la sociedad.

Pero aún hay más. Sin perjuicio de las altas misiones antes reseñadas de la educación, el sistema educativo cumple otro objetivo que a los efectos del presente estudio ha de reseñarse separadamente, a saber: es un poderoso medio de transformación social. Me explicaré:

La educación responde siempre, por parte de quien la efectúa, a una determinada opción antropológica o metafísica. Trata de realizar el tipo de hombre y de sociedad deseable por cada educador. Consciente o inconscientemente, el educador orienta o dirige al alumno hacia «su» propio ideal. Ningún maestro es tan malvado o desaprensivo que niegue a sus alumnos consejos o directrices para que lleguen a pensar u obrar según aquellas pautas que el profesor considera mejores. Y no sólo a través de enseñanzas explicitadas, sino también por la fuerza inductora que sobre la juventud tiene el testimonio de vida personal del maestro. Lo que en otros tiempos llamábamos «el ejemplo».

No existe la educación «neutral». La llamada educación «científica», no es neutra. Porque toda proposición científica implica una toma de posición determinada ante la vida. Y en todo caso, quienes hacen esfuerzos en su docencia por mantener una asepsia axiológica, adoptan con ello una posición u orientación educativa. El «neutralismo» es un valor como lo son aquellos otros respecto de los que el neutral quiere permanecer equidistante. Y aunque pueda parecer paradójico, la «no beligerancia» del neutral, es una forma como otra cualquiera de actitud vital beligerante.

Y es que nadie bajo el firmamento puede decir en nombre de la ciencia que «su» verdad es «la» verdad. Quienes crean otra cosa son unos dogmáticos. Y ya sabemos que no hay dictadura más peligrosa que la de quien se cree en posesión de la verdad y está dispuesto a imponerla a los demás so pretexto de cientifismo.

Si acudimos a los ejemplos, quizá podamos apreciar mejor la tesis que defiendo. En estos momentos, hay un consenso en España sobre la necesidad de impartir educación sexual a la juventud. Y prácticamente todos afirmamos que esta educación ha de tener como eje las leyes naturales o científicas sobre la sexualidad. Y sin embargo, pese al acuerdo sobre este punto de partida, la educación sexual que se da a nuestros jóvenes es sustancialmente dispar según el profesor que la imparta. ¿Por qué? Pues sencillamente porque la concepción científica de cada maestro ante el sexo es distinta según su visión de la vida y de la misma ciencia. Para unos, el sexo es un ingrediente trascendental de la vida humana, mientras que otros trivializan su entidad. Alguno entiende que el sexo ha de regularse por normas morales, aspectos que otros niegan.

Hay quien concibe la vida sexual como elemento que debe funcionar para la reproducción y también quien lo considera autónomo de tal fin. Ciertos profesores lo entienden relacionado bien con el matrimonio o al menos con la relación de pareja estable y monogámica. Y otros piensan que debe ser promiscuo, o que puede serlo sin contrariar su esencia. Unos defienden que la manifestación «natural» o «moral» del sexo ha de ser heterosexual. Otros patrocinan o al menos reputan igualmente correcta la relación homosexual o bisexual... Todos ellos creen impartir su enseñanza según la ciencia. A todos les supongo idéntica buena fe. Y sin embargo, los resultados de sus educaciones son radicalmente diferentes.

Los efectos transformadores de la sociedad que atribuyo al sistema educativo y a los que me estoy refiriendo, son ciertamente lentos, pero seguros y profundos. Mucho más eficaces socialmente a medio plazo que los de la acción política estricta. Si alguien logra controlar la enseñanza de un país, tiene en sus manos el futuro de ese país, aunque su estructura política sea democrática (suponiendo que el control de la enseñanza sea compatible con la democracia). Y por ello, es perfectamente comprensible la batalla política de la educación. Es la lucha por conseguir un modelo de sociedad. Algunos políticos querrán dirigir el sistema para implantar en la conciencia colectiva sus valores. Otros lo harán para impregnar a la sociedad de otros valores diferentes. Y unos terceros querrán evitar que nadie manipule al sistema educativo para sus fines políticos de partido dejando que sea cada familia la que decida la orientación bajo la que deban ser educados sus hijos.

En otra parte de este libro, ya he hecho referencia a cómo la estrategia de Gramsci, para el marxismo en occidente, tiene como objetivo copar todos los centros culturales y educativos con «intelectuales orgánicos» marxistas, previa una primera fase en la que hay que proceder a «neutralizar» esos centros culturales y educativos, impidiendo así que en ese período intermedio se impartan enseñanzas coherentes según ideologías ajenas a la marxista. También hice mención de cómo la filosofía oficial del anterior régimen, aunque con orientación contraria, proclamaba idéntica voluntad de utilización del sistema educativo (si bien, al menos en la última fase del régimen que yo conocí, tales objetivos eran puramente teóricos). Y no podemos dejar de apuntar que el cristianismo impone a sus fieles un deber de proselitismo que tiene influencia en el enfoque de la escuela. Pero con la particularidad de que la iglesia contemporánea no pide la enseñanza cristiana para toda la población, sino para aquellos jóvenes cuyos padres, por unas u otras razones, la elijan libremente.

2. Papel del Estado democrático en el sistema educativo

Si el sistema educativo tiene la trascendencia social que vengo anotando, se comprenderá que el Estado no puede permanecer indiferente ante el fenómeno.

El Estado ha de asegurar la escolarización de la juventud. Plenamente en los niveles que se declaren obligatorios. Y de forma suficiente en los demás niveles.

El Estado tiene que ser beligerante exigiendo que el sistema educativo en su conjunto y cada centro y profesor en particular, respeten los principios constitucionales de tolerancia y libertad. (Podríamos plantearnos si el Estado además de exigir respeto a los principios constitucionales en la escuela, puede utilizar la escuela para promocionar o educar en los principios constitucionales. Aunque a mí personalmente me gustaría la respuesta positiva, porque creo en los principios constitucionales, dudo mucho que el Estado respete de esa forma una Constitución que también ampara, en condiciones de igualdad, los derechos de quienes no aceptan los principios constitucionales. De hecho, el artículo 27.2 de la Constitución señala, como «objetivo» de la educación, el «pleno desarrollo de la personalidad en el *respeto* a los principios democráticos de convivencia y a los derechos y libertades fundamentales». Recoge el necesario «respeto». No la «promoción» de los valores constitucionales.)

Y el Estado, naturalmente, tiene que exigir unos niveles mínimos de calidad y rigor científico a las enseñanzas que se impartan en el país, siempre que con esas enseñanzas se pretenda que los alumnos obtengan unos títulos académicos o profesionales. Porque los poderes públicos han de responder ante la sociedad de la preparación mínima de quienes comparezcan en demanda de un puesto de trabajo con un certificado de aptitud oficial.

Pero no es misión del Estado «educar» o «indoctrinar» a la juventud. El Estado maestro, el Estado que utiliza la escuela para transmitir las convicciones o valores de sus gobernantes, es el Estado totalitario. El Estado democrático tiene que ser neutral ante las distintas opciones filosóficas o educativas que quepan en la amplitud de la Constitución. Ha de asegurar que existan las estructuras educativas con los niveles de extensión, respeto y calidad antes dichos. Pero no impartir educación. Ésa no es misión del Estado. (Mi idea fue confirmada por el Tribunal Constitucional en sentencia a la que más adelante haré mención.)

Por eso, cuando el programa electoral del PSOE para las elecciones de 1986, en el punto cuatro de su introducción, anuncia que si ganan las elecciones —que ganaron— utilizarán el aparato del Estado para conseguir «una profundización a través de la cultura y educación en una mayor conciencia social, para conseguir una sociedad que prime los sentimientos de solidaridad colectiva sobre el individualismo» y en el Capítulo IV, 1.1 del mismo programa, conciben «la educación como un instrumento privilegiado para prosperar hacia una sociedad más libre, igualitaria y avanzada», yo detecto que esa posición del Gobierno del PSOE ante el sistema educativo no se compadece con la filosofía democrática. No digo ahora que el ideal del PSOE así manifestado («Sociedad igualitaria», primacía de lo colectivo sobre lo individual), sea bueno o malo. Aunque sea bueno, no pasa de ser una de las distintas opciones que caben bajo el amparo de la Constitución. Y no puede utilizar el Estado ni su aparato educativo para la impregnación de la juventud en esos valores. Una cosa —absolutamente legítima— sería que el PSOE (no el Gobierno del PSOE) creara centros educativos para la difusión de su doctrina. Otra distinta —ilegítima según los criterios que vengo exponiendo— es que el PSOE utilice los medios educativos del Estado y sus controles para lograr tal difusión.

3. ¿Es la enseñanza un servicio público?

En atención a las anteriores consideraciones, yo no puedo aceptar que la enseñanza se defina como «servicio público», tal como han hecho los socialistas en sus leyes educativas, coincidiendo (¿sintomáticamente?) con lo que decía la Ley General de Educación del régimen anterior.

Yo sé tan bien como el que más, por razón de mi profesión de abogado, que el concepto científico de «servicio público» es discutible y discutido. Pero también sé que hay un núcleo de ideas en que todos los autores están conformes a la hora de definir el servicio público como aquel servicio que, por razones de interés general, asume el Estado para su prestación, bien en forma directa, bien indirectamente mediante su «concesión» a particulares.

Entonces, predicar para la educación el carácter de servicio público, es flagrantemente anticonstitucional. Porque nuestra Constitución, artículo 27, «reconoce la libertad de enseñanza» (apartado 1), y «reconoce a las personas físicas y jurídicas la libertad de creación de centros» (apartado 6). En ningún momento califica la «enseñanza» como servicio público, ni como competencia del Estado, ni atribuye al Gobierno, ni aun siquiera al Parlamento, la facultad de otorgar a los particulares el derecho de enseñar. Tal derecho lo tienen los particulares directamente recibido de la Constitución, no «concedido» por órgano alguno, legislativo o ejecutivo, del Estado. Y aún más, tampoco la Constitución «concede» tal derecho, sino que lo «reconoce», esto es, afirma que es un derecho preconstitucional.

No puede, pues, afirmarse que la educación es un servicio público, en el sentido técnico jurídico que es el propio de su inserción en las leyes. Los últimos Gobiernos de UCD, cediendo a la presión del PSOE, habían aceptado tal definición para la Universidad en el Proyecto de Ley de Autonomía Universitaria. Los dos ministros de Educación de UCD que aceptaron la presión socialista, nos argumentaban que la definición era intrascendente, pues si la educación no es técnicamente un «servicio público», sí que es un servicio de interés público (categoría jurídica diferente, pues el servicio de interés público puede ser originariamente propio de la competencia de particulares, como la Banca o las panaderías). Y que no merecía la pena discutir por definiciones conceptuales. Otros compañeros de UCD y yo, en cambio, le dábamos importancia a la definición, como también se la daba el PSOE que condicionaba su consenso sobre la ley a la aceptación de la fórmula. Y es que la izquierda de este país ha librado inteligentemente y ganado la importante batalla cultural por la semántica. Aceptando expresiones queridas por el pueblo con larga tradición, se las apropian dándoles un contenido diferente, de modo que colocan fuera del respaldo popular a quienes combaten su postura cubierta con aquella expresión que aceptaron y transmutaron. Es, por ejemplo, el caso del concepto de «igualdad», extendido por el cristianismo y recogido en nuestra Constitución. Ellos hablan constantemente de igualdad que luego traducen como «igualitarismo» (lo que no está ni en la Constitución, ni en el mensaje cristiano). Pero al haberse apropiado del concepto de igualdad, si uno discrepa del igualitarismo ha de sufrir la pesada y difícil carga de razonar al pueblo cómo su ideal de igualdad no coincide con el igualitarismo. Y a las grandes masas populares sólo llegan los gestos y símbolos, no los discursos ni los libros. Es así que, en la lucha política con la izquierda, hay que comenzar por no aceptarles sus trampas semánticas de lenguaje. Y negar a la enseñanza el carácter de «servicio público», porque no lo es. (Otra cosa diferente es la actividad administrativa de expedición de títulos con valor oficial. Tal actividad sí que es constitutiva de un servicio público. Es propio del Estado expedirlos o establecer las condiciones para que se expidan. Pero ello, aunque sea un complemento necesario para la utilización profesional de las enseñanzas recibidas, es algo separado de la función docente que puede poner en marcha la sociedad sin otorgamiento alguno del Estado.)

De cuanto vamos señalando, se puede ir elaborando una primera conclusión, que pasa por recordar el contenido del artículo 9.2 de la Constitución, según el cual, «corresponde a los poderes públicos, promover las condiciones para que la libertad y la igualdad del individuo y de los grupos en que se integra, sean reales y efectivas, remover los obstáculos que impidan o dificulten su plenitud».

4. Conclusión

Consecuentemente, el Estado tiene que colaborar financieramente tanto para que los jóvenes españoles estén escolarizados, como para que estén escolarizados en el tipo de centro que elijan en base a su libertad constitucional de elección de enseñanza. Si sólo los más pudientes tienen la posibilidad de elegir tipo de educación, el art. 9.2 de la Constitución es letra muerta, y por eso el art. 27 de la Constitución, tras reconocer a los padres el derecho de elegir enseñanza para sus hijos (derecho de elección que afecta no sólo a los aspectos religiosos y morales sino también a los pedagógicos de la enseñanza, como dice el Tribunal Constitucional, sentencia 3 de febrero de 1981, fundamento 8), obliga al Estado a financiar la enseñanza, incluso la privada (art. 27.9).

Y esa escolarización a la que el Estado tiene que colaborar financieramente para que se cumplan los requisitos constitucionales de libertad e igualdad, ha de efectuarse no en el tipo de centros docentes que sean del gusto del Gobierno o del partido en el poder, sino en aquellos que quiera la sociedad. Y es muy importante apresurarse a precisar que cuando atribuimos este derecho a la sociedad, no podemos referirnos a la sociedad en su conjunto, sino a los distintos individuos que la componen. Porque el derecho a elegir tipo de educación y tipo de centro docente, lo reconoce la Constitución a cada familia. Es un derecho «individual» o derecho fundamental de la persona. No cabe ser ejercitado por votación mayoritaria de la sociedad, ni siquiera por decisión democrática de una asociación de padres de alumnos. En otro capítulo de este libro, veremos cómo la soberanía popular no habilita al colectivo para menoscabar los derechos fundamentales de la persona.

II. EXIGENCIAS DE LA LIBERTAD DE ENSEÑANZA

1. El valor de la libertad

Es realmente triste que a los 10 años de instaurada en España la democracia, tengamos que seguir predicando las excelencias de la libertad y defendiéndonos de quienes atribuyen a la consecución de la libertad un sentido regresivo o reaccionario.

Y, sin embargo, hay que comprender que existan personas que aceptando el sistema democrático nieguen la libertad individual. Porque, aun cuando históricamente la democracia haya nacido en un ambiente propicio al respeto de las libertades personales y los derechos humanos, democracia y libertad son categorías que no tienen que darse juntas necesariamente. Puede haber democracia sin libertad y libertad sin democracia. Pues la democracia no es más que una forma de gobierno de las sociedades, consistente en que las decisiones son adoptadas por la mayoría del pueblo o por la mayoría de los representantes del pueblo. Es el gobierno de las mayorías. Y, por tanto, aunque repugne a nuestras conciencias de hombres occidentales, no repugna al concepto de democracia que la mayoría decida limitar o eliminar las libertades o derechos de las minorías. Su decisión, en este sentido, no deja de ser «democrática». La democracia es un instrumento neutro que puede utilizarse para defender mejor las libertades individuales o para anularlas. Incluso los métodos democráticos han sido utilizados a veces (no sólo en los años 30, sino en muchos casos tras la Segunda Guerra Mundial), para que las mayorías instaurasen auténticas dictaduras.

Aunque a alguien le parezca ocioso, digamos que es preciso defender la libertad.

a) La libertad como valor en sí y por sí mismo considerado. Porque sólo con libertad la vida del hombre es «humana» y digna. Es falsa la felicidad del hombre robotizado, bien nutrido, con todas sus necesidades cubiertas y sus actos programados. Nos lo ha descrito certeramente *Un mundo feliz* de Aldous Huxley, o el *Fahrenheit 451*.

Está demostrado por la experiencia, que las utopías colectivistas no conducen a la satisfacción de las necesidades humanas. Pero aunque lo consiguieran, sería degradante de la condición humana. Sería a costa del amor, del riesgo, de la responsabilidad, de la reflexión, en definitiva, de la libertad.

Es la libertad una de las pocas cosas por la que indiscutiblemente merece la pena vivir, luchar y aun morir.

b) La libertad como medio para conseguir la justicia. No creamos a quienes nos digan que primeramente hay que conseguir la justicia y que luego ya vendrá o ya podremos ocuparnos de la libertad. Es un engaño. Es la justificación que utilizan todas las dictaduras de todo signo que en el mundo son o han sido. Dictaduras que, además, no pueden ni siquiera garantizar la justicia, porque por muy buena voluntad que tengan los dictadores para buscarla, toda dictadura está necesaria y esencialmente al servicio de sus sostenedores y de sus intereses. Lo cual es un fenómeno natural. Y todas presumen de satisfacer las necesidades del pueblo, pero manipulando la información y la propaganda y castigando a cualquier persona que se atreva a discutir sus gloriosos logros.

Sólo cuando hay libertad, el hombre, todos los hombres de una sociedad, pueden defender individual y colectivamente sus intereses. Denunciar los abusos e ir logrando decisiones más respetuosas con todos. La libertad real es el medio más operativo para asegurar la justicia. Y cuando existen injusticias, es porque la libertad real y efectiva no alcanza a todos los ciudadanos. No es libre quien ha de soportar la injusticia. En tal supuesto, la solución no puede consistir en suprimir las libertades, sino en extenderlas a quien real y efectivamente carece de ellas.

2. Libertad y pluralismo

La libertad en democracia exige el reconocimiento del pluralismo social (art. 1.1 de la Constitución). Toda persona tiene derecho a exponer privada y públicamente su propia concepción de la vida (art. 20.1 de la Constitución). Pero nadie puede imponer su concepción o estilo de vida a los demás (artículos 9.2, 10, 15, 16 y 17 de la Constitución). Y ese derecho a manifestar, defender y propagar las propias ideas, corresponde no sólo a los individuos aisladamente considerados, sino también a los grupos humanos que se constituyen en función de comunes convicciones (sentencia del Tribunal Constitucional núm. 53/1983). De donde se deriva que todos los grupos sociales pueden fundar y dirigir centros docentes, sin que nadie pueda impedírselo de derecho o de hecho, con el pretexto de existir otras opciones o sistemas mejores.

Pero, dentro del terreno educativo, existen dos procedimientos para articular el pluralismo social.

Hay quienes piensan que el pluralismo educativo se garantiza con los llamados centros internamente pluralistas (intrapluralismo). Centros en los que coexistan simultáneamente profesores y enfoques religiosos, filosóficos y pedagógicos de todas las ideologías y sistemas. Así, el alumno —cada alumno español de cada centro— recibe una formación plural.

Los partidos socialista y comunista, en la actual restauración democrática, se han apuntado con entusiasmo y con cierto aire de cruzada a esta posición, exigiendo en nombre de la libertad que toda la juventud española sea educada en este tipo de centros.

La postura tiene algo de utópica o inalcanzable, porque es casi imposible el equilibrio educativo entre las distintas tendencias. Sería preciso convocar plazas de profesores por ideologías y aun así no se conseguiría el adecuado pluralismo, pues la trascendencia indoctrinadora de las distintas disciplinas no es igual, ni iguales son los talantes proselitistas o grados de convicción de los diferentes profesores.

Y en cuanto a los centros públicos, el pluralismo interno que predica nuestra izquierda es además anticonstitucional, pues la neutralidad educativa del Estado en sus centros, se ha de manifestar asignatura por asignatura, y no por compensación entre plurales enfoques. Lo proclama el Tribunal Constitucional en el último párrafo dèl fundamento 9 de la sentencia de 13 de febrero de 1981. Dice así: «En un sistema jurídico político basado en el pluralismo, la libertad ideológica y religiosa de los individuos y la aconfesionalidad del Estado, todas las instituciones públicas, y muy especialmente los centros docentes, han de ser, en efecto, ideológicamente neutrales. Esta neutralidad, que no impide la organización en los centros públicos de enseñanzas de seguimiento libre para hacer posible el derecho de los padres a elegir para sus hijos la formación religiosa y moral que esté de acuerdo con sus propias convicciones (art. 27.3 de la Constitución), es una característica necesaria de cada uno de los puestos docentes integrados en el centro, y no el hipotético resultado de la casual coincidencia en el mismo centro, y frente a los mismos alumnos, de profesores de distinta orientación ideológica cuyas enseñanzas se neutralicen recíprocamente. La neutralidad ideológica de la enseñanza en los centros escolares públicos (...) impone a los docentes que en ellos desempeñen su función una obligación de renuncia a cualquier forma de adoctrinamiento ideológico, que es la única actitud compatible con el respeto a la libertad de las familias que, por decisión libre o forzadas por las circunstancias, no han elegido para sus hijos centros docentes con una orientación ideológica determinada y explícita.»

De todos modos, si alguien quiere fundar un centro docente del estilo que a nuestra izquierda le gusta, es decir, un centro internamente pluralista, puede perfectamente hacerlo fuera del sistema escolar público. Y aquellos padres que prefieran tal tipo de centros, deben poder elegirlos, con la misma ayuda económica que la que el Estado otorgue para cualquier otro centro del mismo nivel, sea público o privado.

Pero hay otros ciudadanos en nuestro país que consideran que el pluralismo educativo exige una oferta plural de centros a las familias españolas, con centros ideológicamente neutros (en la medida relativa en que la neutralidad es posible), centros internamente pluralistas, y centros internamente homogéneos según distintas concepciones de la vida.

Porque muchos españoles quieren para sus hijos una enseñanza internamente homogénea en todos los planteamientos de los distintos profesores y según una filosofía determinada que coincide con sus convicciones o preferencias. En unos casos se invocan razones psicopedagógicas, al considerar que el joven debe ser educado sin contradicciones traumatizantes y desorientadoras, y bajo un solo enfoque, aunque no dogmático, de suerte que al llegar a su maduración el joven acepte o rechace el enfoque con el que ha sido educado. En otros casos se esgrimen razones filosóficas: el deseo de ciertos padres de transmitir a sus hijos las convicciones y la tabla de valores que ellos poseen y que quieren legar a su descendencia.

Pues bien: nadie puede esgrimir razones científicas decisivas para imponer su tesis a los demás. Pero sobre todo, nadie puede privar a los demás de su derecho democrático a elegir. Ni los partidarios de los centros internamente pluralistas pueden impedir que existan centros internamente homogéneos, ni a la inversa. Y el Estado, con absoluta neutralidad, ha de financiar, de la misma manera y cuantía, a unos y a otros. Han de coexistir todos los modelos en la medida en que la sociedad los demande.

El pluralismo interno, como fórmula docente única según reclamaron PSOE y PC en el Parlamento en 1980 y luego ante el Tribunal Constitucional, es la negación de la democracia y de la libertad. Quienes quieren que el Estado imponga la escuela única intrapluralista, es porque se creen en el derecho a imponer a los demás sus supuestamente ilustradas opiniones. Quizá no se den cuenta, pero pasan a integrarse en el despotismo ilustrado, contenido esencial de todas las dictaduras. Y además, incurren en una contradicción. Porque el pluralismo interno responde asimismo a una filosofía de la vida, tan determinada y concreta como cualquiera otra. No se superan las ideologías, sino que se crea e impone una ideología nueva formada por la contradicción de las preexistentes. Probablemente una filosofía nihilista o escéptica.

3. La indivisibilidad de la libertad

El Estatuto de Centros Escolares (LOECE) que me correspondió a mí tramitar y defender en el Parlamento, contenía la filosofía de libertad que estoy defendiendo. Dentro del respeto a la Constitución y con unos mínimos de calidad científica se daba libertad para la existencia de todo tipo de centros, públicos y privados y dentro de los privados, neutros, internamente pluralistas, o internamente homogéneos. A su vez los internamente homogéneos (centros con ideario) podrían serlo de todas las tendencias, laicos y confesionales, cristianos y budistas, marxistas o capitalistas. Y el Estado se comprometía a financiar a todos los alumnos por igual cualquiera que fuere el centro de su elección.

Socialistas y comunistas se enfrentaron al Estatuto con idénticos argumentos. Decían que con nuestro sistema crearíamos islas educativas incomunicadas y que se resucitarían las dos Españas de Machado. Curiosamente era el mismo argumento que se utilizaba en épocas pasadas para negar a los españoles la libertad de Prensa, de partido o de sindicatos. Y yo puedo comprender el argumento en boca de un partidario de la dictadura. Me parece coherente. Pero no es lógico que lo utilicen quienes se dicen demócratas respetuosos de la libertad. Si se tiene fe en nuestros principios constitucionales, la libertad de enseñanza enriquece a la sociedad como las demás libertades. Porque convivir democráticamente supone aceptar la existencia del adversario y no eliminar la discrepancia con prohibiciones.

También habrá de recordarse que la libertad es indivisible. Frase que en otros tiempos parecía muy grata a la izquierda. No se es libre si no lo es para todo. No se puede legítimamente reivindicar la libertad para la Prensa, para los partidos políticos, para los sindicatos, sin admitir también la libertad de enseñanza.

Todos estamos de acuerdo en que tiene que haber libertad para la existencia de cualquier tipo de periódicos, de partidos y de sindicatos. ¿Por qué no de colegios?

Alguien del PSOE me dijo en el Senado que la libertad de enseñanza, que consagrábamos en el Estatuto de Centros, beneficiaba a la Iglesia católica. Le repliqué que si me citaba el más mínimo privilegio para la Iglesia en el Proyecto de Ley, yo me comprometía a retirarlo del Parlamento en el acto. Reconoció que no existía privilegio alguno, pero que la Iglesia se beneficiaba de la libertad de enseñanza, porque tenía más experiencia en este campo. Puede ser verdad esa mayor experiencia de la Iglesia. Pero no es razón para prohibir la libertad de enseñanza. Cuando en la transición a la democracia habilitamos por ejemplo la libertad sindical, e incluso la de partidos, éramos conscientes de que en ambos terrenos la izquierda partía con ventaja. Tenía más experiencia y estructuras «rodadas». Pero no se nos ocurrió prohibir el ejercicio de tales libertades. La libertad hay que reconocerla aunque beneficie más al adversario. Si se cree en ella. Y si no se cree hay que decirlo y obrar consecuentemente en todos los aspectos. Recibirla en lo favorable y rechazarla en lo adverso, no es aceptable.

4. La LODE y la libertad

Tras la contundente sentencia del Tribunal Constitucional de 13 de febrero de 1981 defendiendo el derecho a existir de centros con ideario o internamente homogéneos, el PSOE, en la LODE, cambió algo su posición, de modo que admiten la libertad de enseñanza, pero la niegan para aquellos centros que sean financiados por el Estado. La LODE fue recurrida ante el Tribunal Constitucional por el grupo parlamentario Popular. Y aunque el Tribunal Constitucional desestimó el recurso, estableció en su sentencia de 27 de junio de 1985 un conjunto de declaraciones que limitan el alcance tajante de la LODE socialista. La LODE, tras la sentencia, ya no es la LODE que quería el Gobierno. Los partidarios de la libertad de enseñanza, si están dispuestos a practicar una resistencia casi heroica, acaso consigan salvar, gracias a las cautelas del Tribunal Constitucional, el ideario de sus centros docentes. Pero les costará un esfuerzo intenso y permanente. Veamos por qué.

Ninguna restricción a la libertad de enseñanza establece la LODE para los centros docentes que se financien íntegramente por sus usuarios. Estos centros pueden tener ideario o no tenerlo. Pueden organizarse según el criterio de sus titulares, quienes seleccionan al profesorado libremente y no tienen que admitir participación de comunidad educativa alguna ni compartir la dirección del centro con nadie. Pero se trata de centros para las clases superiores de la sociedad. Menos de un 5 % del sistema educativo.

El 95 % restante sí que entra en el esquema imperativo de la LODE, y entre ellos los centros privados que reciben ayudas del Estado y que acogen a tres millones largos de escolares españoles.

En estos centros concertados, las facultades reales del gobierno de su actividad, no están encomendadas ni al titular o fundador, ni al director (artículo 54.2), sino al consejo escolar (artículo 57), que además interviene en la designación del propio director (artículo 57,a). Es decir, se establece un sistema de gobierno de corte autogestionario, residenciado en un órgano con representaciones del titular, profesorado, padres, alumnos y personal no docente (artículo 56). Y el legislador se preocupó, con indudable interés, de que ese órgano de gobierno del centro no responda en su ideología al ideario del colegio, sino que sea un órgano con presencias ideológicas plurales. Los representantes del titular son 3 en un consejo de 15. Está además el director, 4 representantes de los profesores, 4 de los padres, 2 de los alumnos y 1 del personal no docente.

Pero, los alumnos, no son exactamente todos los que elijan el centro por su ideario, sino que se establece un criterio distorsionante de proximidad domiciliaria que puede conducir al final a que un alumno judío tenga que asistir a un centro católico, y uno católico deba ir al centro judío. Con ello, se establece en consecuencia una brecha en la homogeneidad del centro y se favorece la tendencia que ya de por sí existe, para que los representantes de los alumnos y los de sus padres, en el consejo escolar, sean de posiciones ideológicas distintas y plurales, coincidentes o discordantes con el ideario del colegio.

Los representantes de los profesores en el consejo escolar, tampoco van a coincidir, salvo azar, con el ideario del centro, ya que los profesores no son seleccionados por el titular, sino por el consejo escolar y por concurso público de las vacantes en función de los criterios de mérito y capacidad. ¿Qué resulta de ello? Pues, sencillamente, que cuando un centro docente hebreo deba contratar un profesor de filosofía, entre un candidato hebreo con tres años de antigüedad y otro católico con tres años y medio, habrá de designar al católico. Y quizás el centro católico tenga que contratar a uno marxista. Así se consigue el pluralismo interno en el consejo escolar.

El personal no docente, también presente en el consejo escolar, puede ser de ideología desconocida o desconcertante. Y el director es nombrado por consenso, es decir, a medio camino entre la titularidad y el plural consejo escolar.

Así, el órgano de gobierno del centro, aunque sea un centro con ideario, es un órgano internamente pluralista en su composición ideológica.

Y no sólo eso. Sino que los profesores —pieza ésta la más fundamental en el proceso educativo— serán también de todas las tendencias ideológicas o filosóficas. ¿De qué le servirá a un padre, hacer uso de su derecho de elegir un centro con ideario musulmán para su hijo, si el profesorado y las directrices del centro son de otra filosofía o corriente?

El Gobierno socialista, con la LODE, ha conseguido imponer a todos los españoles, salvo el 5 % de económicamente privilegiados, su modelo de enseñanza internamente pluralista, y ha logrado impedir correlativamente la existencia real de centros con ideario o enseñanza internamente homogénea.

Si el Tribunal Constitucional no anuló la LODE, yo acato su declaración. Pero creo razonable afirmar que esta legislación escolar es antidemocrática. Porque, resaltando obviedades, habrá que decir que el Estado es de *todos* y maneja el dinero de *todos*. Y no puede financiar sólo el modelo educativo que le gusta a los señores del Gobierno y dejar de financiar los que les gustan a otros españoles. Sobre todo si este tipo de «gustos» están reconocidos en la Constitución como derechos fundamentales de la persona. De toda persona. Aunque no pertenezca al partido del Gobierno.

Y una última observación en este epígrafe: se da la casualidad (¿casualidad?), que al imponer la LODE para todos los centros que reciban ayuda del Estado, unas normas de funcionamiento que desembocan en una enseñanza de enfoques pluralistas, se está cumpliendo exactamente la primera fase de la estrategia marxista según la diseñó Gramsci: la neutralización de las doctrinas ajenas en los medios culturales y docentes. En la II República el PSOE cerró los colegios católicos. Al restaurarse la democracia sigue preocupándole y viendo como enemiga a la enseñanza católica (consta ampliamente tal confesión en los diarios de sesiones parlamentarios de las fechas en que discutíamos el Estatuto de Centros). Y acuden a un procedimiento más civilizado y barato. La Iglesia sigue siendo titular de sus centros, pero salvo que los dedique a la enseñanza de la clase alta, no podrá impartir una enseñanza y educación coherentemente cristiana. Se protege a la juventud de las capas populares y mayoritarias de la sociedad, contra la «contaminación» de las ideas cristianas.

5. La asignatura de Religión y la libertad

En el fundamento 8 de la sentencia de 13 de febrero de 1981, el Tribunal Constitucional, uniendo el artículo 27 de la Constitución con las Declaraciones Universales de Derechos Humanos, aplicables en España como elemento interpretador de los derechos fundamentales, según el artículo 10.2 de la Constitución, y confirmando las tesis de mi Estatuto de Centros, ha distinguido entre dos derechos de los padres: el de elegir tipo de centro docente y el de optar por la enseñanza de una religión.

El derecho a elegir tipo de centro es muy amplio. La familia puede escoger no sólo en función de criterios religiosos y morales, sino también filosóficos y pedagógicos o culturales. Su elección puede ir en favor de un centro católico o musulmán o laico. Pero también de un centro internamente pluralista o de otro homogéneo; de un colegio con enseñanza en castellano, o bilingüe o con clases en inglés; de un centro autogestionario o de dirección normal...; y en el caso de que opte por un centro internamente homogéneo (con ideario o carácter propios), tiene derecho a que toda la educación que se imparta en dicho centro, y no sólo una asignatura específica, lo sea con la orientación del ideario escolar elegido, de suerte que en los centros con ideario, todos los profesores tienen que subordinar su libertad de cátedra al ideario del centro, y no sólo al explicar su asignatura dentro del centro, sino incluso al margen de su asignatura y fuera del centro cuando tal actividad extraescolar pueda influir en la educación de sus alumnos (fundamento 11 de la sentencia).

Pero, al margen de este derecho de las familias a elegir tipo de centro, también cuentan con otro derecho fundamental autónomo, derivado del artículo 27.3 de la Constitución: el derecho a que sus hijos tengan clase de Religión o Moral según la opción que manifiesten. Tal derecho lo tienen incluso aquellos padres que no hayan querido un tipo de centro «confesional» para sus hijos. También los padres que envíen a sus hijos a un centro público y a pesar de la necesaria neutralidad del resto de las enseñanzas en los centros públicos (fundamento 9, «in fine» de la sentencia). Hablamos ahora de este derecho a la «asignatura» de Religión.

Cuando yo me hice cargo de la Cartera de Educación me encontré con una normativa sobre enseñanza de la Religión, procedente del régimen anterior que establecía la obligatoriedad de la asignatura de Religión en el sistema educativo y en los planes de estudio, salvo para aquellos alumnos que expresamente pidieran ser exonerados de ella. A eso la izquierda le llamaba «opción negativa» sobre la enseñanza de la Religión. Y las definiciones semánticas de la izquierda, como casi siempre ocurre en estos años, habían hecho fortuna y eran de general aceptación.

Yo estaba espontáneamente de acuerdo con ellos en dos principios. Que la enseñanza de la Religión no podía ser obligatoria. Y que la «opción negativa» no concordaba con los principios de un Estado democrático, pues obligaba a quienes no querían Religión católica, a significarse en medio de un ambiente presumiblemente partidario de tal asignatura, lo cual de hecho dificultaba su libertad de opción.

Pero la izquierda puso en seguida en marcha su dialéctica de simplificación semántica. Si todos estábamos de acuerdo en que la «opción negativa» no era democrática, había que ir a la «opción positiva». Y la opción positiva consistía en que la persona que quisiera clase de Religión había de pedirlo expresamente. Para quienes la pidieran se impartiría clase de Religión fuera del horario escolar general. Quienes no la pidieran tendrían recreo o se irían a su casa.

No hacía falta ser muy inteligente para comprender que la «opción positiva», era una trampa que conducía a la discriminación contraria a la preexistente. El alumno que quisiera Religión era el que tenía que significarse, y además sufriría la carga de una hora más de clase que sus compañeros.

Entonces, ante la sorpresa y el disgusto de la izquierda, yo me inventé lo que denominé la «opción alternativa», tachando de no democrática tanto a la positiva como a la negativa. Y publiqué en el Boletín Oficial del Estado unas órdenes ministeriales con el siguiente contenido: al cubrir el impreso de matriculación, la familia del alumno se encontraría con unas casillas vacías en alguna de las cuales tenía que poner una «X» marcando su preferencia. Una casilla se refería a la asignatura de Religión Católica. Otra a cualquier otra religión. Y la tercera a una nueva asignatura que se llamaba Ética (natural o aconfesional). Así, ni unos ni otros eran discriminados al forzarles a una «significación» de la que se eximiera a los demás. Nadie sería castigado en su plan de estudios con una asignatura más que los otros. Y quienes no optasen por Religión recibían al margen de cualquier confesión una formación Moral que aunque lo sea con toda la posible ambigüedad de lo religiosamente neutral, parece imprescindible impartir a la juventud.

Fui objeto de interpelaciones parlamentarias. Se me acusó de anticonstitucional (el tiempo demostró que no había tal vicio). Defendí mi posición. Y cuando llegaron al Parlamento para ratificación los convenios del Estado español con la Santa Sede, la izquierda amenazó con no votar los acuerdos culturales de los convenios si yo no me comprometía a derogar las órdenes de enseñanza de la Religión. Pude haberles engañado, pero no quise. Les dije que efectivamente dictaría nuevas órdenes para perfeccionar las anteriores y citar entre sus fundamentos los convenios con la Santa Sede. Pero que mis nuevas órdenes, en los puntos controvertidos, mantendrían exactamente los criterios que ellos querían ver derogados.

Llegó el PSOE al poder y me sorprende que formalmente no hayan derogado aún mis órdenes, aunque las aplican a su modo y ya han anunciado que suprimirán en próximos planes de estudios la asignatura de Ética, dejando la Religión fuera del horario normal para quienes la pidan expresamente. A mi juicio, un comportamiento no acorde con el espíritu democrático, y despectivo no sólo hacia la moral religiosa, sino a toda ética.

Naturalmente, si las familias tienen derecho a exigir que a sus hijos se les de clase de una religión determinada, ha de entenderse que esa religión hay que enseñarla según los criterios de la confesión religiosa a que se refiere, y no a los del Gobierno. Y viene a colación esta idea, porque instalado el PSOE en el poder, como quiera que estaba en trámite la legalización del aborto, se molestaron porque los libros de texto de enseñanza de la Religión elaborados por la Iglesia católica, calificaron al aborto como crimen. Vetaron el libro y obligaron al Episcopado a sentarse a negociar la suavización de la condena religiosa al aborto en los libros de texto de enseñanza de la Religión católica.

Me incomodó que lo hicieran. Y también, que el señor ministro socialista del ramo declarara públicamente que al censurar el catecismo escolar de la Iglesia católica, no estaba sino haciendo la exacta aplicación de una orden ministerial firmada por mí sobre aprobación administrativa de los libros de texto. Tuve que publicar un artículo en la Prensa denunciando la manipulación. Dije entonces (*Ya*, 20-2-84): «Me sentí insultado. No sólo es que los artículos de una norma han de interpretarse en su conjunto (artículo 3.1 del Código Civil), y que aquella orden (la mía) era aplicación expresa de los convenios con la Santa Sede, a cuya luz había de interpretarse (artículo 96 de la Constitución), y que la propia Constitución impida la intromisión del Estado en la enseñanza religiosa (artículos 16.1 y 27.1). Es que, aun siendo abogado, me sobran todas estas consideraciones jurídicas. Con una mentalidad democrática, no soy capaz de imaginarme negociando con los hindúes la suavización de sus textos religiosos sobre el carácter sagrado de las vacas, pidiéndoles que no citen la ternera porque en España su consumo es legal y apetecible para mis electores. La comparación parece de caricatura. Pero a poco que profundicen, creo que convendrán conmigo en que es válida.»

Estas escaramuzas sólo pueden entenderse si bajamos de los principios doctrinales a la sociología del país. Todos nos hemos convencido de que el catolicismo español ha sufrido una baja importante ya desde los últimos tiempos de Franco. Pero seguramente nos hemos confundido al creer que cuando una religión desciende, disminuye simultáneamente su influencia cultural. El tema de la enseñanza de la Religión católica es sintomático al respecto. Cuando mis órdenes ministeriales consagraron una libertad sin coacciones positivas ni negativas, desde entonces, resulta que cerca del 95 % de los padres españoles siguen pidiendo expresamente que a sus hijos se les enseñe religión católica. Y es obvio, que ni el 95 %, ni muchísimo menos, de los españoles, se sienten vitalmente católicos. Los teólogos quizá digan que se trata de un rescoldo de la vieja llama de la fe. Yo que no lo soy, pienso que el padre no católico, y el indiferente ante la religión, desea que a sus hijos se le transmitan algunos «valores» en la escuela. Y que puestos a elegir, los valores humanos que encierra la religión cristiana, son los que mejor le parecen. Porque el español que ha dejado de ser católico, como consecuencia de una larga tradición formativa, sigue siendo en gran medida culturalmente cristiano. Y sabemos que entre los izquierdistas hay dos clases de gentes: los dogmáticos marxistas, que consideran con Feuerbach, que la religión ha de ser extinguida de la sociedad porque es una «alienación» del hombre. Y los izquierdistas moderados o evolucionados, que están dispuestos a respetar la religión como fenómeno íntimo del individuo, pero que no quieren admitir los «posos» culturales o sociales de la religión, porque dificultan la penetración y dominio social de sus propias tesis. Pues los socialismos, aunque no sean marxistas, por su esencial colectivismo, son «totalizantes» y tienden a impregnar toda la vida social y humana. Para ambas clases de izquierdistas, la enseñanza y difusión social de la religión y de sus valores, es en todo caso un obstáculo indeseable.

III. LA JUSTICIA Y LA IGUALDAD EN EL SISTEMA EDUCATIVO

1. Las exigencias de la Justicia en una Sociedad democrática

Yo comparto plenamente una de las críticas fundamentales que se han hecho al liberalismo. La libertad no es solamente la inmunidad del individuo frente a coacciones legales o institucionales. Esta libertad formal, de carácter negativo, es un elemento imprescindible de la libertad. Pero no es el único. La Justicia exige considerar igualmente la faceta positiva de la libertad. La posibilidad efectiva de que el hombre formalmente libre, realice sus proyectos y satisfaga sus necesidades. Los hombres sólo son iguales cuando gozan tanto de la libertad formal que predicaba el liberalismo (cuando aquí cito al liberalismo, me refiero a su formalización clásica), como de la libertad positiva que yo —y muchos— preconizamos.

Y como ha surgido de pasada el concepto de igualdad, debo hacer algunas precisiones al respecto. Porque yo creo en la igualdad radicalmente predicada por el cristianismo (más avanzada que la del estoicismo que era el máximo de su tiempo de origen). Pero rechazo la transmutación que el marxismo hizo de la idea de igualdad, equiparándola a «uniformidad» o a «igualitarismo» como ahora dice el PSOE en sus programas.

Discrepo de la filosofía liberal que establece la retribución social al individuo exclusivamente en función del mérito.

Pero disiento igualmente del marxismo cuando señala que su objetivo final es retribuir al individuo exclusivamente en función de sus necesidades (1).

Creo, por el contrario, que el principio de solidaridad nos obliga a facilitar desde la sociedad y a cada persona, su mínimo vital de subsistencia, cualesquiera que sean sus méritos o deméritos.

Pero a partir de ese mínimo, la retribución social ha de basarse en el valor y el mérito de cada persona. Así lo impone en primer lugar la Justicia, que es un valor superior al de igualdad, ya que la igualdad sólo es defendible mientras sea «justa». Pues no es equitativo que gane lo mismo quien hizo el esfuerzo de obtener una gran preparación profesional, que otro que acude al puesto de trabajo a aprender o improvisar. Ni igualar en retribución a personas de diferente grado de laboriosidad. Y no sólo la impone la Justicia, sino la utilidad y el progreso social. Una sociedad no puede organizarse bajo el supuesto de que sus miembros son héroes o santos. Estos ejemplares, son dignos de admiración y estímulo, pero no puede contarse con ellos como factor normal. Y al margen del heroísmo social, la retribución igualitaria tiende a la consecuencia de un esfuerzo individual también igualitario y lógicamente a nivel de mínimos que son los que se pueden exigir desde la colectividad. Nadie tendrá estímulo para aumentar su capacidad o intensificar su esfuerzo, eliminándose así el progreso social en un país que languidecerá en la medianía.

2. Su aplicación al sistema educativo

Así matizado el concepto de Igualdad, puedo entrar a denunciar y criticar a nuestro sistema escolar como «clasista». Hay escuelas para «ricos» y para «pobres». Y la razón de ello radica

(1) «Dé cada cual, según su capacidad, a cada cual, según sus necesidades» (K. Marx. Crítica del Programa de Gotha, 1875).

en el precio. Hablando esquemáticamente, podemos decir que sólo los «ricos» gozan de auténtica libertad para elegir el tipo de educación que desean para sus hijos. Es preciso aplicar el criterio de igualdad, o si se prefiere, dotar a todas las familias españolas de la libertad real de elegir. Y tal igualdad o libertad real, no puede conseguirse con políticas meramente «conservadoras» o inmovilistas. Exige acciones compensatorias que coloquen a todos los jóvenes en igual punto de partida en la vida.

Al logro de este propósito, iba dirigido mi Proyecto de Ley de Financiación de la Enseñanza (que decayó cuando fui cesado en el Gobierno), y también la alternativa del grupo parlamentario Popular a la LODE, en cuya redacción participé activamente (y que el PSOE no quiso considerar). En ambos proyectos se establecía el principio de que cada familia española sería dotada con un título de igual valor económico (lo que se conoce como cheque escolar) con el cual acude al centro que quiere para sus hijos y paga su enseñanza. El sistema era técnicamente viable, e incluso sencillo, con el procedimiento que yo dejé preparado en el Ministerio. De esta manera, la elección de centro por la familia no se basaba en razones económicas, sino por otros conceptos. La libertad de elección se hacía real.

Yo parto de los siguientes razonamientos: El sistema educativo no es el que crea las desigualdades sociales. Las desigualdades preexisten en la sociedad. El sistema educativo se limita a «recogerlas» y a veces a «amplificarlas».

Por ello, la Justicia impone al sistema educativo una doble beligerancia.

En primer lugar, el sistema educativo, ha de crear la igualdad de oportunidades entre los jóvenes. Dar la posibilidad de alcanzar iguales niveles de formación a los chicos, cualquiera que sea su situación económica de partida o familiar. Ésta sí que es una hermosa revolución. Que cada español pueda llegar a conseguir el puesto social que dependa de su esfuerzo y capacidad, sin interferencias de su condición social de origen. No es la igualación de resultados, que sería injusta, sino la igualdad de oportunidades.

Y en segundo lugar, el sistema debe esforzarse para no aumentar las desigualdades sociales preexistentes. Esfuerzo que en mis proyectos se concretaba operativamente en dos vertientes:

a) En cuanto a los alumnos: el cheque escolar no era válido para pagar centros docentes cuya enseñanza reglada fuera más cara que la que el Estado puede impartir en cada momento en sus centros públicos. Y las actividades o enseñanzas complementarias, tanto en los centros públicos como en los privados que recibieran alumnos financiados por el Estado, además de ser necesariamente voluntarias, no podrían exceder de un cierto porcentaje sobre el coste de las enseñanzas regladas (la total prohibición de enseñanzas complementarias conduciría a una rigidez obstativa del progreso del sistema).

b) En cuanto a los centros: Entendiendo que el dinero público no debe servir para hacer negocios privados, los centros que reciban alumnos financiados por el Estado, no podrían tener ánimo de lucro industrial o mercantil. Es decir: pueden pagar servicios, pero no repartir «beneficios» o excedentes netos. Este último criterio me lo cogió el PSOE y lo incluyó en la LODE, a pesar de que ellos nunca lo habían defendido.

3. La oposición izquierdista a nuestra filosofía educativa

Mi planteamiento, acabado de enunciar, puede ser discutido como excesivamente avanzado. Por imponer al sistema educativo un conjunto de cautelas éticas que no se le piden a otros sectores sociales. Yo argumento que no puede compararse la trascendencia que en la real igualdad de oportunidades tiene el sistema educativo, que es enorme, con la que representan otras actividades de la sociedad.

Lo cierto es que con tal planteamiento pusimos a la izquierda en una posición extremadamente difícil, para combatir, como a ella le gustaría, nuestro sistema de libertad de enseñanza desde el ángulo de la justicia. Ellos necesitan, para justificar su posición vital, decir que nuestra libertad de enseñanza es una tapadera para encubrir privilegios a la Iglesia católica o a las clases sociales más favorecidas. Pero no pueden, porque no es así en modo alguno. Y entonces han ido explotando por vías colaterales, con argumentos a veces pintorescos, a los que me voy a referir a continuación.

Se nos invocó en contra la teoría de las prioridades, en cuya virtud debemos ocuparnos de financiar la libertad de enseñanza, cuando tengamos resueltos otros problemas más sangrantes o urgentes.

A esta objeción hay que oponerle de entrada que despide un aroma que probablemente al PSOE no será grato reconocer. Porque es la vieja teoría tecnocrática autoritaria. ¿No recuerda el lector cuando a los españoles se nos decía que se acometería la búsqueda de las libertades cuando llegáramos a los 2.000 dólares de renta per cápita? La teoría de las prioridades es la disculpa que da el poder, sobre todo el poder autoritario, para posponer indefinidamente la solución de los problemas sociales que se le presentan. Y suele formularse inconsecuentemente. Porque una vez invocada, habría que prescindir del asfaltado de calles, embellecimiento de plazas, cerrar cines y televisiones, prohibir el uso del tabaco... es decir, prescindir de un conjunto de atenciones sociales que evidentemente no son primarias y urgentes respecto del subsidio a los parados, de la protección de los minusválidos, etc.

Pero es que, además, la teoría de las prioridades, utilizada por nuestra izquierda para negar o discutir la financiación de la libertad de enseñanza, no es de recibo, por expresarme de forma deliberadamente suave.

Recuerdo la siguiente anécdota de cuando el PSOE era oposición y yo estaba en el Parlamento. En la discusión anual de las Leyes de Presupuestos, en llegando a la sección correspondiente a Educación, socialistas y comunistas, automáticamente subían a la tribuna a protestar contra las partidas destinadas a subvencionar a la enseñanza privada. Citaban la teoría de las prioridades, y nos recordaban el hambre, la enfermedad, el paro y la indigencia existentes en el país, para pedirnos la supresión de tales subvenciones. Y como no conseguían tal supresión, clamaban por la existencia de órganos, no sólo parlamentarios, sino también sociales, que controlaran la utilización de las subvenciones para los centros que las recibían (ya existían esos órganos de control, pero les parecían insuficientes. Exigían más).

Pero siempre tuvieron la mala fortuna de que, por razones históricas, el Ministerio de Trabajo nació en España inmediatamente después que el de Educación, de modo que no sólo en el Protocolo, sino también en los Presupuestos, tras Educación viene siempre Trabajo. Y en los Presupuestos del Ministerio de Trabajo se contienen las subvenciones a los sindicatos.

Al llegar a tal punto presupuestario, yo me relajaba en mi

escaño esperando la subida a la tribuna de socialistas y comunistas. Que se producía inmediatamente. Pero en sentido sorpresivo. No pedían la supresión de las subvenciones a CC.OO. y UGT. No recordaban la teoría de las prioridades. En escasos minutos parecía que en España hubieran desaparecido los parados, los hambrientos, los enfermos, los marginados. Y tampoco pedían controles para las subvenciones a los sindicatos. Por el contrario, cuando un año UCD pretendió crear un pequeño órgano de control, socialistas y comunistas se rasgaron las vestiduras por la desconfianza que tal control implicaba. Lo reputaban ofensivo. Querían subvenciones sin control. (Todo lo que relato puede ser comprobado en las actas del Parlamento. Concretamente del Congreso de los Diputados.)

Pero hay más. Cuando la izquierda argumenta con la teoría de las prioridades para oponerse a la financiación de la libertad de enseñanza, incurre siempre en contradicciones descalificadoras de su posición. Porque siempre han dicho, y ahora desde el poder lo aplican con la LODE, que están dispuestos a dar todas las subvenciones que precise la enseñanza privada, siempre que los centros privados subvencionados sean internamente pluralistas y de corte autogestionario. Esto es: nunca se han opuesto de verdad por creer que había que atender necesidades más urgentes, sino porque se niegan a financiar un modelo de enseñanza, tan legítimo como otro cualquiera, pero que no es el que a ellos les apetece.

Frente a estas inconsecuencias, yo debo señalar que sí creo en la teoría de las prioridades, que nos debe obligar a graduar y escalonar la solución de ciertos problemas sociales para permitir afrontar otros más urgentes. Y así lo apliqué en mi Proyecto de Ley de Financiación de la Libertad de Enseñanza, en el cual se preveía un período transitorio de 3 años para alcanzar la financiación completa y un recargo impositivo coyuntural y a término, para aquellas familias que contando con elevados ingresos disfrutaran de la gratuidad de la enseñanza, bien en centros públicos o privados.

Pero sin embargo, nunca la teoría de las prioridades puede justificar la pérdida de la libertad, ni puede servirnos de coartada intelectual para dejar de analizar a fondo las supuestas contradicciones que se invocan, para ver si son o no reales. Recojamos algunos ejemplos de supuestas contradicciones entre justicia y libertad de enseñanza.

Se nos dijo hasta la saciedad, especialmente durante la tramitación de la LODE, que no se puede financiar la libertad de enseñanza mientras no esté asegurada la plena escolarización. Concretamente escuché alguna vez cómo el señor Maravall, en la televisión del Gobierno, subordinaba la libertad de enseñanza respecto de lo que él llamaba el derecho a la educación. Pero la confrontación entre ambos criterios es ficticia. ¿Quién ha dicho que la plena escolarización exija la creación exclusiva de centros públicos? ¿Es que acaso un chico escolarizado en la privada no está escolarizado? Llevar la escuela a todos, no es llevar a todos a la misma escuela, salvo en los aspectos técnicos de calidad. Y la escolarización de todos se consigue, indiferentemente, pagando el coste de un centro público o el coste de un centro privado.

También se ha insistido, lo mismo en el Parlamento que en la TVE, en que financiar la enseñanza privada implica un derroche que impide atender debidamente a la enseñanza pública. El lector seguramente habrá oído innumerables veces como yo, que estamos destinando fondos a la privada mientras los cristales de la pública están rotos. El argumento es demagógico y poco serio. Porque el dinero que el Estado dedica a financiar al chico que va a la escuela privada, es dinero que se ahorra en el capítulo de financiación de la pública, pues en otro caso tendría que crearse un puesto escolar más en la pública para ese chico. Por lo que si el Estado suprimiera las subvenciones a la privada no se mejorarían las cristaleras de los públicos. Todo el dinero sería necesario para crear más centros públicos y no para mejorar los ya existentes. Y no solamente es así, sino que tristemente si el Estado dejara de financiar a la privada, la pública empeoraría, ya que hasta ahora al Estado le cuesta menos el alumno de la privada que el de la pública. No hay más que ver las partidas presupuestarias y dividir por el número de alumnos que se atienden con las partidas de cada sector. En mi proyecto esa anomalía se corrige. Al Estado tiene que costarle exactamente lo mismo el alumno de la privada que el de la pública. Ni una peseta más, ni una peseta menos. Consecuencia lógica del principio de igualdad de todos los ciudadanos ante la ley y el poder.

Derroche implica, por el contrario, la tesis que el portavoz educativo socialista defendió en el Congreso en el debate del Estatuto de Centros. Hagamos puestos de escuela pública para todos los jóvenes españoles, dijo, y después, ya financiaremos la libertad de elección de centros. Con lo cual dejaríamos sin utilización alrededor del 50 % de los puestos de la enseñanza pública antes creados. Lo correcto, es hacer, con un porcentaje de holgura, tantos puestos públicos y privados como la sociedad demande.

«La libertad de enseñanza sólo es ejercitable en los núcleos urbanos», ha sido otra de las frases preferidas por la izquierda para combatir la libertad de enseñanza. Y tiene una dosis de verdad esa afirmación según la cual en el medio rural, con frecuencia la libertad de enseñanza es difícil de aplicar. Aunque cada vez es menos cierto. Con nuestro sistema de financiación, también en las zonas rurales los padres pueden agruparse y con el dinero del cheque escolar montar centros privados gestionados por cooperativas de padres, de maestros, órdenes religiosas, etc. Cuando yo abandoné el Ministerio de Educación, había en España más de 200.000 chicos escolarizados en centros de gestión cooperativa financiados por el Estado. Uno de ellos me distinguió con su presidencia de honor.

Pero, esta dificultad nunca puede justificar la supresión de la libertad de enseñanza. Pues no es menos cierto que en España hay analfabetos totales o funcionales, que están imposibilitados para el disfrute de la libertad de Prensa. Y a nadie se le ha ocurrido la peregrina idea de que, puesto que las cosas son así, procede extinguir la libertad de Prensa, o abandonar la financiación a los medios de comunicación. Cuando se detecta uno de estos problemas lo procedente es esforzarse en extender a todos la libertad real y no privar de la libertad a los demás.

En el período de trámite parlamentario de la LODE, tuve que escuchar a través de TVE despropósitos socialistas en apoyo de sus tesis. Llegaron a justificarlas con la frase de que «Quien paga manda» y puede establecer las condiciones que juzgue oportunas. Sobre ser una sentencia rabiosamente capitalista, hay que señalar que no es eso lo que dice la Constitución española, según la cual no es quien paga el que tiene derecho a elegir tipo de educación, sino las familias. Ni siquiera es el Estado, y menos aún el Gobierno, a quien la Constitución atribuye la facultad de elección. Pero además cabe preguntarse ¿quién paga la financiación pública de la libertad de enseñanza? ¿Acaso no son los ciudadanos con sus impuestos? ¿Cómo el Partido gobernante puede tener ese sentido patrimonialista del Presupuesto del Estado? (1).

Seguramente de toda la exposición que vengo haciendo, el lector habrá comprendido que yo no participo de la dialéctica de contraposición entre centros públicos y centros privados. Hay que superar el falso maniqueísmo que se ha montado al respecto. Tenemos que lograr no sólo la plena escolarización sino también una mayor calidad de enseñanza para todos, en el tipo de centros que los ciudadanos elijan, tanto si son públicos como privados. Y pienso además que es ideal la coexistencia entre unos y otros, porque además de facilitar la libertad de elección, se fomenta la competencia creadora entre ambas redes. Sobre todo, cuando de implantarse nuestro sistema, tanto los públicos como los privados serán interclasistas al no efectuarse la elección por móviles económicos. Y las proporciones respectivas en esta coexistencia, no debe fijarlas despóticamente el poder, sino la sociedad con sus demandas. ¿O es que no vivimos bajo una Constitución democrática?

Por razón de la enemiga de la izquierda a la enseñanza libre, yo he pasado a la pequeña historia educativa como un defensor de la privada. Y no es verdad. No lo admito. He atacado a la LODE, porque politiza y degrada a la enseñanza pública, que yo deseo de la máxima calidad. He puesto en funcionamiento muchos más centros públicos nuevos en año y medio de gestión en el Departamento de Educación que el PSOE en el primer bienio de la República o que el mismo PSOE en estos cuatro últimos años (pues no pueden apuntarse como propios los construidos por los Gobiernos de derechas catalán, vasco y gallego). Y nunca he pretendido ni concedido privilegio alguno para la enseñanza privada en general, ni para la privada católica en particular. Tan sólo defendí y defenderé la supervivencia de la enseñanza privada en estrictas condiciones de igualdad.

Discrepo, por lo mismo, abiertamente del criterio izquierdista de que el Estado ha de preocuparse principalmente de la escuela pública. Cuando en los primeros meses de 1987, el ministro de Educación se plegó a las exigencias callejeras de los

(1) El Tribunal Constitucional, en Sentencias sobre conflicto entre Estado y Comunidades Autónomas, tiene reiteradamente declarado el principio de que por el hecho de que el Estado tenga competencias para financiar unas actividades, no asume competencias para regular el ejercicio de la actividad financiada.

escolares en lucha, cubrió su cesión mostrando su alegría por la victoria que representaba para la escuela pública. En una concepción occidental de la vida, tal sentido de preferencia estatal sobre la escuela pública, resulta ridícula. Pues la misión del Estado es, en este terreno, preocuparse de los ciudadanos educandos y no de sus medios propios instrumentales. Pero me libraré de calificar de ridículo al señor ministro del ramo. No es ridículo porque él no se mueve en la misma concepción occidental de la vida que yo. Para él, los instrumentos colectivos del Estado son lo fundamental, y no los ciudadanos, porque tal es la filosofía marxista. Ahí radica nuestra diferencia.

IV. LA JUSTICIA Y LA LIBERTAD EN LOS NIVELES NO OBLIGATORIOS DE ENSEÑANZA

Al hablar de libertad de enseñanza y de su justa financiación, corremos el riesgo de circunscribir el análisis a los niveles docentes obligatorios olvidando los demás.

Ello deriva de que los niveles obligatorios de enseñanza son gratuitos según la Constitución. Y ello implica que la gratuidad deba extenderse a todo tipo de centros, lo mismo públicos que privados en los términos ya razonados anteriormente. Yo no estoy convencido del acierto de nuestra Constitución cuando declara indiscriminadamente gratuita la enseñanza obligatoria. Posiblemente debiera haberse permitido distinguir entre las capacidades económicas de las familias. Pero así está la Constitución, y así debe cumplirse.

El tema que deseo suscitar en este epígrafe de mi trabajo es cómo se compaginan las exigencias de libertad y justicia en los niveles no obligatorios de enseñanza. Y sobre todo, cómo se cohonestan estos principios mientras el Estado no tenga capacidad financiera para hacerlos también gratuitos. Pues si algún día el Estado contara con tal capacidad, la solución habría de ser la misma que preconizamos para la enseñanza obligatoria:

Idéntica gratuidad para todo tipo de centros.

He meditado mucho en ello, y estoy dispuesto a admitir cualquier fórmula que establezca libertad y justicia en estos niveles de enseñanza. A mí la que se me ocurre es la siguiente:

Todo centro de estos niveles, sea público o privado, debe cobrar el coste íntegro de la enseñanza a sus alumnos, con lo cual aumentan las posibilidades económicas del Estado para atender a la enseñanza.

Y complementariamente, todo ciudadano que vaya a cualquier centro, sea privado o público, y que lo necesite, con cargo a los Presupuestos del Estado mejorados por la medida anterior, recibirá del Estado becas completas o parciales para con su importe pagar el coste de la enseñanza en el centro de su elección.

En julio de 1980, dos meses antes de mi cese en el Gobierno, anuncié esta política (inmediatamente censurada por el PSOE), y con el respaldo del Gobierno (aunque con la contra del ministro de Hacienda) hice una convocatoria extraordinaria de becas con fondos sobrantes de otros capítulos de mi Presupuesto.

Por eso estoy en contra de la política del Gobierno actual en este punto. Política consistente en que todo alumno que acuda a un centro público de BUP o universitario, sólo paga como mucho el 20 % del coste de la enseñanza, y por consiguiente recibe una beca indiscriminada del Estado del 80 % restante, al menos. Aunque pertenezca a las familias más ricas del país. Mientras que todo alumno que vaya a un BUP o centro universitario privados, ha de pagar el 100 % del coste, aunque sea de familia pobre (1).

Es un claro atentado, no sólo contra la libertad de enseñanza y la libre elección de centro, sino contra las más elementales nociones de justicia. Comprobémoslo con un ejemplo:

Yo comprendo que el señor Presidente del Gobierno y su familia disfrute del más elevado nivel de vida del país. He conocido de cerca las responsabilidades de un Presidente del Ejecutivo y nunca dudaría en mantener y acrecentar los medios puestos a disposición de tal familia. Se lo merecen y se lo ga-

(1) En el momento de corregir las pruebas de este libro, hay un Proyecto de Ley en el Parlamento por el que se establece la gratuidad total de los centros públicos de BUP y FP. A los privados sólo se les libera de las tasas administrativas a pagar al Estado. Con ello se profundiza en la discriminación que pesa sobre los alumnos que eligen un centro privado de BUP o FP.

nan. Lo que ya no me parece bien es que si al señor Presidente del Gobierno y a su esposa les gusta el modelo de enseñanza pública y mandan a sus hijos a un BUP o Universidad del Estado, nuestros impuestos se destinen a pagar la enseñanza de los hijos del señor Presidente, mientras que simultáneamente los hijos de un subalterno de la Moncloa que prefiere enseñanza católica para sus hijos, tenga que pagar íntegramente de su menguado sueldo el centro de BUP o universitario al que los envía.

Es sabido y notorio que los socialismos se caracterizan por subordinar y sacrificar la libertad en aras de la Justicia, cuando creen que ambos valores entran en conflicto (aunque yo entiendo que la contraposición entre Justicia y libertad no debe producirse nunca). Pero será útil retener el dato que en este escrito aflora. Esto es, que no dudan en sacrificar también la Justicia si con ello pueden desarraigar de la sociedad valores que ellos entienden nocivos. Con lo cual no les estoy acusando de mala fe. Sin duda operan con buena fe. Como lo hacían en el Medievo quienes se dedicaban a salvar almas por medio de las guerras santas. Tal actitud coactiva era comprensible en el estadio de evolución cultural de la Edad Media. Y aun entonces desde el Vaticano se producían documentos que recordaban los derechos humanos de los «infieles». No es tolerable en los umbrales del siglo XXI cuando parece que todos aceptamos los derechos fundamentales de cualquier ciudadano, aunque esté en minoría.

V. LA PARTICIPACIÓN EN LA ESCUELA

1. Defensa de la participación en la escuela

Es la participación una de esas ideas de las que se hace un uso frecuentísimo, sin que nadie se ponga de acuerdo en discutir su sentido y alcance. Quizá por ello, es utilizada abundantemente por la izquierda cuando quiere obtener una victoria dialéctica sin analizar el contenido y bondad de su propuesta. Y de manera especial, la izquierda ha querido convertir el concepto de participación en equivalente al de democracia, de manera que se pueda hacer un uso sustitutivo de ambas ideas.

Lo cual es incorrecto, porque es preciso distinguir entre dos nociones diferentes de participación. La participación en los mecanismos democráticos del poder político, sí que es consustancial con la democracia. Por supuesto en la democracia directa, pero también en la democracia representativa, hasta el punto que una democracia sin participación abundante de los ciudadanos en sus mecanismos, se convierte en lo que tradicionalmente en España se llamó caciquismo, que no es un fenómeno sólo rural, y que constituye una de las muchas posibles caricaturas o corrupciones de la democracia.

Pero al lado de la participación en los mecanismos democráticos del poder político, hay otra noción diferente: la participación en actividades sociales apolíticas. Es una participación altamente conveniente dada la creciente complejidad de la vida social, y para que dicha vida sea más humana y eficaz. O para evitar que cada vez sea más inhumana.

Pero este tipo de participación, nada tiene que ver con la democracia política. Por el contrario, es absurdo llevar las ideas y los principios de la democracia política fuera de su contexto, a la vida social. Parlamentarizar los aviones, los hospitales, las escuelas... es desnaturalizar estas realidades. Porque la participación social ha de ser adecuada a los fines de la institución participada y a la función de cada uno en ella.

Confundir democracia con participación, democratizar la vida social, es tanto como corromper la democracia y alterar la vida social. Y va contra la igualdad básica de todos los ciudadanos en democracia. Como ocurría con la llamada democracia orgánica. Pues el obrero de una fábrica tiene más derechos que el trabajador autónomo. Y menoscaba otros derechos básicos de la persona, cuales son los de titularidad de bienes propios, o la patria potestad...

Cuando Felipe González dijo que «para nosotros también es democracia el poder obrero en las fábricas», se estaba confundiendo. Lo que postulaba, sea bueno o malo, no es democracia, sino socialización.

Tras este preámbulo conceptual, yo aclararé que soy un firme partidario de la participación de la comunidad escolar en el proceso educativo. Por la bondad en sí misma de la participación en la vida social, y porque si queremos educar para la democracia, la participación ya en la escuela es un buen aprendizaje.

Y por ello en el Estatuto de Centros Escolares introduje un mecanismo de participación no superado en los demás países de la Europa libre. El Tribunal Constitucional no le puso pega alguna, pues si bien censuró que el de los centros privados financiados con fondos públicos quedara en su concreción a normas posteriores no orgánicas, aprobó el mecanismo en sí para los centros públicos. Es decir, nuestra Constitución no exige más. Y por el contrario, como reconoce la sentencia del Tribunal Constitucional de 27 de junio de 1985, permite muchos grados de participación menos que los concedidos por el Estatuto de Centros.

Y porque creíamos en la participación educativa, tanto en el Estatuto de Centros como en nuestra alternativa a la LODE, la considerábamos obligatoria, no sólo como dice la Constitución para los centros financiados con fondos públicos, sino para todo tipo de centros, aunque no reciban dinero del Estado.

2. De la bondad de la participación a los inconvenientes de la autogestión de la LODE

Pero admitir la participación, no es lo mismo que bendecir la autogestión escolar que es la esencia del modelo participativo de la LODE.

Este modelo autogestionario de la LODE no existe realmente en ningún país del mundo libre. Salvo unos desastrosos ensayos en Italia. Y por supuesto tampoco se practica en los países dictatoriales. Ni siquiera en Yugoslavia que seguramente es el país inspirador del PSOE. Porque ya me dirán ustedes qué autogestión verdadera se puede practicar en una sociedad con un Partido Comunista controlándolo todo. Y si algún lector tiene alguna duda, puede disiparla rápidamente ojeando el Boletín Oficial del Estado del 30 de diciembre de 1986 (número marginal 33.754) donde se contiene un acuerdo internacional ratificado por España, con el beneplácito del Gobierno socialista, para la creación de un centro docente público en el ámbito de la Comunidad Europea del Carbón y del Acero, una de las comunidades europeas a las que recientemente se incorporó España. Pues bien: en este «colegio público europeo», el director es la figura clásica que efectivamente dirige (artículo 22) y es nombrado directamente por el órgano de administración de la CECA (artículo 12).

La titularidad del centro toma todas las decisiones programáticas y organizativas del mismo (artículos 9, 10, 11, 12 y 13) y como mecanismo de participación, hay un llamado consejo de administración integrado por el representante de la titularidad, el director (que es nombrado por la titularidad), dos miembros que el órgano de la titularidad elige entre listas que le proponen los profesores (también contratados por la titularidad) y otros dos miembros autorizados por el órgano de la titularidad de los que proponga la asociación de padres alumnos (artículo 20). Este órgano de participación, aparece dominado por el titular del centro, pese a que sus funciones son sólo las de proponer (no aprobar) un presupuesto y administrar los bienes de la escuela (artículo 21). Y en cuanto a la asociación de padres de alumnos, sobre ser única, tan sólo puede hacer sugerencias y organizar actividades complementarias (artículo 24). Ésta es la participación escolar de la Europa en la que nos hemos integrado, y en un colegio que por ser internacional parece que debería ser ejemplar. Una participación muchísimo menor que la del Estatuto de Centros.

En el Estatuto de Centros Escolares, yo quise apartarme tanto del sistema de libre designación de directores de centros públicos por parte de la Administración como ocurría en el régimen anterior, porque suponía la politización del cargo, como del procedimiento electivo que venía funcionando desde los principios de la democracia, porque se prestaba a ciertas corrupciones aparte de la politización. Y establecí la selección del director por concurso público de mérito y capacidad, con unos baremos que permitieran tanto a la inspección educativa, como a la comunidad escolar, valorar la aptitud personal del candidato para la función directiva junto con los demás méritos académicos objetivables. Como el PSOE reaccionara durísimamente, yo tuve que recordarles en el Parlamento que mi sistema había sido establecido en 1932 por un ministro del Partido... Socialista Obrero Español, Fernando de los Ríos. A pesar de ello, en la LODE no sólo convierten al director en poco más que el presidente de un órgano colegiado, sino que lo someten a la elección «democrática» de la base para su nombramiento.

Las experiencias españolas de autogestión escolar, son deplorables. En el Senado, leí a las izquierdas el informe que me pasó la inspección sobre un centro público que estaba funcionando autogestionariamente. El edificio, de nueva construcción, estaba destrozado. Los alumnos realizaban prácticas sexuales en las aulas. En la capilla se había sustituido el crucifijo por un letrero que decía «Ni Dios ni Estado». Dos chicas habían sido lanzadas por la ventana quedando una de ellas inválida. Pero todo eso eran minucias. Lo más pintoresco es que autogestionariamente habían decidido que los alumnos maduraban más y mejor sin asistir a clase. Y las clases no se daban. Hicimos numerosos intentos para reconducir la situación, algunos con ayuda socialista y comunista. Todos fracasaron hasta que yo les anuncié el cierre del centro si no se restauraba la denostada disciplina académica. Sin duda este ejemplo no puede tomarse como «normal» de un sistema autogestionario, aunque fue real.

No obstante, yo dije siempre que la autogestión escolar del PSOE y su LODE, conduciría inevitablemente a la politización y degradación de la enseñanza. Y mucho me temo que la experiencia de la LODE me está empezando a dar la razón. Me explicaré:

Se ha debatido y escrito mucho en los comienzos de 1987 sobre la revuelta escolar del curso 1986/1987. En España y en todo el mundo son frecuentes. Pero no se ha reparado en una peculiaridad de la nuestra. Siempre los movimientos estudiantiles de protesta son básicamente universitarios. Creo que ésta fue la primera revuelta protagonizada por chicos de 14 años. Y, ¡oh casualidad!, se produce tras el primer curso de implantación de la LODE con un consejo escolar autogestionario en las enseñanzas preuniversitarias que ha ido entrenando a los chicos en el activismo político. No es mi intención entrar en la bondad o no de las reivindicaciones que los estudiantes presentaron en esta revuelta. Sólo me pregunto si un curso escolar del BUP en el que los estudiantes viven varios meses enfebrecidos con asambleas, protestas, manifestaciones en la calle, y hasta con algaradas, peleas y algún acto vandálico, son garantía de progreso para el futuro de nuestra juventud y de nuestra sociedad. Y aún más: ¿están felices los padres españoles cuando sus hijos en vez de estudiar y prepararse profesionalmente, dedican parte considerable de su curso lectivo al activismo político por muy digno que sea? ¿Se han parado nuestros gobernantes a pensar por qué será que en las demás naciones del mundo se rechaza la autogestión escolar? (1).

No quiero en absoluto ofender a los socialistas, al manifestar mi convicción de que ellos han instaurado la autogestión escolar, no porque amen la participación (sin perjuicio de que puedan amarla), sino como un instrumento táctico para introducir el pluralismo interno en los centros escolares. Y para neutrali-

(1) En la primavera de 1987, los directores de los centros públicos de Bachillerato en Madrid, han firmado un escrito colectivo denunciando la «ingobernabilidad» de sus centros docentes con la legislación que tienen que aplicar que impide una mínima disciplina interna.

zar la educación que en otro caso podría ser impartida según criterios ideológicos homogéneos, a lo que tienen que oponerse según las ideas de Gramsci.

Porque si de veras fueran tan intensamente partidarios de la participación que necesitaran la autogestión, ¿por qué para los centros privados no concertados, a los que muchos de ellos mandan a sus hijos, no han establecido ningún tipo de participación, ni la más suave? ¿Por qué el Consejo Escolar de Estado (artículo 32 de la LODE), se concibe con funciones estrictamente consultivas? ¿Por qué sólo quieren que se compartan las facultades educativas de los demás y no las propias? ¿Por qué si la autogestión la han impuesto en los centros sostenidos con fondos públicos, no la han implantado con el mismo sistema —que supongo les parecerá bueno— en los demás servicios públicos e instituciones sostenidos por el Estado?

Perdone el lector que vuelva a los ejemplos clarificadores. Si el sistema de la LODE es bueno debería trasladarse a los servicios de Aviaco que son servicios públicos financiados por el Estado. Los pasajeros de sus vuelos serían preferentemente los de domicilio más próximo a sus sedes, con lo cual muchos usuarios podrían hacer el viaje de ida pero no el de vuelta. Y en cada viaje se formaría una comunidad de vuelo, integrada por los pilotos y tripulación, viajeros y personal de tierra. Comunidad que elegiría al comandante y seleccionaría a la tripulación. Y todos ellos, democráticamente, confeccionarían el plan de vuelo y resolverían sus incidencias.

Y otro ejemplo. El propio Partido Socialista recibe miles de millones de pesetas de los distintos Presupuestos de las Administraciones Públicas. Según el esquema de la LODE, podría tener un ideario fundacional. Pero a sus congresos, deberían asistir preferentemente personas que vivan más próximas al Palacio de Exposiciones de Madrid, aunque no sean socialistas, si así lo quieren. Y los delegados y compromisarios habrían de ser seleccionados entre políticos españoles por concurso público de mérito y capacidad. Naturalmente, el congreso así formado aprobaría las líneas programáticas del partido y eligiría a su secretario general que podría serlo entonces el señor Herrero de Miñón para gestionar unas resoluciones de derechas.

Un sistema que puede generar tan disparatados resultados, no puede ser defendido racionalmente. ¿O es que los desastres en la formación de la juventud son irrelevantes?

VI. LA NECESIDAD DE UN PACTO ESCOLAR

1. No son comparables las imposiciones de la LOECE y las de la LODE

Creo que toda persona sensata quiere un pacto escolar en España. No podemos vivir en perpetua guerra y con bandazos tan ostensibles en campo tan delicado.

Y no faltan personas moderadas, serias y bien pensantes, que al lamentar la imposición socialista de la LODE, opinaron que también fue un error el aprobar el Estatuto de Centros (LOECE) en contra de la izquierda. Como la idea tiene un cierto atractivo de ponderación debo matizarla.

Quise que la LOECE tuviera el máximo respaldo posible. Logramos el acuerdo sobre su texto con AP, con el PNV, con Convergència i Unió y con todas las alas de UCD, incluido el sector que hoy está en el PSOE. Y no es verdad que desatendiera las demandas de pacto escolar del PSOE. Por el contrario, lo intenté seriamente con los responsables parlamentarios tanto del PSOE como del PC. Pero, como luego repitieron públicamente en Congreso y Senado, su condición inexcusable para el pacto era que suprimiéramos el reconocimiento del derecho a mantener centros docentes con ideario. El mismo Felipe González se manifestó tajante en este punto. Fue el centro de su lucha parlamentaria y el motivo básico de su recurso al Tribunal Constitucional contra la LOECE. En cuya sentencia no sólo se estableció que no violan la Constitución los centros docentes con ideario, sino que en sus fundamentos jurídicos deja claro que el derecho a crear, dirigir y elegir colegios con ideario, nominal y efectivo, es una exigencia constitucional. ¿Podríamos haber aceptado aquella condición mínima del PSOE y PC, que privaba de un derecho básico a las familias que desean una enseñanza con ideario para sus hijos —mayoritariamente de orientación cristiana— y que como luego sentenció el Tribunal Constitucional implicaba además una violación del artículo 27 de la Constitución? A falta de pacto, ¿deberíamos habernos abstenido de regular legalmente la libertad de enseñanza esperando a que lo hiciera el PSOE? Nos pareció mejor llevar adelante una ley que, aunque contaba con la oposición de socialistas y comunistas en cuanto políticos, les aseguraba de todos modos como padres, que, con fondos del Estado, podrían educar a sus hijos como desearan.

Comparar la imposición parlamentaria de la LOECE con la de la LODE es incorrecto. El Estatuto de Centros lo presentamos con el apoyo de cuatro grupos parlamentarios. La LODE, sólo con el del PSOE. Las enmiendas a la LOECE se discutieron una a una en comisión y en pleno, tanto en el Congreso como el Senado, sin regatear turnos ni tiempos para su amparo, como reconocieron, constando en acta, todos los grupos parlamentarios del Congreso. Las de la LODE no se permitieron defender mínimamente en comisión y en pleno sólo por grandes bloques. En la LOECE, hasta el final, valoramos todas las propuestas tratando de buscar puntos de encuentro, que fueron imposibles, pues siempre trataban, explícita o implícitamente, de suprimir la posibilidad o efectividad del ideario. En la LODE, los redactores de la alternativa del Grupo Popular introdujimos un cebo para valorar el grado de atención del PSOE a nuestras enmiendas: transcribimos literalmente en nuestro texto un párrafo sobre criterios de participación tomado de la Ley de Reforma Universitaria aprobada por el PSOE dos meses antes. Fue también rechazada como reaccionaria. No se dieron cuenta que era suya. Es decir: no entraron a considerar nuestro texto.

Pero por encima de estas diferencias hay otro dato mucho

más importante que hace no susceptibles de comparación las imposiciones parlamentarias de la LOECE y de la LODE. Y es que la LODE niega la financiación pública a quienes desean una enseñanza con carácter propio y homogénea, al mismo tiempo que garantiza a los afines ideológicos del PSOE la gratuidad de la enseñanza pluralista que a ellos les agrada. Mientras que la LOECE permitía exactamente igual la existencia y financiación de centros católicos, o marxistas, o laicos, o internamente pluralistas, o de cualquier otro tipo.

En definitiva, no puede compararse la imposición parlamentaria de una ley como la LOECE, que hace posible a todos, en condiciones de igualdad y cualquiera que sea su ideología, proporcionar a sus hijos el tipo de educación que quieran para ellos, con la de otra, como la LODE, que de hecho va a obligar a quienes no tengan grandes posibilidades económicas a llevar a sus hijos a centros en los que se impondrá el modelo educativo grato al partido del Gobierno.

2. Contenido razonable de un pacto escolar europeo y democrático

Paso a transcribir al lector la carta abierta que publiqué en *El País* y en el *Ya* el 11 de octubre de 1983, dirigida a los socialistas en el momento en que iba a comenzar el debate de la LODE:

«Señores socialistas:

La confrontación política genera con frecuencia simplificaciones e imágenes deformadas de la realidad. Probablemente yo he adquirido fama de ser un belicoso defensor de la libertad de enseñanza. Aunque estoy muy lejos profesionalmente del mundo educativo y me preocupa por otra parte muy seriamente la guerra escolar que se reinicia. No son buenos los traumas a que estamos sometiendo al sistema educativo. Es malo el clima de lucha que se crea en torno a la escuela. Y peor aún es que la batalla encierre ingredientes religiosos. ¿Por qué no podemos llegar a un pacto escolar como han hecho otras naciones occidentales con problemas parecidos a los nuestros? Siempre he defendido y seguiré defendiendo un acuerdo mínimo que descanse sobre las siguientes bases:

A. *Escuela pública*

Apartemos de ella todo lo que tienda a su politización. Evitemos que se convierta en campo de lucha entre partidos políticos, como desgraciadamente ha ocurrido en muchos casos en estos últimos años, con deterioro notable en su nivel de calidad. Las familias que necesiten o prefieran la enseñanza pública para sus hijos tienen derecho a obtener una educación seria, profesionalizada y despolitizada, para lo cual tanto la selección de profesores como del equipo directivo, igual que ocurre en toda la Europa occidental, debe hacerse por procedimientos públicos que valoren objetivamente el mérito y capacidad de los candidatos, y no por elección política entre programas ideológicos enfrentados. Nuestra Constitución distingue claramente lo que son elecciones para puestos políticos, basadas en los programas que se presentan y en las mayorías de votos que se obtengan, y el acceso a la función pública, que se hará, dice en su artículo 103, de acuerdo con los principios de mérito y capacidad.

B. *Escuela privada*

Todos sabemos que el Partido Socialista es profundamente contrario a la escuela internamente homogénea, es decir, a la enseñanza con orientación o carácter propio, religioso, filosófico o pedagógico. Lo han proclamado siempre así y no les podemos tachar de incoherentes. Pero ya en este momento, el Tribunal Constitucional en su sentencia de 13 de febrero de 1981, resolviendo su recurso contra el Estatuto de Centros, ha definido que el derecho a crear y dirigir *centros* con *ideario* y la consecuente facultad de los padres para elegir un *centro* con *ideario* para sus hijos, son exigencias constitucionales. Comprendo que en 1980 ustedes no hayan querido pactar sobre esta base. Pero producida la suprema interpretación del texto constitucional que indico, ¿por qué no buscamos fórmulas mutuamente satisfactorias? Ustedes crean y aseguran la existencia de colegios internamente pluralistas de los que les gustan, en la medida necesaria para que acojan a los hijos de todas las familias que piensen como ustedes. Y por otra parte dejen al resto de los españoles que quieren enseñanza internamente homogénea, cristiana, musulmana, marxista o neutra, que la tengan como desean para sus hijos. Sin trampas, claro. Porque, si un padre quiere por ejemplo, un colegio cristiano para sus hijos, y lo elige, aunque por sus ocupaciones no pueda estar frecuentemente en el centro, ha de tener la garantía de que la dirección, el profesorado y la orientación pedagógica de la escuela responden a lo que eligió. ¿De acuerdo?

¿Acaso no es sensato lo que les propongo? Ustedes han ganado legítimamente unas elecciones democráticas. Tienen la fuerza de la mayoría. Pero todo tiene sus límites. La mayoría parlamentaria no puede válidamente aprobar una resolución que anule la democracia misma. Ni tampoco puede dejar sin contenido los derechos constitucionales de las minorías. Por muy equivocadas que puedan estar, a su juicio, las minorías. El derecho de errar es una de las notas características de las democracias.

C. *La igualdad*

El párrafo que dice «corresponde a los poderes públicos promover las condiciones para que la libertad y la igualdad del individuo y de los grupos en que se integra sean reales y efectivas...» es como ustedes saben de nuestra Constitución (artículo 9.2). Estaremos por tanto conformes con que las ayudas del Estado a los colegios no pueden ir exclusivamente dirigidas a aquellos intrapluralistas que a ustedes les gustan y dejar de destinarse a aquellos otros que a ustedes les molestan. Porque los ciudadanos que acuden a unos y otros, deben ser iguales (artículo 1 C. E.) y si no lo son el Estado debe ayudarles para que lo sean (artículo 9.2. C. E.). Lo dice también el artículo 14 de la C. E. ¿recuerdan? «Los españoles son iguales ante la ley, sin que pueda prevalecer discriminación alguna por razón de nacimiento, raza, sexo, religión, opinión o cualquier otra condición o circunstancia personal o social». Es decir: los partidarios de las escuelas internamente pluralistas (ustedes) y los que desean la escuela homogénea, tienen el mismo derecho a ser financiados por el Estado, sin que la financiación tenga tales condiciones que convierta en ineficaz su derecho a elegir porque haga uniforme o insegura la oferta educativa que se les hace.

Es verdad que el art. 27.7 de la C. E. impone la intervención de la comunidad educativa en los centros sostenidos con fondos públicos en los términos que la ley establezca, y que tal intervención puede ser elásticamente regulada como ha sentenciado el Tribunal Constitucional. Debe desarrollarse este precepto, pero, según la jurisprudencia de dicho Alto Tribunal, ¿no es jurídicamente correcto interpretar que el grado de intervención que legislativamente se establezca, ni puede ser tan corto que anule el derecho de participación, ni tan extenso que deje sin efecto el derecho constitucionalmente consagrado a elegir y obtener efectivamente a lo largo de todo el proceso educativo el tipo de enseñanza por el que los padres han optado? ¿No es cierto que si no se garantiza que el director, los profesores y la línea pedagógica de la escuela, responden al ideario del *centro*, el derecho de los padres a elegir modelo educativo se verá vacío de contenido?

Por razones de justicia y como consecuencia de las prioridades que la justicia impone, podemos y debemos admitir discriminaciones en las ayudas. Pero supongo que ustedes aceptarán que tales discriminaciones financieras habrán de serlo en función de la renta de las familias y no del tipo de centro que elijan. ¿No sería socialmente absurdo y regresivo que la familia acomodada que prefiera la enseñanza pública, universitaria o de bachillerato por ejemplo, la reciba prácticamente gratuita, mientras que otra de pocos recursos que la desea homogénea, cristiana o marxista o del tipo que sea, la tenga que pagar a precio de coste?

¿No es razonable lo que les sugiero? ¿No se respetan así sus derechos tanto como los de quienes no piensan como ustedes? ¿Por qué no intentamos llegar sobre estas bases a un pacto, como ha ocurrido en otros países de Europa occidental en cuya política han intervenido sus correligionarios y los nuestros? Un acuerdo con estas premisas, ¿no les parece que viene exigido por una concepción democrática y beneficiaría al sistema educativo en su conjunto? ¿No tenemos ya aceptadas estas mismas bases de convivencia en materia de prensa, de partidos, de sindicatos, respetando sus peculiares posiciones ideológicas y facilitándoles financiación pública sin privarles de su facultad de autodirección? ¿Por qué no aceptamos los mismos principios para la escuela?

Atentamente.»

Si el pacto que propuse en la anterior carta abierta al PSOE le parece sensato al lector, sepa que su contenido es justamente el del Estatuto de Centros Escolares que ellos derogaron.

¿Por qué se niegan a que nuestros afines y los suyos tengan iguales derechos y posibilidades? Sólo una ideología que no admita tan elementales principios puede explicar el rechazo dogmático. Porque hay que suponer que tanta firmeza en deshacer la igualdad entre unos y otros, les viene impuesta por unas profundas convicciones.

P.S. Concluida la redacción de este capítulo, me queda la preocupación de que algún lector pueda considerar que yo concibo la guerra escolar como una confrontación entre catolicismo y laicismo. La causa de tal posible confusión radica en que, al hacer el análisis, no cabe olvidar que la enseñanza católica en España representa más de un 25 % del sistema, y que, por otra parte, la motivación confesada por los socialistas de su oposición a nuestra reivindicación de libertad de enseñanza es su enemiga a la enseñanza confesional cristiana.

Si alguien me define como defensor de la enseñanza católica sepa que entiendo me atribuye un alto honor, pero inadecuadamente. Porque si algún día el PSOE llegara a un acuerdo con la Iglesia católica que permitiera a ésta impartir libremente y sin trabas discriminatorias educación cristiana homogénea en sus centros, yo seguiría recabando con la misma energía la libertad de enseñanza. Porque en tal circunstancia, o bien se estaría discriminando negativamente a los no católicos, o incluso a los católicos que pudieran desear enseñanza internamente homogénea por razones distintas o añadidas a las confesionales, o alternativamente significaría que se estaba concediendo un privilegio a la Iglesia católica. Y yo, con el artículo 14 de la Constitución, soy enemigo de privilegios y discriminaciones.

Parte tercera

LOS LÍMITES DEL PODER DE LAS MAYORÍAS

I. GRANDEZA E INSUFICIENCIA DE LA CONSTITUCIÓN

En las dictaduras, el tema de los límites del poder del Estado se plantea siempre, pero es de muy fácil solución. Para sus sostenedores y dirigentes los propios fines que motivaron la implantación del sistema autoritario son los que marcan el campo de actividad política. El Estado puede hacer todo aquello que resulta necesario para la realización de los fines del poder dictatorial y nada que se desvíe de tales fines. Algunas dictaduras, de sentido más ético, admiten la consideración de medios inmorales aunque sirvan a sus fines. Pero esa moralidad que se traduce en límites al poder absoluto del Estado, tampoco suscita problemas insolubles, pues es la moral oficial que se desprende de la filosofía que motivó la toma del poder absoluto. Y entretanto, la oposición a la dictadura tiene asimismo las ideas claras. Niegan la legitimidad del «tyrannus», tanto «a título» como «ab usu», rechazan el entramado legal e institucional de la dictadura, y curiosamente, aunque entre sus componentes los haya que no creen en el derecho natural, invocan frente al poder del Estado una serie de barreras y derechos que, pese a no estar reconocidos en la legalidad positiva vigente, el Estado no puede vulnerar sin incurrir en la ilegitimidad tiránica que justifica la resistencia o la rebeldía (1).

Al entrar en democracia, también suele ser pacífico el tema de los límites del poder. El propio equilibrio interno del sistema lo convierte en prácticamente intrascendente. Las declaraciones de derechos que desde la revolución americana se incluyen en la parte dogmática de las constituciones. La escrupulosa defensa que de dichos derechos efectúan los Tribunales de Garantías constitucionales. El principio de división de poderes, de universal aceptación. La descentralización de facultades administrativas en múltiples centros de decisión, y la inestable correlación de fuerzas de los partidos políticos, componen un entramado de mecanismos que alejan los riesgos de excesos o extralimitaciones del poder que no sean susceptibles de corrección inmediata.

Mas, cuando en democracia un partido se alza con una cuota de poder hegemónico que le permite dominar distintas esferas de la Administración, manejar simultáneamente el ejecutivo y el legislativo, extendiendo más o menos indirectamente su influencia al judicial y controlar amplios espacios de la infraestructura social de modo que llega a gozar de una cierta estabilidad de

(1) La Revolución francesa en su Declaración de Derechos de 1789, artículo 2, consagró el derecho a «la resistencia a la opresión» y el artículo 33 de la Declaración de 1793 decía: «La resistencia a la opresión es el corolario de los restantes derechos del hombre.» El artículo 35 añadía: «Cuando el Gobierno viola los derechos del pueblo, la insurrección es, para el pueblo y para cada una de sus partes, el más sagrado de los derechos y el más imprescriptible de los deberes.»

En el Considerando 3.º de la Declaración Universal de los Derechos Humanos de la ONU, aplicable en España según el artículo 10.2 CE, se dice que es «esencial que los derechos humanos sean protegidos por un régimen de derecho, a fin de que el hombre no se vea compelido al supremo recurso de la rebelión contra la tiranía y la opresión».

Estas proclamaciones de las Declaraciones Universales de Derechos del Hombre, coinciden con las de la doctrina cristiana. Pues si bien se ordena «que cada cual se someta a las Autoridades establecidas, pues no hay autoridad que no proceda de Dios...» (Romanos, 13), este principio se complementa con la idea de que «es preciso obedecer a Dios antes que a los hombres» (Hechos, 5, 29), y que «el orden moral impone la necesidad de una autoridad rectora en el seno de la Sociedad y que esa Autoridad no pueda rebelarse contra tal orden moral sin derrumbarse inmediatamente al quedar privada de su propio fundamento. Es un aviso del mismo Dios» (Juan XXIII, Carta Pastoral 22-I-64). Y ello hasta el punto de que puede llegar a justificarse la desobediencia, resistencia, la sublevación y aun la muerte del tirano, si se dan ciertas condiciones (véase al efecto el libro VI, capítulo IV del *Defensa Fidei* de Francisco Suárez).

su predominio, es natural que tal partido trate de utilizar los mecanismos neutros del Estado democrático para la obtención de su modelo ideológico de sociedad. Salta entonces brusca y preocupantemente el problema de los límites del poder del Estado. ¿Dónde está la frontera frente al absolutismo democrático? ¿Es igual el poder en dictadura que en democracia sin más diferencia que el número de personas que lo detentan o a favor de las cuales se ejerce?

Si tomamos la respuesta usual, según la cual los límites a la acción del poder los marca la Constitución, nos encontraremos con una contestación que encierra una gran parte de verdad, pero que, como veremos, es insuficiente. La Constitución es un instrumento básico de convivencia cuyo respeto debe acrecentarse socialmente día a día. Pero sería un fetichismo arcaico, decimonónico y sobre todo irracional considerarla como piedra filosofal. Es la ley superior, pero no puede pretenderse que sea también ley suprema, si no queremos dejar montada la vida civil sobre una serie de vacíos peligrosísimos.

Porque no todos los derechos fundamentales están recogidos o suficientemente garantizados en la ley de leyes. Ni la existencia de tales derechos deriva únicamente de la misma. Y ello es lógico. Como muy bien argumentaba el PSOE en la etapa constituyente, la Constitución no puede tener ansia de totalidad. Contiene las reglas básicas para resolver los disensos y el máximo consenso que en un momento determinado pudo obtenerse entre las distintas visiones del hombre y la sociedad de las fuerzas entonces predominantes. Es comprensible que cuestiones importantes hayan quedado fuera de su regulación, por infravaloración, olvido o porque sobre ellas no se logró un mínimo consenso. Sería absurdo predicar que el poder del Estado carece de límites en tales puntos porque estén huérfanos de regulación constitucional.

Debemos ser conscientes de que con nuestra Constitución es posible negar o menoscabar derechos fundamentales de la persona. Por ejemplo: nuestra Constitución carece de reconocimiento formal de la patria potestad. Seguramente no podría suprimirse por ley, gracias al escape que el art. 10.2 permite hacia los tratados internacionales, pero sí cabría reducir considerablemente su ámbito. De hecho hay una ley orgánica que a ciertos efectos la elimina a partir de los 14 años. Tampoco se consagra el derecho básico a disfrutar de niveles de ingresos diferentes según los propios méritos, con cuya ausencia se hace legalmente posible establecer ciertas igualaciones que algunos confunden con la igualdad, técnica que ya han iniciado las últimas leyes de presupuestos con los jubilados. Y nadie puede tachar de anticonstitucional a la política económica del Gobierno aunque parece indudable que falta radicalmente a la justicia una política que eleva hasta tres millones la cifra de parados. Si con la Constitución respetada pueden violentarse derechos básicos, es obvio que la Constitución no es la única fuente legitimadora o limitadora del poder.

El fetichismo constitucionalista parte de algunas afirmaciones mal asimiladas. Es incuestionable que «la soberanía nacional reside en el pueblo español, del que emanan los poderes del Estado» (art. 1.2 C.E.), que «las Cortes Generales representan al pueblo español (art. 66.1 C.E.), e indirectamente también el Gobierno (art. 99 C.E.). Cortes y Gobierno, en sus ámbitos tienen todos los poderes de la soberanía nacional sin más límites que los de la Constitución. Pero el meollo del tema está en determinar cuáles son los poderes ínsitos en la soberanía nacional que por delegación del pueblo ejercen Cortes y Gobierno. ¿Es ilimitada la soberanía nacional? ¿Equivale poder soberano a poder absoluto?

La respuesta de que la soberanía nacional puede todo lo que no prohíbe la Constitución, es tiránica pues ya quedó apuntado que la Constitución tiene flancos por los que pueden atacarse derechos fundamentales. Pero además de ello significaría que nadie tiene establemente garantizados sus derechos, pues la Constitución no es más que una autolimitación que el Pueblo y sus representantes se imponen en uso de la soberanía. Y esa autolimitación, lo mismo que se crea puede reformarse y aun anularse.

Por el procedimiento del Título X de la Carta Magna, es perfectamente posible, sin violar la Constitución, modificarla en forma tal que se supriman cualesquiera derechos básicos de la persona o de ciertos grupos de personas. No es impensable que un 60 % de la población decida sacrificar, en su beneficio, libertades, bienes o empleos del 40 % restante. Se podría hacer legalmente conforme al art. 167 de la C.E. ¿Sería legítimo que la mayoría adoptara tal acuerdo? ¿Alcanza a ello el poder de la soberanía nacional expresado por el principio mayoritario? Sigamos el discurso lógico. La Historia nos muestra cómo gobiernos democráticos hegemónicos que han querido apurar sus poderes consiguieron facultades dictatoriales incluso refrendadas por el pueblo. ¿Estaríamos obligados democráticamente a acatar una reforma constitucional que anulara la democracia misma, por el mero hecho de que respetara el procedimiento de la Constitución? Poco importa que esta hipótesis sea o no hacedera. El ejemplo lo pongo para demostrar que tiene que haber otros límites al poder del Estado aparte de los contenidos en la Constitución. Pero tampoco es imposible que se produzca. Sobre todo en la práctica. ¿Hace falta citar casos de constituciones actuales que se autoproclaman democráticas y encubren dictaduras? (1).

(1) En otra parte de este libro ya citamos que según el artículo 168 de la Constitución, para suprimir algunos derechos fundamentales de la persona (o la Institución de la Corona), hay que someter la reforma constitucional a un procedimiento complicado y difícil. Pero el artículo 168 de la Constitución no exige tal procedimiento especial para modificar el propio artículo 168. De modo que basta el sistema de reforma ordinario para eliminar primero el artículo 168 y acto seguido se elimina también por medios ordinarios (pues ya no no estarían vigentes las cautelas del 168) cualquier otro.

II. ALCANCE DE LA SOBERANÍA POPULAR

La Constitución es fuente de legitimidad y límite esencial del poder del Estado. Pero no es la única fuente, ni el único límite. Otra concepción privaría a nuestra convivencia democrática de los necesarios cimientos para garantizar su estabilidad. Ya vimos que nuestra Constitución no contiene, ni puede pretenderlo, la garantía total de los derechos básicos de la persona. Y que aquellos que respalda pueden ser constitucionalmente anulados mediante su reforma.

Es comprensiblemente incómodo admitir este planteamiento. Nos coloca ante la evidencia de que la democracia no constituye un recetario cerrado, sino un sistema abierto de posibilidades creadoras y por tanto de riesgos. Nos obliga a volver a la pregunta clave de la ciencia política. ¿Cuál es el límite de la soberanía del Estado que por delegación del pueblo ejercen sus representantes?

Rousseau no pudo dejar de hacerse estas preguntas básicas. Pero nos dejó unas respuestas vacías de verdadero sentido. La soberanía es ilimitada, dijo, pero no puede ejercerse arbitrariamente. Lo cual encierra una contradicción estéril. Si no puede ejercerse con arbitrariedad, es que ya existe un límite a la soberanía. Pero es un límite impreciso. ¿Cuál será la pauta de racionalidad que impida a la soberanía ser arbitraria? ¿Se trata de una racionalidad objetiva? Y en tal caso, ¿quién y cómo la define? ¿O es una racionalidad meramente subjetiva? ¿Del pueblo, de la totalidad de sus representantes, de la mayoría? ¿Y si la mayoría no se preocupa de ser racional?

Quizá porque el tema es sumamente espinoso, Jacques Maritain llegó a una posición reduccionista negando que el poder político sea soberano y dejando este atributo residenciado sólo en el ámbito de la divinidad. Creo que representa otra huida ante la dificultad del problema. Pero que no nos vale. No sólo porque corta las vías de entendimiento entre creyentes y no creyentes, sino porque elimina la seguridad de las normas jurídicas que precisan derivar de un poder indiscutible, que por eso es soberano. Y a mayor abundamiento nos colocaría en una situación conflictiva, dado que nuestra Constitución, como otras, afirma sin lugar a dudas la existencia de un poder soberano del pueblo que por delegación ejercen normalmente sus representantes electos.

A mí me parece que en las doctrinas de Rousseau y Maritain, hay un primer fallo dialéctico originado por la semántica. Se confunde poder soberano con poder absoluto, cuando sin embargo el concepto de soberanía entró en la ciencia política para referirse no al poder absoluto, sino al poder exento, autónomo, el que no necesita recibir la autoridad de otro factor distinto a sí mismo. Y de hecho, ni la expresión gramatical «soberanía» implica ilimitación de poderes en el Diccionario de la Lengua, ni tampoco la Constitución española le atribuye tal nota absolutista al concepto.

Es importante retener pues este primer dato. Frente a cualquier posible abuso de la soberanía popular o de sus representantes, hay ya una primera razón a esgrimir: es gratuito considerar que el poder político es ilimitado. Razón que tiene una doble vertiente aplicativa. Ante el poder constituyente en caso de reforma constitucional, que no puede reputarse investido de facultades para hacer «cualquier» reforma. Y ante el poder constituido, es decir para los representantes del pueblo, que no deben creer que tienen autoridad para adoptar «toda» medida que no esté prohibida por la Constitución.

Pero sigamos la reflexión. Si no está fundada la teoría de que la soberanía popular es absoluta, tratemos de determinar si por el contrario está limitada y en caso positivo cuáles son esos límites.

Que la soberanía popular no es ilimitada, es un imperativo racional derivado de lo monstruoso de la afirmación contraria. Pensar que la mayoría de una colectividad pueda hacer lo que le venga en gana con la vida de uno de sus miembros repugna a cualquier conciencia mínimamente civilizada. Y es, por añadidura, una verdad admitida en nuestra Constitución, que no sólo «reconoce» ciertos derechos (artículos 20, 21, 22...) sino que proclama que su propio texto «se fundamenta en la indisoluble unidad de la nación española» (art. 2), y que «la dignidad de la persona, los derechos inviolables que le son inherentes, el libre desarrollo de la personalidad... son fundamento del orden político...» (art. 10.1). Con ello, nuestra Constitución viene a proclamar que existen datos y derechos, que no nacen porque ella los otorgue, que limitan el ejercicio de la soberanía nacional o popular, que existirían aunque no fueran recogidos en su articulado y que por tanto no pueden ser violados por el poder constituyente aunque se quisiera reformar la Constitución.

Que la soberanía popular está sometida a límites está claro. En circunstancias normales, vigente la Constitución y sin suscitar su reforma, existe un elemento de la máxima seguridad para determinar esos límites. Es la propia Constitución cuya vigencia debemos por ello cuidar con el máximo mimo. Pero el problema estriba en señalar cuáles son los límites de la soberanía popular que existen aunque la Constitución pueda haberlos ignorado, y sobre todo, concretar cuáles son los que operan sobre el poder constituyente cuando quiere modificar la Constitución, momento en el que las formulaciones de derechos constitucionales dejan de ser norma jurídico positiva vinculante.

Resulta en este sentido muy fundamentada la teoría liberal explicada por Locke y Jefferson de que existen unos derechos básicos de la persona, que son individuales e intransferibles por la persona a la comunidad política. Según esta concepción, la soberanía popular no podrá nunca menoscabar tales derechos individuales porque los poderes que la comunidad política ha recibido de las personas no alcanzan tales niveles de decisión. Se trata de facultades retenidas por los individuos cuando a través del contrato social constituyen el Estado. Sin embargo, esta construcción choca con la realidad de que nuestras constituciones no reconocen esta reserva de poderes. A lo más que llegan es a admitir o exigir el referéndum popular para aprobar las reformas constitucionales, pero tal refrendo se entiende concedido cuando simplemente el número de votos positivos supera a los negativos, con lo cual se vincula a la totalidad del pueblo a la decisión de una parte que ni siquiera tiene que superar a la mitad de sus miembros.

Por eso, la construcción más adecuada es la del mismo autor que introdujo en la ciencia política el concepto de soberanía, Bodino, quien la consideró sometida a la ley natural. Y aun más perfecta y coherente, en la misma línea, me parece la tesis de nuestro Francisco de Suárez, para quien las cosas existen respecto de sus fines y también el Estado, cuyo poder soberano sólo se desenvuelve en función de las razones que justifican su existencia.

Con este punto de partida se pueden ya esbozar los límites de la soberanía política del pueblo y sus representantes a través de los poderes del Estado, estén o no recogidos en la Constitución y tanto durante su vigencia como para su reforma. Porque en el pensamiento occidental de raíz cristiana, hay un elemento incuestionable. Que el Estado existe al servicio de las personas individuales y de las comunidades intermedias que lo integran y que son anteriores a su nacimiento. Tiene plenitud de poderes, pero para ese fin que se convierte en límite. Y si bien en el Estado democrático, las decisiones se adoptan por la necesaria regla de las mayorías, y según el criterio de la mayoría, no pueden adoptarse en favor de la mayoría, sino en servicio de todas y cada una de las personas, incluidas las minorías. Cualquier otra decisión es ilegítima pues sale del ámbito del poder político (1).

A partir de este principio, se pueden ir extrayendo una serie de límites naturales al poder del Estado en los que me gustaría

(1) Si según el Considerando primero de la Declaración Universal de los Derechos del Hombre, los derechos humanos son «inalienables», ello significa que nadie, ni la mayoría, ni la Constitución, puede menoscabarlos, y si se menoscaban, tal conducta es ilegítima.

Por si había dudas al respecto, el artículo 30 y último de la misma Declaración, cierra el paso de cualquier maniobra tendente a la vulneración de los derechos humanos partiendo de la legalidad y dice: «Nada en la presente Declaración podrá interpretarse en el sentido de que confiere derecho alguno al Estado, a un Grupo o a una persona, para emprender y desarrollar actividades o realizar actos tendentes a la supresión de cualquiera de los derechos y libertades proclamados en esta Declaración.»

profundizar pero que sólo esbozaré. El pluralismo no sólo ideológico-político, sino social en su más amplio sentido que requiere la posibilidad de múltiples ofertas que permitan elegir a los ciudadanos entre distintos bienes culturales o materiales sin dirigismos.

La libertad individual de todos, y no reducida a una clase, sea la oprimida o la opresora, y los derechos a la vida y a la seguridad personal, que sólo pueden ser recortados en la medida indispensable para proteger derechos análogos de otros ciudadanos.

La institución familiar y las comunidades y asociaciones intermedias que no pueden ignorarse ni coartar por el poder político.

La igualdad, formal y real, de todas las personas ante el Estado sin ningún tipo de discriminaciones.

El derecho de la persona a que se le retribuya socialmente en función de los méritos que acredite y por encima de los niveles mínimos que se garantizan a todos por la comunidad.

La facultad de posesión de bienes como medio de realización de la personalidad y garantía de la libertad individual, mientras por apropiación exagerada no perjudique el derecho de todos al uso de los bienes necesarios.

El respeto a las generaciones futuras, a las que no se puede hipotecar anticipadamente, ni dilapidar en su perjuicio los patrimonios que han constituido para ellas los antepasados. Etcétera.

Comprendo que hablar de límites de ley natural al poder del Estado, es introducir elementos de concreción problemática. Pero son reales y necesarios. Y para quienes sientan repugnancia al derecho natural por su carácter metafísico o trascendente, no hay inconveniente en sacarlos de su contexto y considerarlos con Hume como convenciones o hábitos naturales útiles. El resultado será esencialmente el mismo.

El problema más grave se produce porque la filosofía hegeliana y sus derivaciones de derecha —fascistas— y de izquierda —marxistas—, predican con unas u otras variantes la subordinación de la persona a los poderes colectivos o cuando el marxismo pretende la anulación del mérito como factor de retribución. Con ello, se rompe el consenso sobre los límites naturales del poder político. Y no es que hoy en España exista una aguda confrontación entre la concepción cristiano-occidental y la marxista, pues la Constitución abrió un aceptable campo de juego para estas distintas tendencias. Pero se mantiene latente la posibilidad de utilizar las lagunas constitucionales o la reforma de la Carta Magna en dirección diferente a la que en este epígrafe expongo. Reflexionaremos sobre ello.

III. PELIGROS DE SU VIOLACIÓN EN ESPAÑA

Ciertos derechos básicos de la persona, pueden ser violados legalmente aprovechando algunas de las lagunas constitucionales. Todos ellos son susceptibles de ser anulados, también legal y democráticamente mediante la reforma de la Constitución. La primera hipótesis, con ser grave —cualquier menosprecio de un derecho fundamental de la persona lo es—, resulta relativamente poco importante, ya que la Constitución vigente, entre sus normas explícitas, las implícitas y las indirectas o por remisión, contiene un conjunto de garantías bastante amplio. Pero la segunda, la Reforma Constitucional, es una vía de gravísimas posibilidades, si se quieren eliminar derechos de la persona o de ciertos grupos de personas.

De nada sirve que cerremos los ojos a la realidad. Hay partidos que aspiran a cambiar aspectos esenciales del orden constitucional vigente. Y no son grupos testimoniales, ni podemos acusarles de ilegalidad mientras acaten los procedimientos constitucionales de reforma. Son partidos en el Gobierno, como el PNV en el País Vasco que proclama el mantenimiento de su objetivo independentista, hoy vetado por el art. 2 de la C.E., y también el PSOE que gobierna la nación española.

En los contactos de 1976/77 para legalizar a la izquierda, cuando el PSOE me decía que no podían aceptar nuestra proyectada legalidad burguesa, yo les advertía que la entrada en el sistema les permitiría, cuando ganaran las elecciones, cambiar lo que repugnara a sus ideales. La verdad es que yo confiaba en que la transición española fuese como la alemana o italiana tras la Segunda Guerra Mundial. Un período dilatado con socialismo en la oposición dentro de la democracia, les haría ir aceptando los fundamentos del sistema occidental y renunciando al marxismo. El pronóstico se acreditó bien orientado. En unos años cambiaron la estrategia, haciéndose posibilistas y gradualistas. No fue poco. Pero el hundimiento de UCD y la vertiginosa ascensión del PSOE truncaron la evolución. Y el PSOE sigue sin renunciar a sus objetivos finales marxistas.

Nos lo dicen ellos clara y recientemente. La resolución primera del XXX Congreso del PSOE (diciembre 1984), confirmando lo expuesto en todos los anteriores, «expresa la plena vigencia de los principios e ideales desarrollados en el programa máximo del partido que orientaron la acción del PSOE desde su fundación en 1879». Programa máximo que como los lectores recuerdan es tan marxista que fue aprobado personalmente por Karl Marx, y que dice: «Considerando que la sociedad actual tiene tan sólo por fundamento el antagonismo de clases; (...) que la explotación que ejercen aquéllos (los inmensamente ricos) sobre éstos (los inmensamente pobres) es debido únicamente a la posesión de los primeros de la tierra, máquinas y demás instrumentos de trabajo; (...) que la poderosa palanca con que éstos (los trabajadores) han de mover y destruir los obstáculos que a dicha transformación de la propiedad se opongan ha de ser el poder político, del cual se vale la clase media para impedir la reivindicación de nuestros derechos», concluyendo con el siguiente párrafo: «Por todas estas razones, el Partido Socialista Obrero Español declara que su aspiración es: abolición de clases... Transformación de la propiedad individual en propiedad social o de la sociedad entera. Posesión del poder político por la clase trabajadora.» Y aunque la «aproximación» a estos ideales puede efectuarse dentro de la Constitución, su consecución es incompatible con ciertas partes de ella. La supresión de clases, choca con los principios de promoción a través del trabajo (art. 35), la herencia (art. 33), la marginación de los métodos confiscatorios (art. 31). La socialización de la propiedad es imposible vigente el derecho a la propiedad privada (art. 33) y el de la libre empresa que abarca tanto a las pequeñas como a las grandes salvo en servicios declarados esenciales (arts. 38 y 128). Y la toma del poder por una sola clase, por numerosa y meritoria que lo sea, se enfrenta a los criterios básicos de pluralismo, libertad e igualdad (art. 1). Si para conseguir tales metas reforman la Constitución, aunque contasen con el respaldo mayoritario constitucionalmente preciso, actuarían ilegítimamente, pues estarían traspasando los límites del poder político.

Aclaro que yo no tengo el temor próximo de que el Gobierno del PSOE nos conduzca a la eliminación de la democracia. Aunque están reduciéndonos ámbitos sustanciales de libertad, tratando de moldear según su filosofía todos los poderes del Estado y afirman públicamente que tras haber logrado el poder hegemónico de las estructuras políticas, ahora buscan obtener igual hegemonía en el tejido social, debo admitir con agrado que conozco líderes del PSOE que nunca aceptarían privarnos de unos mínimos democráticos. Pero sería necio si no recordara opiniones recientes de otros cualificados dirigentes, según las cuales en determinados momentos es legítimo violentar la democracia para conseguir el hegeliano «salto cualitativo» hacia su ideal social metademocrático. Y nadie puede garantizar que la dirección del PSOE no esté en esta última línea en el futuro.

La percepción del PSOE como partido unido y disciplinado, quizá nos haga pensar que lo seguirá siendo y con la misma orientación. Y la apreciación es poco seria. La sociología y la historia enseñan que toda institución o comunidad que tiene un desarrollo acelerado entra necesariamente en crisis. A veces se contiene por el procedimiento de los «cuchillos largos», las «purgas» o los tanques. Pero el PSOE, que ha tenido un increíble crecimiento cuantitativo y cualitativo en muy poco tiempo, no va a utilizar estos reprobables métodos. Por ahora, las mieles del poder o su expectativa, que alcanzan prácticamente a toda su militancia activa, quizás hayan demorado la crisis. Pero hay que tener en cuenta: 1.°) Que el poder por sí sólo no es un factor estable de unidad. 2.°) Que el PSOE no podrá evitar, si sigue gobernando, un crecimiento espectacular de adheridos. 3.°) Que comienzan a producirse en su seno los colectivos de cesados. 4.°) Que la caída del PC está provocando la inserción de mucho comunista en los espacios del PSOE. 5.°) Que empiezan a ser socialmente desbordados por su flanco izquierdo. Todos estos factores deben hacernos meditar en la indeseable pero razonable posibilidad de que el PSOE sufra una crisis a corto o medio plazo, de la que acaso se derive su aceleración en la marcha hacia las metas que todo el partido proclama.

De momento hay algunos síntomas para una reflexión preocupada. El recargo del 3 % de la comunidad de Madrid, era una medida molesta. Pero la justificación esgrimida por el señor Leguina, con la que el Presidente del Gobierno dijo estar de acuerdo, fue preocupante: que beneficiaba a la mayoría y sólo perjudicaba a la minoría. Con tal filosofía se puede llegar a reformas constitucionales que dejen indefenso al 40 % de los españoles.

La resolución 35 con que abre su capítulo económico el XXX Congreso, es una rotunda desautorización de las tolerantes declaraciones del señor González sobre el sistema de la economía occidental.

Las menciones a la democracia en el XXX Congreso del PSOE son inquietantes. La resolución 21 dice que «la democracia como *método* y como *proceso* es la seña de identidad *estratégica* del comportamiento y el pensamiento socialista». Y la núm. 22, figura bajo el rótulo «De la consolidación de la democracia a la construcción de la democracia avanzada». ¿En qué consiste la «democracia avanzada» que aparece distinta de la «democracia» sin más y que utiliza «estratégicamente» a la democracia como *método* y *proceso*? Poniendo el concepto en relación con el programa máximo, ¿qué resultado da?

Creo que el consenso constitucional fue un gran éxito. Pero tenemos pendiente el reto de un segundo gran acuerdo nacional, al menos entre los principales partidos: se trata no sólo de acatar la Constitución vigente, sino de renunciar explícitamente a aquellos aspectos de nuestros idearios que impliquen la violación de derechos que algún grupo social perciba como básicos. Conformarnos con la aplicación maximalista de nuestras ideas sólo para quienes piensan como nosotros, sin perturbar a los demás. Olvidar los mesianismos. Pero no sólo en las declaraciones de Gobierno, que son coyunturales, ni en los programas electorales que sólo valen para una legislatura, sino especialmente en los idearios de partido. No nos engañemos con retóricas constitucionalistas. Sólo así será estable nuestra democracia.

IV. VIRTUALIDAD MODERADORA DE LA CORONA

En anteriores epígrafes se ha visto cómo el poder político es capaz, teórica y prácticamente, sin vulnerar la Constitución, de anular derechos fundamentales de la persona o suprimir la propia democracia. Y cómo es preciso reconocer la existencia de otros límites al poder del Estado además de los constitucionales.

Pero el pensamiento democrático no puede contentarse con tal afirmación. En la hipótesis de que el Estado se extralimitara de sus funciones hay que prever mecanismos de solución razonable y pacífica del conflicto, para que ni se produzca el abuso ni consecuentemente tenga ocasión de aflorar la rebeldía.

A mi juicio, el instrumento constitucional que puede evitar la extralimitación *praeter legem* de los poderes del Estado y suprimir causas de rebeldía contra las Instituciones democráticas, es la Corona. O más exactamente la Jefatura del Estado cuyos poderes ostenta en España el Rey.

La doctrina distingue, en la Jefatura del Estado, los poderes *estatutarios*, consagrados y derivados de la Constitución, de los de *prerrogativa* que son un poder residual histórico. En Pérez Serrano (Tratado de Derecho Político) leemos: «Tuvo la

Corona cuantas facultades exigía el buen Gobierno del País, fueron arrebatándole potestades el Parlamento y los Tribunales, pero cuanto no se le quitó fue conservado como residuo. Y de ahí la prerrogativa... que... puede trasplantarse *servata distantia* a cualquier otro país y a cualquier otro régimen, ya sea monárquico, ya sea republicano... Si los demás organismos, instituciones y funcionarios han de sujetarse al ámbito que la normativa les haya señalado, se requiere que haya alguna Magistratura, entrañablemente consustanciada con el país, consciente de sus necesidades, responsable de su destino histórico, que sea como la expresión misma de la vida nacional. Y esta Magistratura tiene junto a competencias regladas, una presunción de titularidad para cuanto imperiosamente reclame la existencia de la comunidad política... Esa Magistratura suprema actúa como válvula de seguridad, posee cuantas atribuciones y potestades revele como indispensables una situación comprometida...»

Cualquiera que haya sido la intención de algunos constituyentes, no puede negarse que el Rey de España posee según la Constitución junto a poderes estatutarios otros de perrogativa. Aparte de que el artículo 102, 3, habla de «la prerrogativa real», en el artículo 56, además de otorgar al Rey «las funciones que le atribuyen expresamente la Constitución y las leyes» (el poder estatutario), también le confiere otras, por tanto no estatutarias y de alcance indefinido: «símbolo de su unidad y permanencia (del Estado), arbitra y modera el funcionamiento regular de las Instituciones...». Y en el artículo 61, se obliga al Rey a jurar no sólo el desempeño fiel de sus funciones, «guardar y hacer guardar la Constitución y las leyes», sino también «respetar los derechos de los ciudadanos y de las Comunidades Autónomas», concebidos como algo metaconstitucional, pues en otro caso la última formulación estaría englobada en la anterior. Porque los ciudadanos y Comunidades tienen derechos previos y por tanto marginales a la Constitución, según expresa el artículo 10, 1.

Estos poderes de moderación y prerrogativa del Rey, pueden ejercerse por cauces inespecíficos, como ocurrió el 23-F. Si no admitiéramos esta tesis, estaríamos censurando al Rey que en tal fecha hizo uso de facultades no estatutarias y en todo caso sin el necesario refrendo constitucional del Gobierno. Pero en ocasiones la propia Constitución habilita modos concretos. Me refiero concretamente a las facultades de «sancionar y promulgar las leyes» y «expedir los Decretos» (artículo 62, a y f CE). Si la promulgación es esencialmente una solemnidad para la entrada en vigor de la ley, cuanda la Constitución otorga el poder no sólo de «promulgar», sino también el de «sancionar», es que este último es algo distinto. No es una mera solemnidad. Es como señala la ciencia política clásica el último paso del iter formativo de la ley, que requiere un acto positivo de voluntad del Jefe del Estado para completarse. Y el si el acto del Rey ha de ser voluntario, ¿por qué tiene que ser necesariamente positivo? ¿Acaso puede ser sustituido por un sello estampado en la Casa Real? (Por supuesto, la firma regia ha de ser siempre anterior a la publicación de la norma en el BOE. Sería grave que estuvieran entrando en vigor sin tal requisito.)

Sé que éste es un tema discutible y sumamente delicado en una concepción democrática. Hay autores que con lógicas matizaciones admiten la facultad del Jefe del Estado de no firmar Leyes o Decretos. Así Hauriou, citado de conformidad por Jorge de Esteban (*Desarrollo político y Constitución Española*), o Sánchez Agesta (*Estudios sobre el Proyecto de Constitución*).

Otros la rechazan con argumentos que considero insuficientes. Se alega el desuso histórico de tal facultad regia. Pero sobre referirse a un desuso foráneo —concretamente en Gran Bretaña— que se contradice con el mantenimiento y aun el uso de estos poderes por Jefes de Estado de bastantes países democráticos, cual es el caso USA, olvida que el desuso no es en nuestro Derecho modo de derogación de la norma escrita (artículo 2, 2 Código Civil), y menos cuando se trata del no ejercicio de una facultad prevista para circunstancias excepcionales. El policía que tiene la suerte de no tener que usar la pistola que enfunda a diario no pierde por ello su facultad de emplearla cuando es preciso. ¿Habrá de recordarse el Principio General de nuestro Derecho Público, acogido en el art. 4 de la LPA según el cual la competencia es irrenunciable? Se cita asimismo el artículo 91 de la CE según el cual «El Rey sancionará en el plazo de quince días las leyes...». Pero éste es un precepto procesal para que el Jefe del Estado ejercite en tal plazo su poder. No una predeterminación del sentido de su uso. En otra interpretación tendría que existir un precepto paralelo para la expedición de los Decretos. Y además, cuando en Derecho se usa el imperativo (sancionará, autorizará, liquidará...) es siempre con un condicional implícito (si procede, cómo y cuándo proceda). El mismo artículo 91 de la CE se vino interpretando así. Vigente el Recurso Previo de Inconstitucionalidad a nadie se le ocurrió pasar a sanción regia una Ley aprobada por las Cortes, pero en trámite de recurso previo al Tribunal Constitucional.

No faltan autores que niegan tal potestad al Rey, pero simultáneamente incurren en la contradicción de acogerla para cuando aprecie fallos formales en la noma. Se cita el caso de un Decreto que no haya pasado por Consejo de Ministros. ¿Por qué si admiten la posibilidad la reducen a ese caso solamente? ¿Qué ocurre si se quiere que el Rey firme una ley que no haya sido vista en una de las Cámaras? ¿No es ello la confirmación de que la sanción regia es algo más que un acto protocolario y automático? ¿Por qué negar al Rey en actos en los que es parte final y necesaria, el poder de calificar no sólo las formas y solemnidades, sino la capacidad y poderes de las partes que a los notarios se les concede para actos ajenos que simplemente han de solemnizar?

Admitido que existe algún supuesto en que el Rey puede negarse a sancionar o expedir una Ley o Decreto en función de sus facultades estatutarias, se hace preciso pasar de la mención anecdótica de casos en los que tal rechazo regio puede producirse, para determinar la categoría de proyectos que pueden ser objeto del repudio real. Categoría que a mi juicio está integrada por los actos nulos de pleno Derecho, contemplado tanto en el Derecho Administrativo (art. 47 LPA.) como en el Derecho Procesal General (art. 238 LOPJ), de los que dan lugar a una forma especial de nulidad o nulidad radical según nuestro Tribunal Constitucional (Sentencia n.º 47/1985). Y entre ellos se comprenden no sólo los que incurran en vicios sustanciales de procedimiento (como el citado de saltarse a un órgano necesario para su producción o haber omitido las fases precisas de audiencia y defensa), sino también los generados bajo violencia o intimidación, o los elaborados con manifiesta falta de jurisdicción o competencia.

A los efectos de este estudio, la última de las vías mencionadas es la que nos interesa destacar. Si un Órgano constitucional pretendiera violar los límites del poder del Estado, vigente la Constitución o para su reforma, su pretendido acto, en cuanto la extralimitación fuere clara, sería constitutivo de nulidad de pleno derecho como dictado por Órgano manifiestamente falto de jurisdicción o competencia para ello. Entonces el Jefe del Estado podría y debería negarse a sancionarlo o expedirlo. Y ello dentro de las facultades estatutarias de la Corona. Porque restaría considerar la potestad de prerrogativa o moderación del Rey, con la que cabe llegar más lejos de estos estrictos términos de juridicidad y en cuya virtud la negativa regia podría darse en supuestos de violación de competencia aunque no fuere «manifiesta». Si bien no debo ocultar que, así como la negativa regia a sancionar proyectos nulos de pleno Derecho ha de producirse siempre, el uso de la prerrogativa real para ir más allá, ha de concebirse en democracia como de uso literalmente excepcional, a modo de una *ultima ratio* pacífica, para supuestos muy graves no susceptibles de otras vías de corrección constitucional. Pienso en hipótesis de tipo sustantivamente revolucionarias, aunque no lo fueran formalmente por adaptarse a la legalidad constitucional.

Creo que seguramente la única vía convivencial y democrática para evitar la posible violación por el Estado de los derechos básicos de los ciudadanos que no puedan ser protegidos por otras instancias constitucionales al no infringir norma alguna de la Constitución, es el uso por el Rey de sus facultades de prerrogativa. Y con mayor razón, la de, utilizando sus poderes estatutarios, negarse a firmar Leyes o Decretos nulos de pleno Derecho, porque se hayan elaborado bajo intimidación o violencia, o con vicio esencial de procedimiento, o por Órgano manifiestamente incompetente.

No quiero con estas ideas apuntar una teoría monarquizante. No es un favor a los poderes de la Corona. Aunque sólo para circunstancias de excepción, es una pesada carga que se le pediría asumir en beneficio del pueblo a quien sirve. Pero tampoco es un medio de poner en crisis al sistema, sino de poder sacarlo legalmente de su crisis que se produce inevitablemente, como anotó Maquiavelo, cuando las Instituciones no responden a los valores morales que son vividos en el pueblo.

Es la única forma que se me ocurre, con la Constitución en la mano, para eludir la hipótesis de que en algún caso pueda invocarse el derecho a la rebelión, frente al uso inmoderado y abusivo, aunque constitucional, del poder del Estado en favor de una mayoría cualificada. Hago votos porque esta problemática no tenga que salir nunca del ámbito de lo académico. Para lo cual, reitero una vez más, será preciso que desaparezca la estimación de nuestro actual sistema político como vía estratégica para logros sucesivos como el separatismo o la sociedad socialista.

V. LINDES PARA LA ACCIÓN DEL GOBIERNO

El Gobierno, como poder del Estado, está dentro de sus mismos confines, constitucionales y extraconstitucionales. Pero su capacidad de acción es más reducida que la del Estado en general y que la del legislativo en particular.

No voy a referirme ahora a la sumisión del Gobierno y la Administración a los principios de legalidad y jerarquía normativa (artículo 9 CE y 23 Ley Régimen Jurídico), que constituyen su principal pauta de comportamiento y sobre los que trabajamos a diario los juristas, porque sería inadecuado a los fines de este trabajo. Deseo aquí resaltar otros límites más imprecisos, pero propios del Gobierno en un Estado de Derecho moderno y democrático.

Los fines: Ya se ha superado aquella concepción según la cual los medios de acción atribuidos al Gobierno, eran «poderes». Hoy son facultades o deberes que se poseen y sólo pueden ejercitarse lícitamente cuando buscan conseguir los fines para cuya obtención fueron concedidos a la Administración por el ordenamiento jurídico. Desde el Régimen anterior, el artículo 83 de la Ley de la Jurisdicción Contencioso Administrativa, ordena la anulación de los actos administrativos que incurran en «desviación de poder», esto es, en el uso de facultades con fines distintos a los que las justifican, criterio expresamente recogido y elevado de rango por el artículo 106 de la Constitución vigente. Cuando la Auditoría o la Inspección, como antaño la Inquisición, se ordena o se usa por razones partidistas o personales, hay un comportamiento ilícito en todo caso, y anulable si se puede demostrar.

Los reglamentos: Es indiscutible la facultad del Gobierno para dictar disposiciones reglamentarias. A mi juicio, y aunque existe una última jurisprudencia vacilante, también la poseen los ministros. Pero en ningún caso, salvo que una Ley expresamente lo establezca, la tienen los Órganos inferiores a ministro, aunque algunos muestran una ilegal afición a ejercerla, productora de actos nulos de pleno derecho (art. 47 LPA).

Cuando los reglamentos lo son en desarrollo de una Ley, su función es la de dotarla de un complemento indispensable por motivos técnicos, para optimizar el cumplimiento de sus fines (Sentencia TC n.° 83/1984). No puede válidamente confundir el Gobierno desarrollo con innovación, ni alterar el cuadro normativo expresa o tendencialmente contenido en la Ley que se desarrolla.

Caben asimismo los llamados reglamentos independientes, ajenos a una Ley, mediante los cuales la Administración organiza su actividad propia y sus servicios. Pero lo que no podrá nunca hacer el Gobierno, será dictar normas reglamentarias que afecten a los derechos fundamentales y libertades públicas mencionados en los artículos 15 a 29 de la CE, y que sólo pueden ser regulados por Ley Orgánica (art. 81 CE), ni a los demás derechos y deberes de los ciudadanos citados en los artículos 30 a 38 de la CE que precisan ser tratados «sólo por Ley» (art. 53, 1 CE). El reglamento que invada estas materias, no sólo será ilegal, sino que hará incurrir a sus autores e inspiradores en el delito de usurpación de atribuciones previsto en el art. 377 del Código Penal, aunque no exista intención de extralimitarse (TS., SS 22/XI/1888 y 6/VI/1978).

Ni siquiera la típica cláusula legal, «se autoriza al Gobierno para desarrollar o establecer...», es suficiente para que el Ejecutivo regule por su cuenta ninguno de los derechos establecidos en los artículos 14 a 38 de la CE (Sentencia TC 83/1984). Sólo podría hacerlo el Gobierno si contara con delegación legislativa temporal, expresa y circunstanciada en los casos restrictivamente señalados en el artículo 82 de la CE.

El precedente: A partir de un trabajo de Ortiz Díaz en 1957, se admite que el precedente vincula a la Administración española cuando actúa en el ámbito de actividades en las que goza de facultades discrecionales, por aplicación del principio de igualdad, y salvo que surjan razones objetivas de interés público que justifiquen el cambio de criterio.

Me sorprendió gratamente el Tribunal Constitucional, que con base en los principios de igualdad (art. 14 CE) e interdicción de la arbitrariedad (art. 9, 3 CE), en sus Sentencias 49 y 52/1982 y 2/1983, sentó la doctrina de que la igualdad en la Ley, exige la igualdad en la aplicación de la Ley, y consagró contundentemente el valor vinculante del precedente tanto para la Administración como para los Tribunales, y no sólo en el campo de lo discrecional, sino también en el de la interpretación de las normas. Y aunque más tarde en sus Sentencias 63 y 103/1984 matizaría que en ciertos casos cabe apartarse del precedente, no deja de confirmar la doctrina sobre su valor.

Resulta así, que la Administración no puede, sin justificación suficiente, adoptar una decisión o aplicar una norma en sentido diferente a como lo viene haciendo en casos anteriores de idéntica naturaleza. Si en una venta directa se prefiere la nacionalidad a la solvencia, no puede invertirse sin causa suficiente y expresa el criterio anterior.

Pero el precedente, con la fundamentación que le ha dado nuestro Tribunal Constitucional, no debe agotarse en su virtud negativa que prohíbe el cambio. Tiene también una vertiente positiva. Si la Administración opta en un caso por actuar de forma determinada, se obliga a repetir su actuación positiva en circunstancias iguales. Y si no lo hace puede obligársele a ello. La fecundidad de este principio ha de resultar impresionante.

El fraude de Ley: El artículo 358 del Código Penal, castiga como autor de un delito de prevaricación al funcionario que a sabiendas dicta resolución injusta o manifiestamente injusta si lo hace por negligencia o ignorancia inexcusable. Y resolución injusta lo es, no sólo la que viola frontalmente una Ley, sino aquella otra que se ampara en una norma para obtener un resultado prohibido por otra (fraude de Ley, art. 6, 4 Código Civil).

Yo estoy seguro de que no han sido conscientes de ello.

Pero cuando el vicepresidente del Gobierno afirmó y el Presidente ratificó, que si el Tribunal Constitucional dejaba sin efecto la Ley despenalizadora de ciertas prácticas abortivas, pondrían en marcha la maquinaria de los indultos, estaban anunciando la práctica de un delito de prevaricación y confesando la intención de utilizar la vía de los indultos singulares como modo de eludir la Ley. Sin entrar en la polémica de fondo, espero que comprendan que no tienen poder jurídico para tal comportamiento, que también podría ser constitutivo de delito de desobediencia del artículo 369 del Código Penal, según el tenor del artículo 118 de la CE.

La generalidad: Es ésta una nota que ha de cumplir no sólo la Ley, sino también su aplicación y concretamente su aplicación por el Gobierno y la Administración que ha de servir «con objetividad los intereses generales» (art. 103, 1 CE) y aplicar el principio de igualdad (art. 1 y 14 CE).

No es admisible, por ejemplo, que si se considera el mero retraso en el pago de la cuota de los trabajadores a la Seguridad Social como delito de apropiación indebida (apreciación que no comparto) y se tienen relaciones de miles de personas que incurren en dicho retraso, se escojan dos o tres para su denuncia a los Tribunales y no se dé cuenta de las restantes. Si la selección es partidista o represaliante, existe desviación de poder. Si de verdad se cree que lo denunciado es delictivo, se comete el delito del artículo 359 del Código Penal por no denunciar a los restantes implicados. Y si no se cree, se incurre en el del 358 por actuación injusta. En todo caso se manipula la independencia judicial (art. 117 CE) o la imparcialidad del Ministerio Fiscal (art. 124, 2 CE), cuando se preseleccionan arbitrariamente las denuncias.

Un Gobierno debe poseer la legitimidad de origen y la de ejercicio. Si en su acción traspasa las lindes esbozadas, puede retener el poder, pero no conservar la autoridad.

[illegible] cuando el [illegible] Gobierno admite que [illegible] [illegible] convocada [illegible] hasta [illegible] de [illegible] prácticas [illegible] en Andalucía [illegible] de los [illegible] de prevaricación [illegible] la intención de [illegible] de los [illegible] como medio de [illegible] la voluntad de [illegible] que [illegible] poder [illegible] para [illegible] que también [illegible] ser constitutivo de [illegible] 253 del Código Penal [illegible] C.P.

[illegible] que ha de [illegible] la Ley [illegible] Gobierno [illegible] de [illegible] principio de igualdad [illegible]

[illegible] por ejemplo, que [illegible] considera [illegible] de los trabajadores a la Seguridad Social como delito de apropiación indebida [illegible] que no [illegible] Tribunales, [illegible] Si de verdad se cree que [illegible] delito [illegible] del Código Penal [illegible] En todo caso [illegible]

El Gobierno [illegible] Social [illegible] de la [illegible]

Parte cuarta

EL SUPUESTO DERECHISMO EN LA POLÍTICA ECONÓMICA DEL PSOE

I. MOTIVACIONES PSICOSOCIALES DE ESTA IMPUTACIÓN

1. Al ansia de verlo así, como causa

Tras escasos meses de gobernación del PSOE en España se ha ido abriendo camino la idea de que los socialistas están llevando a cabo una política económica de derechas. Se dice tanto y desde tan diversos ángulos, que se ha convertido en un lugar común. Casi un tópico. Y por tanto cuesta muchísimo sustraerse a la influencia de la idea. Y más aún contradecirla, pues ello requiere un análisis detenido y esfuerzo intelectual.

Adelantando mis conclusiones, que voy a tratar de razonar, debo manifestar que no me convence la tesis. Pues si bien pueden encontrarse algunas medidas derechistas en la gestión de política económica socialista, globalmente es una política de izquierdas y socialista, aunque por supuesto no sea revolucionaria, sino moderadamente socialista. ¿Por qué entonces existe esa *communis opinio* sobre el tema? ¿Por qué tanta gente, y tan distinta, «ve» una política económica derechista en el PSOE?

Creo que la psicosociología tendría mucho que decir al respecto. Son muchas y muy diferentes las personas que tienen interés en creer o decir que la política económica del PSOE es de derechas. Y cuando la gente quiere ver algo de una determinada manera, acaba percibiéndolo así. Tanto a nivel individual como en un plano social, hace ya muchas décadas que la medicina descubrió que si un creyente desea vivamente que se le aparezca la Virgen María, en el Palmar de Troya por ejemplo, al final en su cerebro percibe tal visión y precisamente con los caracteres físicos con que se imaginaba a la Virgen, aunque tal «aparición» no se haya producido en la realidad. Y si luego se reúnen creyentes y no creyentes en aquel lugar bajo el anuncio de la aparición, son muchísimos los que sufren la alucinación colectiva, incluidos bastantes de los no creyentes o escépticos. Y los que se empeñan en no «verla» son tachados como obstinados o indignos de tal «gracia». Guardando las distancias, puede ser que algo análogo ocurra respecto del asunto que nos ocupa. Porque son muchas las personas políticamente interesadas o proclives para llegar a tal juicio. Y el hecho de que este interés provenga de ámbitos muy distintos, ayuda a la credibilidad de la visión y aún sirve de estimulante añadido para que se produzca.

2. La imputación desde la izquierda del PSOE

Necesitan imperiosamente presentar como derechista la política económica del PSOE, en primer lugar las fuerzas situadas a su izquierda. Siempre lo necesitarán, pero tanto más ahora, cuando han sido electoralmente arrumbadas por un PSOE que ha engordado con su potencial clientela. Frente a la noción del voto útil, con la que el PSOE hegemoniza el campo electoral de la izquierda y que tan esplendorosos resultados le ha reportado, comunistas y extraparlamentarios de izquierda, precisan, tanto como el oxígeno, para su pervivencia o recuperación política mostrar al PSOE como traidor a los intereses de las capas izquierdistas de la sociedad. Porque si el PSOE realizara efectivamente la política que más conviene a la izquierda, todo izquierdista debería concentrar aún más su voto en el socialismo. La única posibilidad de que comunistas y afines no desaparezcan del mapa político, estriba en convencer a los votantes de esa zona social, de que el Gobierno actual realiza la política económica que interesa a las clases privilegiadas. Es decir, que utiliza el voto de izquierdas en favor de la derecha. Y que el voto útil es un voto fraudulentamente obtenido, o un voto «estúpido».

Viniendo desde el comunismo y adláteres, esta imputación siempre tiene alguna parte de razonabilidad. Aunque la gestión económica del PSOE sea izquierdista, basta que no sea revolucionaria o radicalmente izquierdista, para que haya base de crítica desde esa perspectiva. Siempre será relativamente derechista. Porque, sin duda es menos izquierdista de lo que podría ser. Al menos en sus efectos inmediatos, y aun cuando una mayor dosis izquierdista en la gobernación del PSOE se volviera pronto contra los intereses reales de la izquierda.

Esta afirmación desde la izquierda del PSOE, es mucho más trascendente para llegar a la opinión general que analizamos de lo que en juicio rápido podamos valorar. Porque los comunismos y fuerzas extraparlamentarias de izquierdas viven una profunda crisis estructural. Pero que no les impide seguir ejerciendo una enorme influencia en medios intelectuales y de comunicación, comenzando por los que teóricamente maneja el PSOE. Y porque mantienen intacta su gran capacidad de movilización social y callejera, como se ha demostrado en 1987.

3. Confluencia en la acusación de socialistas y centristas

Mas no sólo son comunistas y afines quienes quieren percibir como derechista la política económica del PSOE. Sino que una parte nada desdeñable de socialistas, también se sienten interesados en obtener tal visión. Porque el conglomerado socialista es muy dispar. En él se integran antiguos comunistas en número nada corto que lógicamente coinciden con socialistas puros en anhelar una dinámica izquierdista más acelerada en la economía. Se les añaden núcleos importantes de socialistas acomplejados porque desde su izquierda les arrebatan sus banderas clásicas y que concretamente llevan a la UGT a sucumbir en las elecciones sindicales ante Comisiones Obreras a pesar de los múltiples apoyos que reciben desde el poder. Y existen asimismo, como en todos los partidos, quienes no gozando de las cuotas de poder que desean, se agarran a la acusación de desviacionismo, como única arma con la que atacar a los más favorecidos por la estructura de poder. Cuando los líderes del PSOE comprenden que su izquierdismo tiene que ser gradual y así lo practican, un enorme contingente de sus correligionarios debe lógicamente acusarles de derechización, lo hagan más o menos discretamente. Pero por muy «bajo cuerda» que lo hagan, los medios de información y formación de opinión «progresistas», lo conocen y no pierden ocasión de servir de altavoces de esa tesis, especialmente cuando coincide con la comunista. Tenemos ya así un amplio frente de agentes sociales repitiendo a coro la idea de la derechización del PSOE.

A estos coros de la izquierda se unen muchas voces de las autodenominadas centristas. Para afirmarse como tales, han de diferenciarse del PSOE. Pero como han de integrar asimismo elementos de derecha y también de izquierda, se ven impulsadas a aprovechar el menor resquicio para decir que en algo son más «progres» que el PSOE. Y la ocasión se les presenta única pudiéndose unir a las procedentes de socialismo y comunismo en la acusación de derechismo a la gestión económica del PSOE.

Hay otro factor más que lleva a algunos centrismos a esta posición. Por su falta de ideología definida, no pueden ofrecer una alternativa de principio al PSOE. Dicen ser de mal gusto la confrontación ideológica. Ello les lleva a la aceptación acrítica de la orientación política del PSOE. Esa política no se discute en sus fundamentos. Es «la única política posible», en la situación presente. Lo cual indirectamente viene a reforzar la idea de que la política del PSOE, más que una política es un recetario técnico de gestión. De ahí a calificarla como política de derechas, hay una distancia casi nula en muchas mentes.

Los centristas suelen presentar su programa alternativo en términos de mejora de gestión y no de orientación global diferente. Ellos creen ofrecer cuadros más preparados que los gubernamentales. Y en esa oferta de mejor gestión radica la esencia de su petición de voto. Es ésta una baza que el centro y la derecha pudieron jugar con fundamento en 1982, pero que carece de virtualidad para 1990. Porque es verdad que, hablando en términos de grandes números y salvando excepciones, la persona que se afilia a un partido de izquierdas está menos preparada que quien lo hace a otro de derechas. Las estadísticas lo muestran y la razón lo explica. Quien ha hecho un gran esfuerzo de preparación para situarse en la vida, es poco propicio a apuntarse a teorías igualitarias. Por el contrario, quien optó por la mínima preparación, tiende a exigir igualdad de trato. Por ello, en 1982, el socialismo contaba con muy poca gente preparada en sus filas. Los «curriculum» de los altos cargos de la Administración socialista eran en 1982, en general, pobrísimos. Pero en 1990, estos mismos señores ya estarán preparados. Ocho años de ejercicio en cargos de responsabilidad, forman a la gente, aunque el precio de su formación sea impagable. Y, por añadidura, al calor del poder, se han ido arrimando muchas personas técnicamente competentes. Unas ingresan en el partido. Otras colaboran con ellos desde posiciones profesionales más o menos cubiertas de barniz «progresista». A unos y otros, recientemente, la dirigente socialista señora García Bloise, en declaraciones públicas, les dedicaba un notable desprecio. Pero ahí están. Y por ello tiene escaso sentido construir una alternativa política al socialismo, para 1990, con la bandera de que nosotros somos mejores o más capaces para gestionar una política cuyas bases orientadoras no se discuten, sino sólo sus aplicaciones o métodos técnicos. Pero, volviendo a la argumentación central de este apartado, lo interesante es señalar que, si la orientación básica de la política socialista no se discute desde el centro, ello significa en la práctica que no se considera típica de izquierdas. Y por ende, complementa la opinión de que es de derechas.

Tenemos, pues, a comunistas y afines, socialistas críticos y centristas, confluyendo en reafirmar la visión de una política económica derechista del PSOE. Y no podemos seguir el recorrido del espectro, sin apuntar otro dato paradójico pero interesante. Y es que en parte de sus manifestaciones, al PSOE oficial, a los dirigentes socialistas moderados, les interesa mucho presentar su política económica como de derechas. El PSOE sabe, y a ello me referiré en el último capítulo de este libro, que si quiere mantenerse en el poder, y no sólo ello sino que si quiere llevar adelante su programa socialista, ha de adoptar una metodología gradual que implica conseguir al menos, la no beligerancia de capas sociales de la derecha en una primera fase. Y por eso, en sus comparecencias ante gentes centristas o burgueses de derechas, y especialmente ante el empresariado, los dirigentes del PSOE les razonan que están llevando a cabo la política económica que sus oyentes reclaman. En definitiva, una política económica de la «derecha moderna». Es una clara e inteligente estrategia de «desmovilización» del adversario. Que produce notables efectos como dato de hecho que contribuye a reforzar la impresión de la derechización económica del PSOE.

4. La derecha se suma a la acusación

a) *El empresario y su interés*

Y el cuadro hay que cerrarlo, anotando que son muchas las gentes de derechas, sobre todo altos empresarios y algunos dirigentes políticos del sector, que también proclaman que la política económica del PSOE es de derechas. Con lo cual la opinión resulta avasalladora. ¿Cómo va a discutirse, si la derecha que podría ser la perjudicada, también lo admite? Vamos a entrar en las motivaciones que tiene la derecha para apuntarse a esta tesis. Posteriormente analizaremos si, cualesquiera que sean las motivaciones, la opinión es o no correcta.

Desafortunadamente, con frecuencia estas personas tienden a extrapolar el supuesto derechismo del PSOE, desde lo económico, que es lo que a ellos realmente les preocupa, a toda la política socialista de cualquier signo. Con lo cual caen en un cierto grado de insolidaridad materialista, pero también en una inconsciencia digna de mención. Porque si la política socialista fuera de derechas en lo económico, pero de izquierdas en otros campos, sería poco lógico no prever que el izquierdismo, antes o después, se trasladaría, desde los otros campos, también al económico.

Hay un error que conviene deshacer. Se piensa que si los empresarios, que naturalmente son de derechas, están conformes con la política económica del PSOE, es que esta política es de derechas. Pero en este silogismo hay una premisa inexacta. La de que el empresario es persona naturalmente de derechas. El empresario, en cuanto tal, es un ser que busca el beneficio inmediato de su empresa y quiere obviamente que le respeten la propiedad de la misma. Si un Gobierno socialista, aunque a largo plazo pretenda suprimir la propiedad privada, en el momento que se vive la respeta y no obstaculiza la generación de beneficios de la empresa, ese empresario, sentirá que, en ese momento que es el que le preocupa, el Gobierno socialista está haciendo la política que le conviene como empresario.

Porque, ser de derechas, y a ello me referiré más adelante, supone defender un modelo ideológico de economía libre. Hay muchos empresarios partidarios de la economía libre, y por tanto de derechas. Pero se puede perfectamente ser empresario sin tener apetencia alguna por la economía libre. Una economía fuertemente intervenida y dirigida, es decir, una política básicamente de izquierdas, colectivista, puede ser compatible con empresarios que conservan la propiedad de sus empresas y que ganan dinero. Mientras no se llegue a la fase siguiente del colectivismo que ya implica la desaparición de la propiedad privada de medios de producción.

b) *Los banqueros y su debilidad*

Apartado singular merecen en España los banqueros, la fuerza económica más poderosa del país, dado el esquema tradicional del sistema económico español que constituye a la Banca, además de en empresas de servicios financieros, en cabezas de los más importantes *holdings* industriales. Pues bien: los banqueros son citados como los casos más destacados en cuanto a declaraciones complacientes para con la política económica del Gobierno socialista. Pienso que tal cita, sin ser del todo exacta, tiene fundamento. En esta etapa socialista ha llegado a producirse un hecho insólito. Los banqueros hicieron una declaración colectiva de apoyo a la posición del Gobierno cuando se convocó el Referéndum de la OTAN, pese a que ninguna fuerza política de centro derecha pidió el «sí», ya que se trataba de una semiintegración en la organización defensiva de occidente. No recuerdo que en el Referéndum de la Constitución, ni en el de la Ley para la Reforma Política, los banqueros se pronunciaran colectiva y públicamente, pese a ser asuntos más claros y trascendentes.

El banquero, en definitiva, es una subespecie del empresario, aunque subespecie distinguida. Y puede creer en la economía libre de la derecha o resultarle indiferente. Por eso, cuando el Gobierno socialista hace crecer desaforadamente los coeficientes obligatorios de la Banca que implican un manejo estatal de la mitad de los depósitos de los Bancos, la medida va obviamente contra un sistema de economía libre, pero como el Gobierno se preocupa de que la inversión de esos fondos cautivos de la Banca, se remunere a tipos próximos a los de mercado, la Banca no deja por ello de ganar dinero. Y el banquero, en cuanto banquero, no puede criticar esta política del Gobierno. Aunque como persona pueda lamentar que atente a los principios de economía libre.

Hay un aspecto en la personalidad del banquero español que no podemos obviar en este análisis. Es la contradicción íntima de su poder. El banquero español es uno de los más poderosos ciudadanos de la nación con respecto al resto de la sociedad. Pero simultáneamente es de los más débiles e indefensos ante el Gobierno. La Banca, ese monstruo sagrado de España, está tan intervenido y condicionado por el poder político, que cualquier Gobierno puede hundir el Banco que desee si se lo propone. Y aun probablemente, no será necesaria una ofensiva paciente aprovechando los múltiples mecanismos de control. El negocio básico de la Banca, que pivota sobre algo tan frágil como es la confianza pública, puede ser simplemente deshecho sin más que una hábil campaña de rumores desconfiados lanzados desde el Gobierno y amplificados por sus medios de difusión. Añádasele a ello la otra cara de la moneda del negocio bancario consistente en ser cabeza de imperios industriales, lo que obliga al banquero a tener permanentemente contactos afectuosos con el Gobierno para que le apoyen en los múltiples problemas que le van surgiendo a las diferentes empresas de sus grupos financieros, algunas siempre en sectores muy intervenidos políticamente, como la energía o la siderurgia, y llegaremos a comprender perfectamente la necesidad en que se encuentra el banquero, si quiere ser responsable en su función de defensor de los intereses que le están encomendados, de mostrarse complaciente con el Gobierno y nunca beligerante en su contra. Sólo en casos límite, en los que el banquero sepa que puede eficazmente derribar un Gobierno, puede permitirse la beligerancia. Pero el poder también lo sabe, y por eso, inteligentemente, rehúye colocarles en situaciones límite mientras la Banca conserva capacidad de reacción. O si lo hace, como ocurrió con Rumasa, se asegura previamente contar con el apoyo del resto de la Banca para compensar aquella reacción. Así son las cosas y así las percibe el banquero, especialmente cuando cuenta con un Gobierno que está decidido a «ir a por todas» como lo proclama el actual (no el Gobierno, pero sí el partido del Gobierno, como explicaré en otra parte). Y si así no lo valoramos, no entenderemos lo que de verdad ocurre en el país.

c) *El síndrome de Estocolmo*

Digamos unas palabras en este momento sobre el conocido síndrome de Estocolmo, definido en psicología como el que sufre el secuestrado, quien en poder de sus criminales raptores, soporta un espectacular cambio emocional, generado, de un lado por el miedo en el que vive, al que se le superpone un sentimiento de gratitud hacia quienes, pese a todo, le alimentan, le dan conversación y aun se preocupan por la salud del rehén. Sobre todo, si como es normal, el más duro criminal tiene algún resorte de piedad y humanidad al ejecutar o colaborar en el crimen. Supongo que no será necesario decir que no estoy llamando criminal a nadie. Tan sólo quiero señalar, con un ejemplo suficientemente gráfico, que el capitalista español (y algún otro tipo de españoles) vive, con respecto al PSOE, bajo unos efectos psicológicos similares a los del secuestrado con el síndrome de Estocolmo. Tenía miedo que un socialismo, con los antecedentes y programas del español, al alcanzar el poder procediese a la nacionalización de sus empresas. El PSOE llegó al Gobierno con un poder político inusual en democracia, exento de frenos externos a su propia voluntad, poder que fue ampliándose e incrementándose con el control de la economía y de la sociedad. Podía haber eliminado la propiedad privada en los sectores que quisiera. Y por si alguien lo dudaba, lo hizo en algunos casos ejemplares, como fue el de Rumasa. Pero se conformó con «controlar» a las empresas, con mayor o menor intensidad, permitiendo que sigan siendo de propiedad privada, y, en muchos casos, facilitándoles la obtención de beneficios. El capitalista, en esta situación, no valora la pérdida de la libre iniciativa económica que sufre, ni quiere pensar en qué puede ocurrir con 15 años de socialismo continuado en el poder. Sólo piensa en que tuvo miedo, tiene miedo, pero ha salvado su propiedad, consigue a fin de año beneficios, y además oye con ansia y avidez cómo el Gobierno, que le retiene en sus manos, le dice que está interesado en mantenerlo vivo, y que conservarlo vivo encaja con los planes que el Gobierno tiene en el momento. No le hable usted a este capitalista de que el PSOE también conserva y reitera su voluntad final de acabar con la propiedad privada de los medios de producción. No querrá oírlo. Ha entregado su simpatía a estos hombres que en medio de su tribulación de ánimo tan afectuosamente le tratan. No pretenda usted razonarles que estas mismas afectuosas personas que en cenas y reuniones les hablan de respeto a la iniciativa privada, son las mismas que en los congresos del PSOE votan la reafirmación del programa máximo del partido, y que por tanto en siguientes legislaturas pueden cambiar de estrategia sin dejar de ser rigurosamente honestas. Lo considerarán una obcecación política. Tampoco les diga que el PSOE puede, en algún momento, cambiar a esos moderados dirigentes de hoy por otros más adecuados a las fases sucesivas de su programa. Yo se lo comenté una vez a un alto financiero. Y me replicó que acababa de verse con Felipe González, quien le tranquilizó afirmando que nunca nadie había tenido sobre el PSOE tanto poder como él. Le dije que eso no es suficiente en política, pues lo tuvieron igualmente Adolfo Suárez en UCD y Santiago Carrillo en el PCE, y lo perdieron en poco tiempo. No le convenció tampoco. Siguió confiando. Aunque muy pocos meses después, ese alto financiero se vio desplazado de su responsabilidad, según dijeron los más solventes medios de comunicación, por indicación hecha en el momento oportuno por los responsables políticos de la economía.

d) *Las advertencias del PSOE*

Al hilo de este discurso argumental, aflora otro dato que contribuye a perfilar el síndrome del capitalista español ante el PSOE. Porque no es solamente el miedo a la nacionalización combinado con el control del PSOE sobre la economía lo que genera el síndrome. Es que el PSOE lanza a los capitalistas españoles unas advertencias inequívocas. Dice la resolución n.° 33 del Congreso del PSOE de diciembre de 1984: «La política de los socialistas debe ir orientada a democratizar las estructuras económicas fomentando los sistemas de participación. Para lo que es preciso facilitar los cambios en la estructura del poder de los colectivos sociales más influyentes. Por ello debemos apoyar nuevas tareas y con ellas *a aquellas personas que están dispuestas a desempeñarlas.*» Dicho en otras palabras, el PSOE está dispuesto a propiciar, mediante los resortes de control que posee, cada vez mayores, el cambio de dirigentes de sectores económicos de titularidad privada, en favor de personas proclives a su política. (Después veremos en qué consiste esa política.) Y si hemos de fiarnos de lo que se dice en ambientes normalmente bien informados, ya ha puesto en práctica más de una vez el propósito que anunció. Lo cual estimula a quienes conservan sus puestos a llevarse bien con el poder. Al menos, en tanto en cuanto ejercen dichos puestos y aunque a título personal puedan tener opiniones discrepantes.

e) *La neutralidad ideológica de las técnicas económicas*

No obstante todo lo dicho hasta ahora, el lector podrá pensar que, aun siendo verdad, no lo es menos que hay muchas medidas de política económica del PSOE en estos años que no encajan con un planteamiento izquierdista o socialista. El lector tiene razón, si así lo piensa. Pero yo le pediría, sin embargo, que no llegue por ello a la conclusión de que el PSOE está haciendo una política económica de derechas, porque estaría efectuando un salto dialéctico erróneo. Veámoslo.

En primer lugar, debo señalar que el patriotismo y el sentido de la responsabilidad no son patrimonio exclusivo de la derecha. Yo siempre reconocí que las izquierdas, sin dejar de serlo, pueden tener estos sentimientos. Y de hecho creo que los actuales dirigentes del PSOE los tienen, razón por la cual son conscientes, en cuanto llegan al poder, de que nuestra economía, si no queremos arruinar España, y con ello eliminar cualquier posibilidad de llegar al socialismo, precisa unos ajustes previos «presocialistas» como dice explícitamente Miguel Boyer en intervención que posteriormente comentaré. Pero sobre el patriotismo genérico de los dirigentes socialistas, Felipe González tuvo el acierto de designar como rectores de su política económica a las personas más competentes técnicamente de su partido, personas que saben que la inflación no es buena para ningún tipo de política económica, sea de derechas o de izquierdas; que conocen que la riqueza de los países, tanto capitalistas como socialistas, requiere una balanza de pagos positiva, y que no ignoran que el manejo de las masas monetarias es un medio positivo para encauzar la economía a los fines que se pretendan, de uno u otro signo. Y como conocen todos estos instrumentos los utilizan. Entonces, la derecha sociológica, acostumbrada en este país a ver que sólo sus propios dirigentes tienen formación técnico-económica mientras la izquierda producía panfletos, cree ver en ello una derechización del PSOE, porque utiliza técnicas que consideraba propias. Sin percatarse de que se trata de instrumentos técnicos y neutros que tanto pueden usarse para una política de derechas como de izquierdas, y que por tanto no definen nada. Sólo revelan que quienes los usan son personas con suficiente nivel de ilustración. Otra opinión sería tan equivocada como creer que mantener a los aviones en vuelo o usar los más modernos modelos de transporte, es de derechas, y que por tanto es de derechas la política del PSOE por preocuparse de que las aeronaves sean pilotadas por personas capaces o por desplazarse en sus viajes en los más rápidos aviones. Si los medios técnicos económicos que maneja el PSOE no son típicos de izquierdas, ello no permite decir que lo sean de derechas. Son ambivalentes. Lo que se impone es determinar al servicio de qué orientación política se utilizan esos instrumentos neutros (1).

f) *La necesidad de juzgar el signo de una política económica por su globalidad y por sus fines orientativos*

Con ello vamos aproximándonos al meollo de la cuestión. Pese a lo cual hay que hacer alguna labor más de aclaración. Porque una política es de derechas o de izquierdas según cual sea la orientación dominante de sus medidas. No deja de ser de derechas porque haya decisión aislada de izquierda, ni a la inversa. Y digo esto porque, efectivamente, en estos años de gobierno socialista podemos encontrarnos con alguna me-

(1) No faltan autores que llegan a calificar la lucha contra la inflación como izquierdista. Así Richard A. Musgrave, en *The taxt revolt*, 1979, dice: «La inflación impulsa el clima político hacia la derecha (un hecho que los liberales norteamericanos tardaron en percibir), y por tanto engendra una actitud contraria al sector público.» Recuerde el lector que en los USA, «liberal» no equivale al liberal europeo, sino al izquierdismo tenue socialdemócrata.

El autor de este libro, sigue defendiendo el carácter neutro de la lucha contra la inflación. Tan neutro como la puesta a punto de las rotativas de un periódico. Es la intención que se ponga en el diario impreso, en aquellas rotativas, lo que será de izquierdas o de derechas.

dida de política económica de derechas. Por ejemplo, el Real Decreto Ley de 30 de abril de 1985, en el cual Boyer consagró la supresión de la prórroga forzosa para los arrendamientos urbanos concertados con posterioridad a su entrada en vigor. Cierto que esta medida se adopta cuando el Gobierno comprueba que lleva dos años en el poder y la inversión no crece, sino que disminuye. Y se hace preciso fomentar la construcción de viviendas lo cual requiere que haya compradores que puedan arrendarlas sin las trabas de la legislación vigente. Pero la medida sí que es típicamente de derechas, pues va en la dirección de libertad de mercado y de iniciativa. Y lo que debemos preguntarnos es si estas medidas de derechas son o no significativas en la política del PSOE. Si son las predominantes o resultan hechos aislados.

Cuando una fuerza política se convierte en dominante o hegemónica, tiende a convertirse en «movimiento» más que en partido. Provoca la existencia de varias tendencias en su seno, de modo que la mayor parte de la población del país se sienta algo representada en el poder. Es la manera de suprimir las angustias de algún sector de la población que en otro caso apoyaría posiciones de rebeldía. Integrar lo más posible al pueblo como método para permanecer en el poder sin necesidad de represión. Así ocurre en Rusia. Como así ocurrió en la España de Franco. Ello no significa que Gorbachov deje de aplicar una política comunista en la Unión Soviética, ni que el franquismo haya abandonado sus postulados de derechas. Aunque adoptara medidas de otro signo. ¿Duda alguien de que el balance de la política franquista haya sido de derechas? Supongo que no. Y sin embargo, yo invito a mis lectores a que repasen el programa electoral del Frente Popular de 1936. De sus 34 concretas medidas, 30 fueron aplicadas por Franco, y aun en forma frecuentemente más ambiciosa que la pretendida por el Frente Popular. Y Franco no dejó de permitir y aun de apoyar una corriente izquierdista en su régimen, que se proclamaba a veces socialista (el «socialismo nacional» del que hablaba Fernández Miranda), o que pedía insistentemente la nacionalización de la Banca (Falange), o que clamaba contra el capitalismo burgués (el gironismo). Lo auspiciaba y hacía muchas reformas según sus exigencias. Pero eran «correctivos» a una política económica y general de corte derechista, de forma que potenciaban y estabilizaban esa política de derechas.

Repito que cuando pongo ejemplos no pretendo señalar identidades. No quiero que ni unos ni otros se ofendan con la comparación. Es un sistema puramente didáctico. Porque el PSOE quiere ser y es un partido hegemónico. Al menos en esta primera fase de su caminar hacia el socialismo, pretende contar, y de hecho cuenta, con el apoyo de sectores burgueses y de clases medias que no son socialistas. (Volveré en otras partes a incidir y fundamentar esta afirmación.) Practica para ello una política de «movimiento progresista», permitiendo, pese a su rígida disciplina, voces diversas, en una diversidad que el propio González declaró estimular. Consigue así un amplio espectro de voto que le permite gobernar y permanecer establemente en el poder, y drena la agresividad de quienes no se sienten identificados con su política dominante. Ello les obliga a hacer bastantes declaraciones verbales gratas a sectores de la derecha, y a poner en práctica algunas medidas de derechas, aunque muchas menos de las que se desprenderían de sus verbalismos ante los auditorios de la burguesía. Pero sin dejar de hacer una política de izquierdas conducente a la meta socialista. Como voy a explicar yo. Pero como también lo afirman ellos mismos. Leamos este sustancioso párrafo del punto 2.2 del Congreso Extraordinario del PSOE de 1979 (ratificado expresamente en todos los siguientes Congresos): «El avance hacia el socialismo exige unas condiciones políticas que lo hagan posible: condiciones institucionales y condiciones sociales. La "revolución de la mayoría" de la que ya hablaba Engels, implica, pues, una política de masas, una política en la que los socialistas, como fuerza mayoritaria de los trabajadores y del pueblo, hemos de impulsar la *creación de un amplio y mayoritario bloque social* contra la dominación capitalista, rechazando el vanguardismo y el sectarismo, e impulsando la unidad social de una amplia mayoría. La revolución no es el «gran día», sino el proceso permanente y conflictivo para generar el cambio de sociedad. Este proceso de cambios, sean radicales o graduales, de la sociedad y del Estado, pone de forma permanente sobre la mesa el tema del poder burgués. Y por lo tanto, la cuestión de *valorar nuestros objetivos tácticos en función de la relación de fuerzas.* Para alcanzar el poder es preciso contar con el apoyo y la participación de una nueva mayoría en una revolución lenta de la sociedad, dirigida en tres direcciones: en el terreno político-institucional (reforzando, ampliando y profundizando la democracia y las libertades), en el terreno económico (ampliando el área de participación y decisión colectiva en los centros de poder económico) y en el campo de la sociedad civil (creando nuevas formas de organización cultural de la sociedad, impulsando la hegemonía social de los trabajadores y del pueblo). *Los progresos no serán lineales, ni de golpe, ni simultáneos,* ni los podemos dejar a la espontaneidad de cada sector. El socialismo es también precisamente esto... Corresponde a los trabajadores, y por tanto a los socialistas, situarlo bajo su dirección de clase y darle unos *objetivos a corto, medio y largo plazo, para evitar los peligros,* de una «situación catastrófica» o de una «falsa posición» de los socialistas... Nuestra estragedia deberá centrarse en la formación de un amplio bloque de clases, agente de las transformaciones revolucionarias y en la afirmación de su protagonismo constante en la lucha por la democracia y el socialismo... Al PSOE incumbe, asumiendo su responsabilidad como alternativa mayoritaria, la impulsión y formación de este nuevo bloque social, centrado por los sectores más concienciados en la lucha contra el capitalismo... *Dada la existencia de contradicciones* entre los distintos sectores sociales que se pueden integrar en el bloque de clases, *la unificación* de todos ellos *tiene un carácter de compromiso: el compromiso por el socialismo.* La profundización en el estudio de características y situaciones, de las aspiraciones e intereses de los distintos sectores que componen el bloque de clases, será la vía para hacer posible un compromiso sobre *alternativas programáticas que han de ir concretizándose y pormenorizándose paulatinamente...»* Son éstas unas ideas que están y se repiten machaconamente en todos los autores marxistas comenzando por el propio Marx. Pero por lo que afecta al tema que ahora estoy tratando, supone la confesión de que para llegar al socialismo, y precisamente porque lo buscan, han de ir tanteando el terreno y admitiendo quiebros tácticos en la línea de avance, para así integrar en su favor apoyos de gentes con intereses diversos, y sin concretarles anticipadamente las medidas que vendrán después de las presentes. Es la inteligente asunción de medidas de derechas en medio de un paquete medularmente de izquierdas. Como probaremos.

g) *La bonanza empresarial*

Y antes de concluir este epígrafe de las motivaciones psicosociales que influyen en la atribución al PSOE de una política económica de derechas, citaremos por último una que puede impulsar en tal sentido el ánimo de algunos empresarios en estos momentos. Me refiero a la bonanza económica en la que se encuentran ahora muchas empresas españolas. El empresario español llevaba diez años viviendo entre grandes dificultades y bajo Gobiernos de derechas. Llegó el socialismo al poder, y aunque en sus dos primeros años la situación se agravó, en 1985 y 1986 muchas empresas comenzaron a revivir. El empresario está eufórico, y simplificando sus razonamientos, piensa, y dice, que le conviene más un Gobierno del PSOE que otro de derechas como los últimos que vivió. De donde, siguiendo con la simplificación, se deduce que el PSOE hace política económica de derechas ya que favorece el excedente empresarial.

Tal juicio, no es sólo simple, sino equivocado. No quiero ahora ni defender a los Gobiernos de UCD, ni atacar a los del PSOE. Pero no cabe ignorar que todo el mundo, y España también, ha sufrido una gravísima crisis económica provocada por el brutal encarecimiento, a partir de 1973, del precio del petróleo, y que los últimos Gobiernos de derecha que hubo en España, gestionaron nuestra economía en tan adversas circunstancias. El PSOE tuvo la gran fortuna de comenzar a gobernar cuando el precio del barril de crudo petrolífero vuelve a bajar, desapareciendo por ello la causa fundamental de la crisis y reapareciendo en occidente un período de prosperidad que impulsan Estados Unidos, Japón y la República Federal Alemana principalmente. Pese a ello, el Gobierno socialista mantiene bajo mínimos la economía española en 1983 y 1984. España tarda en incorporarse a la reactivación general. Ello provoca que los activos empresariales españoles sigan infravalorados en el mercado español, y como consecuencia los inversores extranjeros —ya en ola de prosperidad— se lanzan con avidez especulativa a comprar empresas españolas o títulos valores de empresas españolas a muy buen precio todavía, sabiendo que en pocos años valdrán mucho más. Entran en España muchos miles de millones de dólares que refuerzan el beneficioso efecto de la baja del petróleo. Fluye el dinero en nuestros mercados y las empresas se animan. No quiero restarle al Gobierno los méritos que pueda haber tenido en esta reanimación. Pero sí afirmar que la reanimación no se produjo porque el Gobierno haya hecho una política de derechas. Que vino por causas externas, a pesar de las medidas izquierdistas del Gobierno. Aunque es verdad que podría haberse frustrado si el izquierdismo del Gobierno, en vez de económicamente moderado, lo hubiera sido radical (1).

Con todos estos factores, se comprenderá que exista una irracional tendencia a considerar como de derechas la política económica del PSOE. Aunque no lo sea. Y así vacunados contra esa infección social de la opinión pública, estamos ya en condiciones de valorar objetivamente si la política socialista es de derechas o de izquierdas.

(1) Atención. Parece que los grandes movimientos especulativos internacionales que traían la inversión extranjera a España, comienzan a orientarse hacia Lisboa a partir de 1987.

II. LO QUE LA DERECHA ECONÓMICA APLAUDE DE LA POLÍTICA SOCIALISTA. JUICIO CRÍTICO

1. Posición ante el déficit público. Realidad y sentido

Cuando me encuentro con empresarios o políticos que atribuyen al PSOE una política económica de derechas, siempre aprovecho para preguntarles cuáles son a su juicio esas políticas derechistas del socialismo gobernante. De modo que ahora puedo examinar el catálogo de acciones supuestamente derechistas del PSOE.

Se dice que el socialismo se ha vuelto derechista, porque pasó de animar el déficit público cuando estaba en la oposición, a combatir el mismo déficit desde el Gobierno. Yo no estoy de acuerdo con que combatir el déficit público sea una política de derechas. Me parece más bien una de esas políticas neutras o de sentido común que lo mismo la practica la Thatcher que el dictador Jaruzelsky. Pero es que tampoco es cierto que los socialistas se hayan vuelto enemigos del déficit, más allá de las palabras. Dicen que han «detenido» el déficit. Pero por «detener» el déficit entienden repetir todos los años el mismo nivel de déficit. Es decir: saldar cada año el presupuesto con 1,5 billones de pesetas negativos en la previsión y 2 billones negativos en la realidad según los datos de la AEB. Los porcentajes del déficit sobre el Producto Interior Bruto que nos presentan, entre el 5 % y el 6 %, son escasamente tranquilizantes. En primer lugar porque miden el déficit previsto y no el real que anda en torno al 10 % del PIB cada año socialista, mientras hay países europeos como Dinamarca que ya en 1985 cerraron con superávit, o la República Federal Alemana que no llega al 1 %. Y la comparación que hacen de su déficit con la de los Gobiernos españoles de derechas que les precedieron en el poder está trucada. La verdad es que el déficit público durante la democracia fue del orden del cero por ciento en la etapa Carriles, para llegar a cerrar 1980 con el 2 % sobre el PIB. Pese a estarse viviendo lo peor de la crisis económica. Y es cierto que, aun en plena crisis, cuando Calvo Sotelo accedió a la Presidencia del Gobierno y le dio el poder económico a los socialdemócratas de UCD, capitaneados por Juan Antonio García Díez, el déficit público se disparó para satisfacer al PSOE. Del 2 % de 1980 al 3 % en 1981. Y según el PSOE, del 3 % de 1981 al 6 % de 1982. Pero a ello hay que hacer las siguientes matizaciones: 1.ª) Que el supuesto 6 % de Calvo Sotelo-García Díez, es un porcentaje de déficit de cierre y no de previsión. Habría que compararlo entonces con el 10 % de cierre del PSOE y no con el 5/6 %. 2.ª) Que el cierre del ejercicio de 1982, se hizo con el PSOE gobernando en el mes de diciembre, y en ese mes, el Ministerio de Hacienda impartió instrucciones escritas y telegráficas para cambiar los criterios tradicionales de contabilización, imputando a 1982 pagos a efectuar en 1983, con lo que aligeraron el Presupuesto de 1983 cargándolo al déficit de 1982 que soportó así pagos derivados de 1981 y los efectuados en 1983. 3.ª) Que los déficits de los Gobiernos de derecha tienen cierta justificación, como producidos mientras duraron los altísimos precios del petróleo. Los de los Gobiernos del PSOE se producen con un petróleo barato.

La gestión de los recursos públicos es con el PSOE, cuando menos, poco rigurosa. No voy a entrar en el análisis de las consignaciones presupuestarias, porque sería excesivamente prolijo. Y ya se denuncia por la oposición cada año. Consiguen presentar balances saneados de las empresas públicas, a base de vender sus activos, o no hacer amortizaciones o aprobar inyecciones presupuestarias de cientos de miles de millones. Y tras asumir la deuda iberoamericana para con los exportadores españoles, vía CESCE (Consorcio Español del Seguro de Crédito a la Exportación), nuestro Presidente del Gobierno se va al Perú y declara que comprende que los países del tercer mundo no paguen su deuda (importante con España). Yo niego la intención que algunas personas creyeron ver en ese gesto de Felipe González, como tendente a captar votos para la Presidencia de la Internacional Socialista. No lo puedo admitir dado el patriotismo que les reconozco a nuestros gobernantes. Pero sin duda que es una ligereza. El jefe del Ejecutivo de un país acreedor no puede propugnar que sus deudores no paguen. Aunque comprenda la situación difícil del país deudor, tiene que adoptar una posición menos complaciente que permita a sus negociadores obtener las mejores fórmulas posibles de rembolso de la deuda. Es en los resultados donde hay que mostrar el grado de comprensión compatible con nuestras necesidades (que también existen). No en los planteamientos, que dejan a nuestros negociadores atados ante las exigencias, lógicamente maximalistas, de la contraparte. Y, ¿qué decir de un presupuesto pretendidamente ajustadísimo para combatir la inflación, que se salta al comienzo del ejercicio poniendo sobre la mesa 50.000 millones de pesetas adicionales para calmar algaradas callejeras de estudiantes de Bachillerato?

2. España en Europa. Significado y condiciones

El Gobierno socialista ha introducido, por fin, a España en las Comunidades Europeas. Aunque para ello no haya hecho sino culminar un proceso iniciado bajo el mandato de Franco, merece ser felicitado, y yo me apunto a la felicitación. Es la consumación de una vieja y sentida aspiración política. Aunque es poco creíble la idea de que entrar en las Comunidades Europeas constituya una política de derechas, cuando hasta los comunistas son partidarios de tal integración.

Yo me cuento entre las personas que anhelan la unidad política de Europa. Pero a veces me pregunto, ¿hasta qué punto? Si Europa va del Atlántico hasta los Urales, con dos terceras partes de su territorio sometida a dictaduras comunistas, ¿de verdad quiero yo integrarme en una Europa política con tal composición? Y realmente tengo que matizar que la Europa unida que yo deseo, es la de un tercio de Europa en este momento. La unidad política de la Europa occidental.

Por otra parte, la unidad europea se va fraguando mediante diversas vías y mecanismos institucionales. Tenemos el Consejo de Europa, una estructura política sin contenido económico, en el que España ya estaba plenamente integrada antes de la llegada de los socialistas. Un español es su Secretario General, máximo órgano ejecutivo. Otro fue Presidente de su Asamblea. Y yo mismo, siendo miembro del Gobierno, participé y aun presidí sesiones deliberantes de tal organización.

Cuando bajo el mandato del PSOE, decimos que hemos «entrado» en Europa, lo cierto es que hemos accedido a otra estructura europea, muy importante, pero no total, el llamado Mercado Común, compuesto por tres comunidades básicamente económicas (la CEE, la CECA y el EURATOM). Hemos entrado en un club concreto europeo que crea un espacio económico común y apenas nada más. Con unas reglas muy específicas que no han sido establecidas precisamente pensando en el beneficio de España, sino más bien en el de sus fundadores. E instrumentando la adhesión con un tratado igualmente muy particular que casualmente ha generado importantes déficits de nuestra balanza comercial con la CEE que antes nos era positiva. Nuestros negociadores socialistas estoy seguro que han derrochado buena voluntad y esfuerzo. Han pasado noches en blanco negociando, y ello, como a los estudiantes en época de exámenes, les produjo autosatisfacción. Pero el tratado no puede decirse que haya sido bien elaborado. Seguramente ha primado la prisa por obtener un tanto político y popular. Voy a citar un ejemplo: en el delicado capítulo de la siderurgia, nuestros negociadores aceptaron cupos de exportación de España a la Comunidad, para que las siderurgias europeas no sufrieran la competencia de la española, que vive básicamente de la exportación. Pero se olvidaron (?) de establecer cupos de exportación de la siderurgia comunitaria a España, con lo cual el ya pobre mercado siderúrgico interno español quedó en manos de los europeos, añadiendo un golpe más a nuestra ya debilitada siderurgia. Hubo que invocar, en el mismo momento de entrar en las Comunidades Europeas, la famosa cláusula de salvaguardia, concebida para circunstancias excepcionales, lo cual empeora nuestras posiciones negociadoras. Adolfo Suárez ha dicho en el

Parlamento que hay que renegociar nuestra adhesión al Mercado Común. Probablemente antes que renegociar, habría que hacer un balance para que podamos saber si económicamente España saldrá más beneficiada que perjudicada con la adhesión. Porque no lo sabemos realmente. Operamos con criterios políticos y con intuiciones de que al final puede ser mejor estar dentro. Pero de momento no es así. No estoy sosteniendo que la integración en las Comunidades sea mala para España. Sólo digo que es, fundamentalmente, una operación económica, y que de verdad nadie sabe si económicamente favorecerá a España. Y que habría que saberlo. Aunque entretanto yo participo de la intuición de que va a favorecernos.

Políticamente es un logro. Nos coloca en una órbita deseable. Aunque ya estábamos en ella, pero ahora con más peso y estabilidad. Ello, dada la complejidad de los mecanismos intracomunitarios, tiende a moderar la política nacional. Lo cual es positivo. Pero es algo ingenuo creer que fuerza a seguir una política derechista. Europa, pese al Mercado Común, se despega cada vez más del avanzado desarrollo de Estados Unidos y Japón que sí caminan con políticas de derechas. El Mercado Común Europeo no es una institución de derechas. Se limita a crear un espacio económico intracomunitario (común también lo es el de la Unión Soviética), sin fronteras aduaneras, y un principio de libre competencia sin discriminación de nacionalidades integradas. (Pero sin pronunciarse sobre la naturaleza pública o privada de los agentes económicos.) Es, pues, un modelo esencialmente neutro en la dialéctica izquierda-derecha. Que puede servir igualmente a políticas de uno u otro signo. Y de hecho, el socialismo francés con Mitterrand, procedió a una ola de nacionalizaciones importantísima, sin que ello menoscabara la vigencia del Tratado de Roma ni hiciera chirriar gozne alguno de la Comunidad. Si las nacionalizaciones se pararon en Francia y luego siguió un proceso reprivatizador, ello se debió a que la economía interna francesa, ante un golpe tan radical y apresurado, se resintió muy negativamente y más tarde a que la derecha francesa, socialmente más estructurada que la española y con unos líderes políticos más realistas que los de este lado de los Pirineos, se unió, reaccionó y ganó las siguientes elecciones.

3. La reconversión industrial. Lo admirado en ella

Nuestros capitalistas parecen haberse deslumbrado ante la decisión y firmeza con que el PSOE acometió la reconversión industrial. Les atribuyen el hacer lo que la derecha debiera haber realizado y no se atrevió. En cuya afirmación hay una serie de apriorismos discutibles. Porque la reconversión no es un invento socialista, sino que ellos se limitaron a continuar una política ya iniciada por los gobiernos de UCD y refundiendo, en su nueva ley, las mismas medidas que el franquismo estableció para las industrias y zonas de interés preferente. Y porque también es discutible que la política estatal de reconversiones, suponiendo un dirigismo político sobre la economía y declarando por decreto qué empresa debe sobrevivir y cuál morir y en qué condiciones de producción han de mantenerse las que sobrevivan, sea una política «de derechas». En un terreno dogmático, lo es más bien de izquierdas, aunque también la haya practicado Franco.

Pero no quiero ser dogmáticamente liberal. Y desde mi perspectiva política no socialista, admito que en ciertas coyunturas pueda el Estado entrar a practicar reconversiones industriales. Y que esas reconversiones puedan ser un acierto. Pero no serán un «acierto socialista», sino de los Gobiernos de Franco, de la UCD y del PSOE. Con todos los desaciertos propios de una política «dirigista», que habrán existido en las tres épocas, y desde luego también en la socialista. Recuerden ustedes la reconversión de la construcción naval del PSOE. En el País Vasco se preguntaron por qué se decretaba para un astillero y no para otro vecino. Y la contestación fue, al parecer, no convincente. En Galicia se acordó el cierre de varias empresas que la Xunta de Galicia consideraba viables. El Gobierno hizo oídos sordos, y sin embargo una de esas empresas, situada en la ría de Vigo, ha sido recientemente comprada y relanzada por capital americano, lo que parece demostrar la torpeza de la decisión que se estaba ejecutando.

Si analizamos detenidamente el fenómeno, seguramente comprobaremos que lo que emocionó al capitalismo español fue la firmeza con la que el ministro de Industria del PSOE dijo que cerraría factorías y despediría al personal sobrante, a pesar de la fuerte resistencia sindical y popular. Sin embargo, después de tanta firmeza verbal y tanta protesta callejera, la realidad fue que a los trabajadores sobrantes se les despidió manteniéndoles sus haberes y con compromisos de recolocación en plazo de 3 o 4 años. No censuro la solución que a mí me resulta grata. Lo que sugiero es que no hay razón para que el capitalista español se sienta emocionado por la firmeza del PSOE ante los trabajadores y sindicatos de izquierdas.

4. La superior facilidad para la concertación social. Realidad

Con estas observaciones, llegamos colateralmente a otros puntos que constituyen las ventajas que el capitalista atribuye a un Gobierno socialista. Se repite hasta la saciedad que al empresariado español le conviene un fuerte Gobierno socialista (siempre, claro está, que mantenga un izquierdismo ficticio), porque está en óptimas condiciones para lograr la concertación social y evitar los desmanes populares.

El argumento tiene una presentación muy atractiva. No hay más eficaz cuña contra los movimientos izquierdistas que la de un Gobierno de izquierdas. Pero para ello sería necesario que ese Gobierno de izquierdas se pusiera en cabeza de las reivindicaciones de la calle. Si su izquierdismo es moderado, como de momento ocurre con el PSOE en materia económica, sucederá lo contrario. Se provocan cada vez más apetencias populares a las que no se da satisfacción, y la vida social se radicaliza crecientemente, tendiendo a acelerar la radicalización gubernamental si no quieren perder el control de gran parte de sus votantes.

No estoy haciendo un puro discurso teórico. En esta etapa democrática, los Gobiernos de UCD, vivieron casi siempre con pactos sociales firmados entre derecha e izquierda, o entre empresarios y trabajadores. Fueron sucesivamente los Pactos de la Moncloa, el AMI y el ANE. Llega el PSOE al poder, y, a pesar de coincidir con la bajada de los precios del petróleo y la desaparición de la principal causa de la crisis económica internacional e interna, su primer bienio 1983-1984, transcurre sin pacto social. Para el siguiente bienio, 1985-1986, consiguen firmar el AES, pero sólo con su propio sindicato, UGT, y aun así, pactando unas subidas salariales iguales a la inflación (en la etapa anterior siempre lo fueron por debajo de la inflación), otorgando a los sindicatos importantes subvenciones presupuestarias (que en la etapa anterior se habían concedido como «a cuenta» de la devolución del patrimonio sindical), prometiendo (y cumpliendo) la devolución del patrimonio sindical histórico (aparte de las consignaciones presupuestarias) y el derecho de uso sobre el patrimonio sindical acumulado, y comprometiéndose a introducir factores autogestionarios en la dirección de las empresas públicas (pero no mediante la representación de los trabajadores de las empresas, sino a través de designaciones de la burocracia de UGT).

Para el bienio 1987-1988, parecía que se iba a firmar un nuevo convenio, aunque sólo con UGT. Nicolás Redondo consigue en setiembre de 1986 que el Gobierno, al redactar la Ley de Presupuestos de 1987, eleve el objetivo de inflación y de alzas salariales, del 4 % al 5 %. Y el Gobierno, coincidiendo con el inicio de las elecciones sindicales, le adelante a UGT 4.000 millones de pesetas como anticipo de la devolución del patrimonio sindical. Los demás sindicatos protestan en vano. Pero, aun con todo el apoyo del aparato del poder, UGT pierde las elecciones sindicales en favor de Comisiones Obreras. Se ve obligada a radicalizarse, y no se firma pacto social para el bienio 1987-1988. ¿En qué ha quedado la manifiesta ventaja teórica de un Gobierno de izquierdas para conseguir la concertación social con los movimientos sindicales de izquierdas? La experiencia parece demostrar que un Gobierno socialista necesita superar su moderación izquierdista si quiere contar con el consenso de las fuerzas sindicales de izquierda. Dada su posición negociadora de origen, tiene que ceder más, en términos absolutos, que un Gobierno de derechas.

5. La contención de las masas. ¿De verdad?

Y ¿qué pasa con la agitación social? Creo que las estadísticas demuestran que se engaña el empresario que cree que con el PSOE tiene garantizada la paz social y la laboral. Repásense los datos de horas perdidas por huelgas y comprobará el lector que el PSOE ha batido todos los récords de la etapa democrática. Y si de las huelgas pasamos a las manifestaciones y algaradas callejeras, el saldo negativo del PSOE es tremendo. Desde la guerra civil, nunca en España hubo tanta protesta en la calle, y tan variada, como bajo el Gobierno socialista. Ya sé que se trata del lícito ejercicio de derechos constitucionales. Pero ello no obsta a que con la intensidad que se practica sea inconveniente para el país. Pero es que, además, no toda la protesta es legal. Sin reparar en los conatos de violencia que se producen en muchas manifestaciones legales y en las coacciones de piquetes en numerosas huelgas, se están produciendo otras protestas multitudinarias que van mucho más allá de lo lícito. Cuando los campesinos ocupan fincas privadas en Andalucía; cuando ciudades como Vigo (y otras como Gijón) son cerradas en sus accesos de carretera, ferrocarril, puerto marítimo y aeropuerto, o cuando los operarios de una fábrica retienen contra su voluntad a los directivos, las actuaciones son ilícitas. Y la acción del poder, democráticamente legitimado y asistido de la presunta autoridad moral que le confiere ser de izquierdas, es francamente débil. Las fuerzas del orden —lo vemos a menudo en televisión— acuden ante las barricadas, pero simplemente para que los desmanes no sean mayores, y a veces, como en marzo de 1987 en Reinosa, en vez de detener a los secuestradores, son detenidas por ellos. Y a la debilidad se une la cesión de posiciones si la manifestación contraria deja de ser pacífica y se hace violenta. Lo que era malo al comienzo de la revuelta estudiantil en el curso de 1986-1987, se hace bueno y se dota con 50.000 millones de pesetas en pocos meses (1).

Yo comprendo el deseo de los gobernantes socialistas de evitar males mayores en cada protesta social. Pero eso no debe impedirnos constatar que no controlan a las «masas» y que éstas se levantan más contra el PSOE que contra la derecha, aun-

(1) Si el lector repasa las declaraciones de Zonas de Urgente Reindustrialización que ha hecho el Gobierno del PSOE, comprobará el dato sintomático de que esas declaraciones se hicieron para zonas en las que hubo protestas que degeneraron en graves conflictos de Orden Público y con posterioridad a dichos conflictos. Salvo Madrid y Barcelona.

El autor de este libro, cuando ya tenía redactado el manuscrito se encontraba en Cantabria queriendo volver a Madrid un día en que ferrocarriles y aviones estaban bajo los efectos de la huelga. Los ganaderos acordaron cerrar también las carreteras de las 10 a las 18 horas. Se pasó el día retenido en la carretera. Hablando con el mando de la Guardia Civil presente en el punto de bloqueo, éste manifestó al autor que sus órdenes consistían en no tratar de romper las barreras y que tampoco tenía instrucciones de tomar nota de los autores del bloqueo a efectos administrativos o penales.

que pueda parecer contradictorio (1). Y que están adquiriendo una capacidad logística de organización, movilización y paralización de la vida pública notables. Frente a la cual no se aprecia respuesta adecuada. Yo no conozco que haya fuerza político-social capacitada para ello, que tenga asimismo la intención de ocupar algún día revolucionariamente el poder. O al menos eso quiero creer, si bien alguien tendría que estar barajando la hipótesis contraria. Pero, por el camino que vamos, si esa eventualidad se produjera, las fuerzas del orden estarían inhibidas o simplemente actuarían para que la asunción revolucionaria del poder se produjera con los menores daños posibles.

6. Empleo y relaciones laborales. ¿Dónde estamos?

Tampoco carecen de buena voluntad los gobernantes socialistas en materia de empleo. Su sensibilidad social tiene que estar dolorosamente golpeada al comprobar que su gestión aumenta en España el número de parados. Han conseguido poner a España a la cabeza de los países de la OCDE, en tasa de parados sobre la población activa. Por encima de países como Irlanda, Portugal, Grecia o Turquía. Y ello, aun a pesar de que nuestro índice de ocupación laboral es muy bajo, con lo cual ya el término de comparaciones es bastante más reducido que en Europa. Y tratan de solucionarlo. Pero ¿cómo? Pues según el AES, creando un mínimo de 25.000 empleos netos año en el sector público. Que en 1985, fueron 133.000 y en 1986, 40.000 (fuente: AEB). Intentan paliar el paro mediante una alarmante inflación de las plantillas de las Administraciones Públicas, desviando como consecuencia recursos desde sectores productivos a gastos consuntivos innecesarios, pues no aumentan los servicios que se prestan a los ciudadanos. Son empleos-remedio, pero que inevitablemente van reduciendo el ámbito del sector privado de la economía, en favor de una creciente expansión del sector público. Valore el lector el siguiente dato sintomá-

(1) La conflictividad social que sufre España bajo el Gobierno socialista, es con mucha diferencia la mayor que ha habido en nuestro país desde la guerra civil.

Según el alcalde de Madrid, sólo en marzo de 1987 hubo 273 manifestaciones en las calles de la capital de España; 9 por día natural.

tico. Al haberse puesto en funcionamiento a partir de 1982, las 17 Comunidades Autónomas, el número de Direcciones Generales de la Administración Central del Estado, tendría que haberse reducido drásticamente. Pues bien. No ha habido rebaja sustancial, ni reducción pequeña. Ni se ha mantenido su número. Por el contrario: se han incrementado.

Y en cuanto a las relaciones laborales, nuestros gobernantes saben, que guste o disguste, la competencia de la Comunidad Europea, y no digamos la del Japón y EE.UU., impone una mayor flexibilización si no queremos sucumbir económicamente. Lo saben y lo dicen, para satisfacción del capital hispano. Pero no lo hacen. Lo dejan para que sea objeto de negociación entre CEOE y sindicatos, absteniéndose el Gobierno, cuando realmente es un asunto legislativo de su incumbencia. Hoy por hoy, las figuras flexibles en el mercado del trabajo, son prácticamente las mismas que el Gobierno socialista prorrogó de las vigentes con UCD, aunque el empresariado apenas las conociera y practicara anteriormente.

7. Sentido de mi exposición

Tras este breve recorrido, alguien puede entender que pretendo descalificar la gestión económica del Gobierno socialista. Pero no es tal mi intención en este momento. Cualquier Gobierno, y por supuesto también el Gobierno socialista, programa y ejecuta cada día numerosas acciones beneficiosas para la comunidad. La diferencia entre Gobiernos radica en su orientación favorable o perjudicial, y en su eficacia, mayor o menor. Pero cuando se preocupa por el abastecimiento de mercados, o por el funcionamiento de los hospitales o la fluidez del tráfico, etc., realizan actos positivos. Lo que ocurre es que, en este epígrafe del libro, lo que trato de razonar es que las ilusiones que el capitalista español se ha forjado respecto de la actuación supuestamente derechista del Gobierno del PSOE, son muy poco fundadas, y que seguramente debe revisar sus opiniones y ser más consciente del terreno en que se mueve. Lo cual tampoco significa que un Gobierno de derechas deba dar satisfacción a cualquier interés capitalista. En otra parte de este libro matizaré mis posiciones sobre este último punto. Aquí, quiero significar, que no he tratado de hacer una crítica al socialismo desde el capitalismo, sino un análisis de lo equivocado que están los capitalistas que creen preferible para ellos ser gobernados por el PSOE.

III. EL IZQUIERDISMO REAL EN LA POLÍTICA ECONÓMICA DEL PSOE

1. ¿Qué es una política económica de izquierdas?

En un siglo en el que las dos grandes opciones de política económica son la socialista y la liberal, y aun cuando ninguna de ambas suela presentarse con pureza, el izquierdismo económico consiste en incrementar el factor colectivo de la economía, mientras que el derechismo radica en poner el máximo énfasis en la iniciativa privada. Pero así como nadie en la derecha niega la necesidad de existencia de un sector público como corrector de desequilibrios o injusticias, tampoco la izquierda patrocina ya la absoluta desaparición de la propiedad privada, admitiéndola incluso para medios de producción, siempre que sean socialmente irrelevantes, y habiendo sustituido en parte la técnica nacionalizadora por el control de los resortes de decisión de la economía. De modo que una política izquierdista es aquella que tiende a conseguir que las decisiones económicas socialmente trascendentes sean tomadas y planificadas desde el poder político gracias a un aumento revolucionario, o paulatino, de la participación del sector público en el peso global de la economía del país, y a los medios directos o indirectos que el poder se autoatribuye para condicionar las decisiones económicas de los agentes privados.

En este capítulo del libro, prescindo de considerar si el PSOE es o no marxista o si sus fines últimos son más o menos colectivistas. De ello hablaré en mi capítulo siguiente. Quiero sólo detectar si está ahora practicando una política izquierdista, en el exclusivo ámbito de la economía.

2. La programación del izquierdismo económico del PSOE. Su realización

Cuando comenzaba la nueva democracia, en el verano de 1976, el PSOE diseñó su estrategia de política económica para llegar a un socialismo integral, estrategia redactada por Miguel Boyer. En ella planificaban la socialización económica distribuida en tres fases, de las cuales la primera había de coincidir con el período de consolidación democrática. En esta fase no programan nacionalizaciones, que relegan para la segunda, y proponen la dirección de toda la economía por el Estado, comenzando por el control del crédito y la Banca, la preparación de la autogestión en las empresas, y el incremento sustancial de la presión fiscal para ir aumentando el peso del sector público en la economía. Se trata, pues, de una política netamente izquierdista planificada por grados, y que, como pongo de manifiesto en otros lugares de este libro, ha venido siendo ratificada en los sucesivos Congresos del Partido Socialista.

La pregunta que tenemos que hacernos será entonces si el Gobierno socialista está cumpliendo en su política económica los planes izquierdistas que se marcó para la primera fase. Y a mi juicio, la contestación es indudablemente positiva. Con todos los zigzag y guiños que han considerado oportunos, lo cierto es que están aplicando casi al pie de la letra sus objetivos señalados.

3. El control del crédito y la Banca

Es sabido que el poder político hace muchos años que interviene en el mercado del crédito, a través de los llamados coeficientes. En su virtud, una parte de los depósitos que el público coloca en la Banca, ésta tiene que utilizarlos en las operaciones que señala el Gobierno y en las condiciones que al Gobierno le parecen convenientes. Pues bien, los coeficientes bancarios que alcanzaban el 29,75 % bajo los Gobiernos de la UCD, las leyes socialistas permiten aumentarlos hasta el 55 %, con lo cual, sin nacionalizar la Banca, pueden manipular más de la mitad de los recursos financieros de los Bancos. Complementando lo cual, el Banco de España se ha autoatribuido un poder normativo para, por medio de circulares, regular la total actividad bancaria (en sus publicaciones juridicoprofesionales, el autor de este libro ha estudiado la irregularidad de este comportamiento del Banco de España, que, no obstante, no suscita la oposición de la Banca privada, dado su necesaria sumisión a las directrices del poder).

Pero, aparte de la Banca, existen tradicionalmente en España otros instrumentos de intermediación financiera de primera magnitud. Me refiero a las «Cajas» en sus dos versiones de Cajas de Ahorros y Cajas Rurales. Respecto a las Cajas Rurales, el Gobierno se inventó un mecanismo de colaboración con el nacionalizado Banco de Crédito Agrícola, de modo que las Cajas Rurales Asociadas, inevitablemente casi todas, quedan sometidas a las directrices y controles del poder. Y respecto de las Cajas de Ahorro, han promulgado una nueva ley modificando la composición de sus órganos rectores, por medio de la cual consiguen que dichos órganos sean ocupados mayoritariamente por representantes del PSOE. Así, discretamente pasan a controlar desde el poder todo el crédito de las Cajas (también sometidas, a mayor abundamiento, a coeficientes) y más de la mitad del de los Bancos privados, amén del 100 % del de las instituciones de crédito nacionalizadas en mayor o menor medida, como Banca Oficial, Caja Postal, Banco Exterior de España y sus filiales... La capacidad de influencia que este poder les confiere sobre todas las empresas españolas, es inmensa.

No obstante lo cual, simultáneamente han hecho incursiones significativas en el control directo de otros sectores económicos, a veces nacionalizando pese a su anuncio en contrario. Así ha ocurrido con empresas de autobuses urbanos o con la red de alta tensión que sufrieron nacionalizaciones. Y también con el incremento de controles y del peso de empresas públicas en el sector de la electricidad o del petróleo. Frente a estos avances significativos en sectores estratégicos de la economía, son irrelevantes las privatizaciones de pequeñas empresas deficitarias de turismo o de las agencias de viajes.

4. La preparación para la autogestión

En el objetivo de preparación de las empresas para la autogestión (ellos entienden que las empresas grandes y medianas, al final del proceso habrán de ser necesariamente o estatales o autogestionarias), van algo retrasados. En el AES de 1985-1986, pactaron la introducción de los sindicatos, y concretamente de la UGT en los órganos de gestión de las empresas públicas. Y así lo hicieron. Muchos empresarios privados quedaron indiferentes ante el hecho, porque a ellos y a sus empresas no les afectaba. Posiblemente se equivoquen. La autogestión en la empresa pública es un paso en su implantación también en la privada. Lo dice el programa del PSOE para las elecciones de junio de 1986. En su capítulo I, apartado 1.3, leemos: «El PSOE considera que el ámbito de la concertación no debe quedar limitado a las rentas salariales, sino que debe incorporar otros aspectos de la democracia industrial. En este sentido... la concertación deberá abarcar también: *a*)... *b*)... *c*)... la profundización de la participación sindical en la empresa a partir de la experiencia del acuerdo firmado para la participación sindical en la empresa pública.»

5. La presión fiscal. Fuertes elevaciones tributarias

Y pasemos a considerar qué ha sucedido en la España socialista con la presión fiscal. Comenzaron por decirnos que la presión fiscal española era comparativamente baja (1), sin reparar en que no se puede identificar presión fiscal con presión tributaria en un país en que el pueblo paga servicios sociales no sólo por medio de tributos, y en que la variable susceptible de comparación, no es la presión fiscal, sino el «esfuerzo fiscal» que tiene en cuenta lo que paga el ciudadano en relación con su renta disponible y los servicios que recibe de la comunidad (2). Porque, por ejemplo, el vecino de Londres puede pagar más impuestos que el de Madrid con menos esfuerzo, pues con sus impuestos las autoridades han liberado Londres de la polución y no se ve en la necesidad de gastar dinero escapando de la capital todos los fines de semana. Ni necesita pagar una sociedad de seguros médicos complementaria de la pública, porque cuenta con una asistencia pública sanitaria magnífica.

La democracia comenzó en España con una importante reforma fiscal, tramitada por UCD, pero impulsada por el actual miembro del PSOE, señor Fernández Ordóñez, y con las bendiciones en aquel momento por parte del PSOE que la votó afirmativamente. Quiere ello decir que, cuando el PSOE llega al poder, ya se habían producido notables elevaciones de la presión tributaria.

La Ley 44/1978 había subido el tipo medio máximo del Impuesto sobre la Renta de las Personas Físicas hasta el 40 % de los ingresos del sujeto pasivo. Pero como se había implantado asimismo el Impuesto del Patrimonio por Ley 50/1977, el tipo medio podía elevarse hasta el 55 % de los ingresos anuales del contribuyente. Pues bien: sobre tales elevaciones, el PSOE volvió a operar otras adicionales, y colocó el tipo medio máximo del Impuesto sobre la Renta en el 46 % que puede llegar al 70 % de los haberes anuales del sujeto pasivo sumándole el Impuesto del Patrimonio.

Éstas fueron las subidas confesadas en el Impuesto sobre

(1) Es cierto que la presión tributaria española es comparativamente baja. Pero tampoco es correcta la simplificación que suele hacer el Gobierno en sus declaraciones al respecto. Al llegar el PSOE al poder, si bien la presión tributaria estatal sobre el PIB es en España inferior a las de Italia, Francia y Gran Bretaña, ya es igual a la de la República Federal Alemana, y un punto superior a la Federación USA. Fuente, OCDE, «National Accounts Statistics», París, 1970-1985.

(2) Según recientes datos publicados por el Instituto de Estudios Económicos, España ocupa un destacado quinto lugar en esfuerzo fiscal de sus ciudadanos entre los países de la OCDE.

la Renta, ya que tratándose de un impuesto progresivo por escalas, la no modificación de las cuantías nominales de cada escala, en una economía inflacionaria, provoca la subida de los tipos manteniéndose las mismas rentas en términos reales, al ser nominalmente de mayor cuantía. Las correcciones debidas a la inflación, el Gobierno del PSOE las hizo, siempre tarde e insuficientemente, pero operando sólo sobre los más bajos tramos de renta, aumentando por tanto año a año la tributación efectiva de las clases medias y medio altas, y haciendo así más fuerte la progresividad.

A ello hay que añadirle otras técnicas complementarias para subir la presión del Impuesto sobre la Renta de las Personas Físicas sin tocar los tipos. Es el caso de las Plusvalías. Ya sabemos que el sistema fiscal español es «diferente» del resto del mundo occidental, porque hace tributar en Renta las plusvalías como si fueran un ingreso normal (ello causa que muchas personas no quieran vender sus inmuebles y valores, lo que genera alzas de precios en estos mercados). En compensación, la Reforma Fiscal UCD-Ordóñez también consideraba las minusvalías como pérdidas deducibles de los ingresos del contribuyente. Y el PSOE no ha dudado en mantener las plusvalías como ingreso normal, pero en cambio a partir de 1985 no permite deducir las minusvalías del resto de los ingresos del sujeto pasivo. Sólo pueden compensarse si hay plusvalías. Me parece no sólo aberrante, sino incoherente.

En el mismo Impuesto sobre la Renta de las Personas Físicas, han ido suprimiendo desgravaciones como las de honorarios profesionales, donativos... para aumentar la fiscalidad.

No parece oportuno entrar en un estudio pormenorizado de la evolución de nuestro sistema fiscal en estos años. Si damos un vistazo a las leyes de presupuestos socialistas, comprobaremos cómo cada año se han ido retocando al alza, en bases o en tipos, o en ambas magnitudes a la vez, todos los tributos. Y a diferencia de los viejos miembros del Mercado Común que implantaron el IVA gradualmente, España lo estableció de golpe el mismo día de nuestra adhesión. Se nos dijo por la televisión reiteradamente que el IVA era la sustitución técnica de una heterogeneidad de impuestos por uno sólo y que no suponía incremento de recaudación. Miren ustedes las cuentas del sector público de 1986 y comprobarán el aumento recaudatorio sustancioso que representó para el Gobierno el IVA.

6. Incremento de la presión fiscal solapada

Indiqué anteriormente que, en España, la presión fiscal no es equivalente a presión tributaria. Porque los ciudadanos pagamos muchos servicios sociales al margen de los impuestos. Y estos pagos se han visto incrementados en estos años.

Conocemos el tema de los carburantes. Gran parte de su precio llega al Tesoro por dos vías. Una constitutiva de un impuesto especial. Otra como beneficio de explotación industrial de CAMPSA. Pues bien: la bajada importante del precio internacional de los crudos sólo se tradujo en una mínima reducción de sus precios de venta al público, lo cual supuso en estos años un notable incremento de la recaudación del Tesoro a costa, obviamente, de los españoles, y que se mide por billones de pesetas.

En la mayoría de los países, la Seguridad Social pública se financia primordialmente con cargo al Tesoro. En España corre a cargo de empresarios y trabajadores fundamentalmente (de ahí que sea engañoso decir que en España el Impuesto de Sociedades es muy bajo —36 %— mientras hay países donde se paga el 50 %). Pues bien: si a usted le mantienen la misma cuota, y aun se la elevan para fondos especiales, pero este Gobierno le reduce la pensión que le va a pagar en la jubilación, o se la bloquea en un máximo de 187.500 pesetas, aunque usted cotice por mayor base o cotice en varios conceptos, y todo ello obligatoriamente, sin decirlo y sin computarlo como tal, le están confiscando esfuerzos pasados y obligando a partir de entonces a soportar una presión fiscal adicional.

Y no acaba ahí la presión fiscal solapada (1) que soportamos en estos años. El Gobierno socialista repite año a año unos déficits presupuestarios impresionantes. Parte de ellos pasan a engrosar una abultada cifra de deuda pública, que ya veremos quién y cómo la paga. Pero otra parte, la Ley de Presupuestos de cada año, le autoriza a girarla con cargo a créditos del Banco de España que no hay que pagar. Quiere decir que cada uno de estos años, un billón de pesetas del déficit del Es-

(1) Es la «fiscalidad implícita» de Porta o la «Hacienda Subterránea u oculta» de Bennett y DiLorenzo (The limitations of Spending Limitation, 1982).

tado, se cubre con el recurso de apelación a las máquinas de la Fábrica de la Moneda, sin contrapartida económica real. Ello genera inflación por un billón de pesetas y nos priva a los españoles de poder adquisitivo real, por un billón de pesetas. Es decir: a la presión fiscal ortodoxa, hay que sumarle otro billón de pesetas de presión fiscal heterodoxa que sufrimos cada año los españoles.

7. El izquierdismo duro y puro en el impuesto de sucesiones

Estos conceptos de presión fiscal solapada, podrían ser ampliados en su análisis. Baste con los ejemplos citados por ahora. Porque quiero volver a los tributos clásicos y comentar la Ley del Impuesto General sobre las Sucesiones que en el momento de redactar estas líneas se encuentra en trámites de discusión parlamentaria.

Esta ley es reveladora de la política izquierdista y aun dogmática-izquierdista del PSOE. Porque ni siquiera tiene efectos recaudatorios positivos. En primer lugar, porque el Impuesto de Sucesiones es irrelevante en términos recaudatorios, representando un 0,5 % de los ingresos tributarios del Estado. Pero es que además, en el texto, se reducen mucho los tipos de herencias entre colaterales y extraños (extraños son también los amantes y los hijos no reconocidos) sobre los actuales, y se exoneran prácticamente las adquisiciones mortis causa de hasta dos millones de pesetas por heredero (lo cual me parece bien). Mientras que las herencias de clase media y media alta (y alta) entre cónyuges y entre padres e hijos, sufren una enorme elevación tributaria. Actualmente los tipos son progresivos entre el 3 % y el 21 %. Con este texto pasan a estar entre el 9 % y el 40 %, que se aumenta según un coeficiente multiplicador en función del patrimonio que ya posea previamente el heredero (en caso de herencia entre cónyuges, naturalmente se considera patrimonio preexistente del cónyuge sobreviviente su mitad de los bienes gananciales). Y se integran en la base imponible, sin distinción ni bonificación los importes de los seguros de vida (1).

(1) Haciendo el cálculo sobre adquisiciones hereditarias de 200 o 300 millo-

Pensemos en el empresario padre de familia que tiene un patrimonio neto de cien millones de pesetas invertido en la empresa. Paga todos los años su Impuesto de Sociedades y después el personal sobre la renta, más todos los indirectos. Como empresario sueña con que su empresa le sobreviva y que la continúe su hijo. Pero se muere, y su hijo se encuentra en la necesidad de pagar entre un 30 % y un 35 % del patrimonio heredado a la Hacienda, según esta ley. ¿Soluciones? O vende la empresa, que en estas condiciones será «malvendida», o enajena un tercio de sus activos para pagar a Hacienda con lo cual deteriora la actividad de la misma y no le llega el dinero percibido, pues la enajenación de un tercio de la capacidad productiva le obligará a despedir e indemnizar una parte de su plantilla, o pide un préstamo por un tercio del valor patrimonial de la empresa, con lo que la carga financiera que se añade a la que ya soporte la industria, puede colocarle en situación de suspensión de pagos. El remedio legislativo (artículos 38 y 39 del proyecto) consistente en breves aplazamientos de pago con caución y devengo de intereses no alteran la situación. Si esa empresa heredada vale 100 millones de pesetas y el hijo-heredero carece de patrimonio preexistente al heredado, tributará por sucesiones sólo al 30 %, es decir, 30.000.000 de pesetas (1). Tanto si acude al Banco para financiar esta carga, como si se acoge a las medidas de fraccionamiento que le otorga la Ley (lo que supone una demora de 5 años), deberá pagar cada año 6 millones de principal y una media del orden de 4 millones año de intereses (si va al Banco, los intereses serán del

---

nes de pesetas, el incremento tributario de los hijos oscila entre el 40 y el 60 % según cuál sea el patrimonio preexistente del hijo. Y ello, sin computar los incrementos de base imponible que se producen con la nueva Ley, mediante instrumentos tales como la desaparición de beneficios fiscales a los Seguros de Vida, Bonos y otros elementos.

El Gobierno, a través de su Televisión, utilizó el argumento que con esta Reforma del Impuesto de Sucesiones sólo una minoría de la población sale maltratada. No nos vale la argumentación. Si algo es injusto, no deja de serlo porque afecte a tan sólo un 10 % de la población. ¿O acaso habremos de volver a las persecuciones de comunistas o judíos porque sean pocos? Aparte de que con estas medidas fiscales se está atacando el incentivo del ahorro, imprescindible para la modernización productiva del país, la inversión y la creación de puestos de trabajo y precisamente en aquellos grupos de ciudadanos que son los que en serio pueden efectuar esa labor de creación de riqueza (entre los que no se encuentra el autor).

(1) Si la adquisición hereditaria en vez de 100 es de 200 millones, la tributación no pasa de 30 a 60 millones, sino de 30 a 70.

14/16 % anual; y si se acoge a los beneficios de la Ley, entre el interés de demora que es el legal más un 25 % —art. 58.2, L.G.T.— y el pago de la comisión de aval, se situará también en torno al 14 % anual). La empresa heredada, deberá producirle 10 millones de pesetas como beneficios netos después del Impuesto de Sociedades. Tasa ésta de beneficio neto del 10 % (son 10 millones sobre 100) que es bastante buena. Pero tal cantidad, durante cinco años, habrá de destinarla íntegramente al pago de su deuda fiscal por Impuesto de Sucesiones. ¿De qué vivirá el heredero y familia durante esos cinco años? ¿Cómo pagará durante esos 5 años su impuesto personal sobre Renta y Patrimonio, que con tal capital y dividendos serán 4 millones de pesetas año? ¿Cómo atenderá a las necesidades de autofinanciación de su empresa? Sólo una empresa con rentabilidades anormales y extraordinarias, puede resistir a la acción destructora de este Impuesto de Sucesiones. Salvo que se acuda a las indeseables fórmulas de habilidosas elusiones más o menos fraudulentas, o que el padre de familia procure no morirse hasta que el Gobierno socialista haya abandonado el poder.

Y ahora pasemos del empresario al profesional liberal o al empleado de clase media-alta. Aun suponiendo que su patrimonio acumulado sea discreto, entre el Impuesto sobre la Renta y el del Patrimonio, paga al año un 50 % de sus ingresos, que se eleva al 60 % si le computamos los Impuestos Indirectos y demás tributos.

Eso significa que 7,2 meses al año todo el rendimiento de su trabajo va íntegramente para la Hacienda Pública y es en agosto cuando comienza a trabajar para él mismo y su familia. Pero si en vez de gastar todo su dinero, se le ocurre ahorrar o invertir, al fallecer, sus hijos pueden tener que pagar cerca del 40 % de lo que ahorró su padre después de trabajar más de 7 meses al año para Hacienda. O más si los hijos tienen ya bienes cuando fallece el padre. Y más aún si hay una primera transmisión del padre a su cónyuge y otra posterior del cónyuge a los hijos. Parece un poco excesivo que el español de clase media-alta trabaje invierno, primavera y verano para el Fisco, y sólo el otoño para sí mismo. Y no hemos contado con la presión fiscal extratributaria.

8. Resumen: Cómo se va consiguiendo el importante aumento del sector público a costa del privado. Los pasos subsiguientes de una política izquierdista

He suscitado los anteriores ejemplos para que se comprenda que no estamos hablando de magnitudes despreciables. Pero no quisiera que con ellos perdiéramos el eje que centra mis argumentaciones. Consistente en que el PSOE, en estos años de Gobierno, está incrementando sustancialmente, tal como se lo propuso, la presión fiscal. En términos asépticos de contabilidad pública, y utilizando los datos oficiales, resulta que cada año de Gobierno socialista la presión tributaria en España ha subido acumulativamente en el equivalente a un punto sobre el Producto Interior Bruto. Y en 1986, a consecuencia del IVA, se elevó un 1,9 % sobre el PIB. Si tenemos en cuenta que en 1982 la presión tributaria estatal sobre el PIB era en España de un 12 % (1), podremos valorar el alcance enorme y semirrevolucionario que tienen estos incrementos de presión fiscal, que ocasionan correlativamente, al desplazar fondos desde la economía privada a la estatal, un aumento del peso del sector público de probablemente más del 50 % en 5 años. Y, tengo que volver a repetir, que al utilizar cifras oficiales, estoy considerando tan sólo los incrementos de la presión tributaria, sin los demás aumentos de presión fiscal a los que me he referido, y que son tan reales a efectos de aumentar la dimensión del sector público de la economía y disminuir el privado, como los estrictamente tributarios. Y como no deseo recargar las tintas de mi examen, cierro deliberadamente los ojos a los 12,3 billones de pesetas que el Estado español acumula a diciembre de 1986 y como deuda aun después de acudir cada año a enjugar parte del déficit al Banco de España. Porque, ¿qué va a pasar con esa enorme deuda que está próxima a duplicar los ingresos tributarios brutos del Estado en un año? ¿Se podrá pagar sin que el sector privado de la economía sufra una baja adicional en el conjunto del país en beneficio de una nueva expansión quizá no contabilizada del sector público? (2).

(1) Según los estudios de la OCDE, al final de 1982 era de un 14,6 %.
(2) En junio de 1987, J. A. Segurado denunció en el Congreso que el en-

Resumiendo, considero que nos engañamos si no reconocemos que esta política económica del PSOE es izquierdista, y no una política errática o impulsiva, sino justamente la que ellos programaron para una primera fase.

También es claro que no es un izquierdismo revolucionario, sino moderado e inteligente. Con ciertos buenos modos. Pero es izquierdismo.

Y no es sensato pensar que esta primera fase de izquierdismo moderado marque el fin de sus reformas sociales. Quizá mantengan el ritmo moderado, pero caminando en su dirección socialista y añadiendo nuevos pasos y medidas a las que ya han adoptado. Porque el corte brusco en sus objetivos programados es una posibilidad. Puede ocurrir, y ojalá ocurra. Pero no hay ningún dato serio para pronosticarlo. Al contrario: el hombre calificado como más «proderechista» del PSOE, Miguel Boyer, en declaraciones posteriores a su salida del Gobierno, en octubre de 1986 en Nueva York (que recogeré en otro capítulo), dejó bien claro que la moderación izquierdista, en la política económica del PSOE, es una necesidad táctica que obliga al partido a «posponer» (no a renunciar) sus ambiciones más radicales.

El PSOE, en estos años, ha socializado una parte nada desdeñable de nuestra economía. Si continúa en el poder, ha de preverse que irá paulatinamente aumentando la socialización (1).

---

deudamiento público pasó de 4 billones en 1982 a 15 billones en 1987. No conozco que el Gobierno discutiera el dato.

(1) Cuando en el verano de 1987 se está aprobando la nueva Ley del Impuesto de Sucesiones, el Gobierno alumbra un Proyecto que permitirá elevar el tipo de la Contribución Urbana desde el 20 al 46 %. Así, por las rentas percibidas de un inmueble, usted podrá pagar el 46 % en Urbana para su Ayuntamiento, más otro 46 % en su Impuesto sobre la Renta al Estado. ¿Cuánto le quedará para usted de las rentas percibidas? Y el tema se complica más si considera el caso de la vivienda propia. Usted no obtiene renta alguna. Pero el Fisco presume que cobra un 3 % anual sobre su valor y le puede liquidar dos veces el 46 % de esa renta presunta.

Simultáneamente con esta noticia comienza a circular el rumor, no confirmado, de que en próxima Reforma del Impuesto sobre la Renta, el tipo medio máximo actual del 46 % se va a elevar sustancialmente.

Resumiendo, considero que [illegible] mos que esta política económica del PSOE es [illegible] una política [illegible] o especulativa, sino justamente la que el programa [illegible] para una primera fase.

También es claro que no es un izquierdismo revolucionario, sino moderado e inteligente. Con ciertos buenos modos. ¿Pero es izquierdismo?

Y no es arriesgado pensar que esta primera fase de izquierda moderada marque el fin de las reformas sociales. O [illegible] mantengan el ritmo moderado, pero caminando en su dirección socialista y añadiendo nuevos pasos y medidas a las que ya han adoptado. Porque el [illegible] en los objetivos [illegible] dos es una posibilidad. Puede ocurrir, y [illegible] hay [illegible] serio para pronosticarlo. Al contrario, el hombre calificado como más «pragmático» del PSOE, Miguel Boyer, en declaraciones posteriores a su salida del Gobierno, en octubre de 1986 en Nueva York (que recogió en [illegible]) dejó bien claro que la moderación izquierdista en la política económica del PSOE es una necesidad práctica que no [illegible] al partido a [illegible] sus ambiciones radicales.

El PSOE, en estos años, ha socializado una parte [illegible] desdeñable de nuestra economía. [illegible] de [illegible] que irá paulatinamente aumentando la socialización (1).

[illegible]

Parte quinta

LA CONFRONTACIÓN POLÍTICA EN LA ESPAÑA ACTUAL. EXPLORACIÓN DEL FUTURO

I. RAÍCES FILOSÓFICO-POLÍTICAS DE LA SITUACIÓN ACTUAL

1. El impacto de Hegel en la política moderna

No será posible comprender la situación política española y sus perspectivas de futuro, si antes no hacemos un ejercicio intelectual, aunque breve, para captar sus antecedentes. Todo lo que en el mundo «es», está ligado a su pasado. Y supondría ignorancia analizar una flor, marginando la raíz del árbol, la semilla que la generó y la tierra que la alimenta.

Es preciso que nos coloquemos mentalmente en el siglo XIX que representa para el mundo civilizado de occidente el triunfo y consolidación del liberalismo tras décadas de propagación de su filosofía, en medio de avances espectaculares y retrocesos notorios. Pero ya en el siglo XIX, a pesar de los rebrotes absolutistas que se producen, no pocos de ellos en España, el liberalismo está en su apogeo, y muy pocas personas cultas se libran de su influencia.

Pero el liberalismo, coincidente en su cenit con el inicio de la industrialización moderna, por su individualismo exacerbado, propicia el abuso de los fuertes sobre los débiles, y pronto comienza a herir la sensibilidad de minorías avanzadas que van preparando el ambiente para una reacción intelectual.

Para los fines de esta parte del libro, mi exposición debe ser algo esquemática con frecuencia, al objeto de impedir la distracción del lector con cuestiones menos trascendentes. Y es por eso que, prescindiendo de otras notables aportaciones, quiero centrar la reacción antiliberal en su episodio más intenso y duradero, constituida por el pensamiento de Hegel que sigue muy presente en nuestros días.

Hegel (1770-1831) plasmó la parte de su doctrina que más nos interesa ahora considerar, en sus obras capitales sobre Filosofía del Derecho, Filosofía de la Historia. Aunque mis lectores conozcan ya sus opiniones, deberán permitirme que, para establecer el hilo conductor de mis razonamientos y conclusiones, exponga en muy pocas palabras ciertos datos esenciales de su doctrina, como más adelante haré también con otros personajes.

El progreso, para Hegel, se produce a través de un proceso dialéctico («la expresión "dialéctica" cobra así en Hegel y sus continuadores un significado muy diferente al que ha tenido siempre en la cultura occidental desde los clásicos griegos), proceso dialéctico que se estructura a través de tres estadios sucesivos, respectivamente denominados tesis, antítesis y síntesis. Y su proceso dialéctico central es aquel que parte de una tesis que es la persona humana, a la cual se contrapone como antítesis la aparición de la familia, y de la lucha o confrontación de ambas acaba generándose la síntesis superadora de las contradicciones que es el Estado. Resulta así que, para Hegel, el Estado es la síntesis superadora de los conflictos sociales. Constituye la forma suprema del ser. Es la más perfecta encarnación de la «idea» cuyo desenvolvimiento produce al hombre y al mundo. El Estado es la más perfecta realización de la vida humana. Y Hegel, enlazando su pensamiento con las anteriores escuelas organicistas, no duda en atribuir al Estado la categoría de *ser en sí.* El Estado es una realidad orgánica, tan real como puede serlo una persona física. Y siendo no sólo una realidad sino la suprema realidad integrada por personas y familias, la persona individual pasa a ser considerada como pieza de la arquitectura del Estado. Y del mismo modo que la mano, por mucha importancia que tenga, no pasa de ser una parte del cuerpo del hombre, la persona humana, en la concepción organicista y dialéctica de Hegel, es valorada como pieza instrumental del Estado.

Se produce entonces un quiebro trascendental en la filosofía cristianooccidental dominante. Y es éste un elemento que pido al lector retenga para los posteriores análisis que efectuaré. A partir de Hegel, y para sus seguidores, el Estado deja de ser un aparato instrumental al servicio de la persona humana y pasa a ser considerado como un ente superior al que ha de servirse. No significa ello que haya de desatenderse necesariamente a la persona individual. Pero se la atiende igual que cada humano atiende a las distintas partes de su cuerpo. En cuanto que preocupándose de sus manos está beneficiando al conjunto de su organismo. El giro doctrinal es copernicano. El Estado ya no está al servicio del hombre. Es el hombre el que está al servicio del Estado.

El impacto intelectual de Hegel es enorme en el mundo. Y tras él surgen distintas escuelas hegelianas que con matices y variantes van desarrollando sus principios y doctrinas. Surge así el hegelianismo «ortodoxo», la fenomenología, el existencialismo. Pero de todos los movimientos hegelianos que han sobrevenido a su fundador, quiero centrarme para este trabajo en dos corrientes singulares que han sido las de mayor importancia política. Por una parte, la derecha hegeliana (idealismo), y por otra, la izquierda hegeliana (materialismo histórico o marxismo).

2. La derecha hegeliana, fascista, en el mundo y en España

La derecha hegeliana tiene sus principales mentores intelectuales en la Italia prefascista, con personajes como Benedicto Croce y Gentile, y es en Italia también donde cobra cuerpo político por medio del fascismo de Benito Mussolini. Más tarde prende en Alemania con el nazismo de Adolf Hitler, y a partir de ahí se irradia intelectual y políticamente por todo el occidente. Hoy, tras el desenlace de la Segunda Guerra Mundial, la derecha hegeliana está desacreditada en todo el mundo. Pero en su momento ejerció un influjo, no sólo político sino cultural, enorme.

España no quedó inmune a esta influencia. Se ha escrito mucho sobre si José Antonio Primo de Rivera era o no hegeliano y fascista. La verdad es que la personalidad de José Antonio era culturalmente rica y compleja y en él se pueden encontrar posiciones contrarias. Pero una de ellas era sin duda la hegeliana de derechas que estamos comentando. Cuando, en marzo de 1933, José Antonio publicó y quiso distribuir un periódico titulado *El Fascio,* como las autoridades republicanas lo prohibieron, el *ABC* salió en su defensa pese a no compartir sus tesis. Ello motivó un famoso cruce de cartas entre José Antonio y Juan Ignacio Luca de Tena. En sus cartas, para defender el fascismo, José Antonio dice cosas tan propias del hegelianismo de derechas como estas que a continuación transcribo:

> «Tratan de presentarlo a los obreros (al fascismo) como un movimiento de señoritos, cuando no hay nada más alejado del señorito ocioso... que el ciudadano del Estado fascista, a quien no se reconoce ningún derecho sino en razón del servicio que presta desde su sitio... Por eso en el Estado fascista... los sindicatos de trabajadores se elevan a la directa dignidad de órganos del Estado.»

Y en posterior réplica a la contestación de Luca de Tena, añade:

> «...ser limitado en la facultad de campar por mis respetos, en homenaje a un principio nacional, totalitario, integrador, me enorgullece. Sólo se alcanza dignidad humana cuando se sirve. Sólo es grande quien se sujeta a llenar un sitio en el cumplimiento de una empresa grande.»

Yo no hago ahora juicios de valor. Tan sólo constato que éste es el pensamiento de la derecha hegeliana que arranca de Hegel.

Y si bien José Antonio recibe otros impulsos compensadores en su pensamiento, las Juntas Ofensivas Nacional Sindicalistas que con su líder Ramiro Ledesma Ramos se integran con Falange para constituir lo que luego sería FET y de las JONS, son un exponente mucho más nítido de la derecha hegeliana. FET y de las JONS, pese a su reducida militancia, pasa a ser el eje doctrinal político del Estado que nace el 18 de julio de 1936, y traslada a las leyes fundacionales del nuevo Estado su concepción hegeliana de derechas. El Fuero del Trabajo de 9 de marzo de 1938, que no fue derogado hasta la promulgación de la vigente Constitución de 1978, en su exposición de motivos, con una concepción netamente hegeliana, define al «Estado nacional» como «instrumento totalitario al servicio de la integridad patria», concepto que todavía se traduce en algunas leyes y comportamientos en la etapa final de los años 70.

Dicho esto, y para ser rigurosos, yo tampoco quisiera transmitir la idea simplista de que el franquismo fue un puro fascismo. Porque no sería correcto. Aunque los cimientos ideológicos del régimen de 1936 se compusieran con materiales hegelianos en gran parte, el franquismo real fue progresivamente despojándose de la filosofía hegeliana. A mi modo de ver, por varias causas principales. La primera, ya desde sus orígenes, por la gran influencia de la que goza la Iglesia católica, que es en aquellos momentos globalmente franquista por causas que no voy a exponer ahora, pero que no admite doctrinalmente ningún tipo de totalitarismo. Ya existían documentos del Vaticano condenando tanto el marxismo-comunismo, como los totalitarismos de derechas. La Iglesia era antihegeliana en sus principios de política social. Y de hecho, en pleno auge del nacismo, cuando la Secretaría General del Movimiento hace una gran tirada de la obra base del nazismo alemán, el *Mein Kampf* (*Mi lucha*) de Hitler, los dignatarios de la Iglesia se mueven entre bastidores y consiguen que aquella edición quede arrumbada en los almacenes y sin la distribución masiva que se había previsto. Los españoles de la época tuvimos, para leer a Hitler, parecidas dificultades a las que se nos ponían para conocer a Marx.

El segundo elemento de dulcificación de lo hegeliano en el régimen de Franco fue el desenlace de la Segunda Guerra Mundial. La derrota del eje italo-germano, fuerza a Franco a limpiar la cara de su régimen según las tendencias triunfantes. Promulga en 1945 el Fuero de los Españoles, de esencia liberal, junto con la Ley del Referéndum Nacional y dos años más tarde la Ley de Sucesión a la Jefatura del Estado que consagra la Monarquía hereditaria como forma de Gobierno, aunque demorando su implantación. Consigue firmar en 1953 los Tratados con Estados Unidos y un Concordato con la Santa Sede. Introduce en puestos clave de su Gobierno a personas gratas a la Democracia Cristiana internacional, como Alberto Martín Artajo y Joaquín Ruiz-Giménez y reduce correlativamente la presencia en su Gobierno de las personalidades de Falange que representaban lo hegeliano en su política.

El tercer punto de inflexión lo sitúo yo en 1959. La economía española se encontraba en grave crisis, como consecuencia al menos en parte del modelo «autárquico» seguido hasta el momento (la autarquía era una consecuencia lógica en lo económico de los principios filosófico-políticos de Hegel). El general Franco, que nunca fue un ideólogo sino fundamentalmente un pragmático, se deja aconsejar por el Fondo Monetario Internacional que preconiza una economía de libre cambio, previo un período de estabilización. Seguir tales directrices supone dar la espalda al hegelianismo originario del régimen, pero contar con los apoyos de occidente. Y Franco se decide. Aplica el Plan de Estabilización y los posteriores de Desarrollo que le piden. Vuelve a rebajar la presencia falangista en su Gobierno, atribuyendo la gestión de la política económica a los llamados «tecnócratas» más o menos emparentados con el Opus Dei. Y con tal política obtiene unos éxitos espectaculares, probablemente de una intensidad única en la historia de España, por lo que, lógicamente, lo hegeliano va quedando minusvalorado y como un residuo en su régimen.

Un cuarto factor, más diluido en el tiempo, aunque relacionado con los anteriores, es el de la apertura *de facto* del régimen de Franco a los ámbitos económicos y políticos del occidente antihegeliano y antifascista. Occidente no acepta formalmente al franquismo. Pero España se adhiere al GATT, a la OCDE, solicita en 1962 la adhesión al Tratado de Roma, firma en 1970 un magnífico convenio con las Comunidades Europeas, se abre a las inversiones extranjeras, y los españoles se tratan frecuentísimamente y reciben la influencia europea a causa del doble fenómeno de la emigración y del turismo.

Todo ello hace que en los últimos años del régimen, los franquistas doctrinalmente hegelianos son casos aislados y con escasísima influencia en los ámbitos de poder. El franquismo llega a su final con un flagrante vacío ideológico, pues lo hegeliano se fue relegando por vías de hecho, sin ser repudiado formalmente. Sólo un vago concepto de «desarrollismo» inspiraba a los teóricos del sistema. Pero lo hegeliano subsistía en los principios formales del régimen, y, como ya he indicado, de cuando en cuando, hasta el final, producía algún fruto típico de tal concepción del Estado.

3. La izquierda hegeliana, marxista, en el mundo y en España

Vista la evolución e importancia histórica de la derecha hegeliana, corresponde ahora decir algo sobre la corriente hegeliana, conocida como materialismo histórico o marxismo.

Sus principales inspiradores premarxistas son seguramente Feuerbach, Bauer y Von Stein. Pero la corriente cobra su gran impulso y trascendencia política con Karl Marx.

Como buen discípulo de Hegel, Marx acepta el método del desarrollo dialéctico de la sociedad, con una dialéctica que comprende las mismas tres fases de tesis, antítesis y síntesis que predicara Hegel. Aunque discrepa sobre qué es lo que se desarrolla en la sociedad. Mientras que para Hegel lo que evolucionaba era un principio espiritual metafísico (la Idea) para Marx es un elemento físico (la Materia). Más adelante daremos alguna fugaz pincelada descriptiva del contenido del marxismo. En este momento vamos a fijarnos en la homogeneidad del pensamiento de Marx respecto del de Hegel.

El proceso dialéctico esencial que estudia Marx es aquel que parte como tesis del Estado burgués capitalista, como antítesis la revolución de los trabajadores con la instauración de la dictadura del proletariado, y como síntesis superadora de las contradicciones, la sociedad comunista sin Estado, sin clases sociales y sin propiedad.

Aparentemente hay pues una diferencia notable de Marx con Hegel en cuanto al papel del Estado en la sociedad. Mientras para Hegel es la realidad suprema, la encarnación más perfecta de la Idea, para Marx es algo que debe desaparecer al final del proceso. Y sin embargo, yo sostengo, y trataré de explicarlo, que Marx y Hegel son sustancialmente coincidentes en el concepto básico de la sumisión y subordinación de la persona humana respecto de la organización política de la sociedad. La diferencia estriba únicamente en que Marx al Estado lo denomina con expresión diferente al final de su proceso dialéctico.

Porque, para empezar, habrá que precisar que cuando Marx habla de desaparición del Estado, lo defiere a una fase final, última de su proceso dialéctico, tras un largo período de dictadura del proletariado, en cuyo período el Estado no sólo no desaparece, sino que se convierte francamente (es decir, sin «hipocresías») en instrumento totalitario y potenciado, manejado exclusivamente por las clases anteriormente explotadas. Ya sé que algún lector me objetaría que en las dictaduras del proletariado, el Estado no se pone al servicio de las clases bajas, sino del partido y de las nuevas clases políticas. Pero eso, si es así, y parece que en gran medida lo es, no lo quería Marx. Marx quería un Estado fuerte dominado por los previamente oprimidos. Y la desaparición del Estado la predica para una fase de síntesis tan lejana, que puede compararse con el «Reino de Dios» de los cristianos. La desaparición del Estado se sitúa, según Marx, en la Utopía.

Que lo que digo es auténtico nos lo demuestra la historia política. La Primera Internacional entra en crisis y se desintegra, cuando los anarquistas, fundamentalmente inspirados por Bakunin, quieren quemar etapas y pasar rápidamente a la tercera fase de supresión del Estado. Marx les califica de revolucionarios infantiles. Defiende con ardor el Estado totalitario del proletariado, la dictadura del proletariado, anuncia su larga pervivencia y «excomulga» del marxismo a la facción anarquista que postula la desaparición del Estado y que quiere prescindir del totalitarismo proletario de Estado. Consecuencia de ello fue la fundación y afiliación de Marx a la Segunda Internacional, ortodoxamente marxista, que propugna la dictadura del proletariado en un Estado hegeliano como entidad suprema. Y de hecho, los seguidores de Marx, en cuanto han podido, Rusia, Este de Europa, China, Cuba, Nicaragua, Vietnam, Camboya..., al tomar el poder han establecido fortísimos estados totalitarios, a los que todos, incluidos «los proletarios», están rigurosamente sometidos y subordinados, dotados de gran estabilidad —el Estado totalitario soviético lleva 70 años de vida— y sin anuncio alguno de su supresión o desaparición.

El marxismo es, pues, considerado dentro de la óptica del tiempo histórico en que vivimos (siglos XX y XXI), tan estatista como lo fue Hegel.

Pero yo, en mi opinión, voy más lejos. Creo que el marxismo es estatista, en el sentido hegeliano, incluso para esa utópica, relegada, olvidada y lejanísima fase de la síntesis marxista en la que nos habla de la desaparición del Estado.

Porque es preciso hacer ciertas matizaciones de lenguaje.

Marx le llama «Estado» al instrumento político coercitivo que utiliza en su favor la clase dominante. Siendo así, postula su mantenimiento por largos períodos históricos, previa conversión del proletariado en clase dominante. Y cuando tras una profunda evolución de la sociedad, haya desaparecido la propiedad privada, las clases sociales y en consecuencia —según él— el egoísmo humano, se podrá llegar a la última y utópica fase del comunismo perfecto, en la cual, al no haber clases, ni «intereses», no habrá Estado, porque el Estado es una técnica al servicio de intereses de clase.

Pero aquí radica la confusión semántica. Cuando Marx dice que desaparecerá el Estado, traducido a nuestro lenguaje, significa no que desaparecerá el poder coactivo de la sociedad organizada, que es a lo que nosotros (y Hegel) llama Estado, sino una mera modalidad de Estado, la del poder social organizado al dictado de una clase social. Marx, no niega, ni siquiera para la fase utópica, la existencia de un poder político de la colectividad. Lo que busca para esa fase utópica es, volviendo románticamente sus ojos a la Edad Media, una identificación entre sociedad civil y sociedad política.

Aunque a esa organización política de la colectividad no la quiera llamar Estado en la tercera fase utópica, su realidad es la misma que Hegel y nosotros conocemos como Estado.

Y, en todo caso, y esto es lo importante en mi trabajo, para Marx, como buen hegeliano, tanto el Estado en la larga etapa intermedia, como el poder político colectivo en la utopía final, son realidades en sí, que superan al individuo. Lo «colectivo», llámese Estado o Sociedad Civil Organizada, es la suprema entidad a la que los individuos han de subordinarse y servir (1). La sociedad y el Estado no existen para servir a las personas, sino para superarlas. Son las personas las que han de servir a la superior realidad de los entes sociales. Y por eso el marxismo es esencialmente colectivista, como el fascismo, y cuando se preocupa de la persona, lo es en cuanto que la persona es miembro del colectivo. La atención se dirige al «pueblo» y no a los hombres individuales que se integran en el pueblo. Las consecuencias prácticas de esta posición doctrinal son evidentes. En algún momento histórico, la derecha hegeliana se

(1) En *El capital*, 1, 3, Karl Marx, aclara que la libertad sólo existirá cuando «los productores asociados» pongan bajo «su control comunitario» el trabajo de los hombres y la naturaleza.

consideró legitimada para provocar el genocidio de aquellos núcleos de personas que estimaban un perjuicio para su ser colectivo. En todas las épocas, tanto la derecha como la izquierda hegeliana, no dudan en sacrificar los derechos y la dignidad de las minorías que no están con ellos en el poder, para obtener ventajas en favor del «colectivo». Y cuando lo hacen, lo hacen con la honestidad de aplicar las ideas de las que están convencidos, pues no quiero considerar ahora a los corruptos que florecen en todas las situaciones.

Yo sé que algún buen marxista puede replicar a mi exposición citándome textos «humanistas» de Marx. Yo también los conozco. Incluso en alguna ocasión escribió frases que se compadecen mal con una filosofía colectivista. Por ejemplo, cuando dijo que la «totalidad es solamente el número total de los individuos particulares». Pero éstas son anécdotas intrascendentes en el marxismo, como irrelevantes son los escritos, no sólo piadosos sino hasta místicos del joven Marx. A un autor hay que juzgarlo por el conjunto de su obra y no por frases sueltas. Y el cuerpo doctrinal de la obra de Marx es de naturaleza «colectivista» (1), lo cual no impide que como persona normal, pudiera sentir compasión y preocupación por individuos concretos. Es imposible encontrar un intelectual que algún día y a cierta hora, no haya dicho o escrito algo que esté en discordancia con las tesis fundamentales y dominantes de su obra.

Además, cuando nos referimos a doctrinas que se conocen por los nombres de sus fundadores, no estamos haciendo relación tanto con el pensamiento exacto de aquel autor como con el conjunto de ideas que entraron en la cultura humana con aquel nombre, y que no tienen que ser necesariamente origina-

(1) Cuando Marx se ocupa y preocupa de lo humano, no está pensando en el individuo, sino en la especie. No en la persona, sino en la sociedad. En su Tesis 6.ª sobre Feuerbach, aclara que «la esencia humana no está en el individuo sino en la especie».

Para él, la especie humana es como un árbol, respecto del cual los hombres son sus hojas. Pero el individuo es tan secundario respecto del árbol de la especie, que es una hoja caduca y permanentemente sustituida por otros individuos-hojas. (Marx, Engels: Werke, t, 3; y manuscritos de París, Karl Marx, p. 90.) Coincide así Marx con las ideas previas de Hegel expuestas en *System der Philosophie*, núm. 221. Y con Feuerbach, con quien comparte su crítica de la religión, no sólo por lo que ésta supone de alienación del hombre, sino porque la religión concibe la existencia de relaciones de cada hombre con Dios y la salvación humana como fenómeno personal, cuando para Marx el sujeto de la Historia es la especie humana y no los hombres como individuos.

les del autor. Cuando yo era universitario me sorprendió la afirmación que leí en un libro de texto, según la cual Descartes no fue «cartesiano», sino que el «cartesianismo» es una elaboración de los discípulos de Descartes. Aunque así sea, para la humanidad lo cartesiano es la característica de Descartes. Tal es la realidad sociocultural, aunque no coincida con la vital e individual. Y lo mismo cabe decir de Marx y del marxismo, que está integrado sólo por la parte dominante de los escritos y palabras de Marx, y precisamente por aquellos principios que la humanidad recibió como marxistas y sus discípulos completaron. El resto sólo es relevante para quien desee estudiar la persona de Marx. No para quien analice el marxismo.

Así pues, la izquierda hegeliana, es decir, el marxismo o materialismo dialéctico, coincide con la derecha hegeliana, idealismo o nacifascismo, en la ruptura con la concepción clásica occidental y cristiana que atribuye al Estado y a las organizaciones políticas de la sociedad, una función instrumental al servicio de las personas de los ciudadanos.

Y, si la derecha hegeliana, entró y tuvo gran influencia en España, la izquierda hegeliana también gozó y goza de notable poder en nuestra sociedad. La rama disidente anarquista del marxismo, tuvo en España su desarrollo más esplendoroso y a mí no deja de sorprenderme, aun contando con el cambio social que se produjo durante el franquismo, que al restaurarse la democracia, cuando volvieron todas las fuerzas políticas de 1936, sea prácticamente inexistente el anarquismo otrora tan poderoso.

Por su parte la rama marxista ortodoxa, la de la Segunda Internacional, accedió a España con la creación del PSOE liderado por Pablo Iglesias y luego por Besteiro y Largo Caballero. Aunque sufrió el desgajamiento de la hijuela comunista, cuando Lenin invitó a los partidos marxistas a integrarse en una nueva Internacional, la Tercera Internacional, dirigida por la Unión Soviética y su Partido Comunista (el PCUS). El PSOE lo meditó y envió a Rusia a dialogar sobre el tema a Fernando de los Ríos. Pero, al igual que otros partidos socialistas marxistas, optaron por seguir siendo fieles a la Segunda Internacional marxista, y consintieron en la creación de otro partido marxista, el Partido Comunista de España, integrado en la Tercera Internacional, y que se creó no sólo como partido puramente marxista, sino como «marxista-leninista».

Fueron, pues, tres los grupos políticos que entraron a jugar en España bajo los criterios de la izquierda hegeliana. Los tres han tenido cotas importantes de poder y de influencia, o la tienen todavía. Los tres son marxistas, aunque «puramente» marxista sólo lo sea el PSOE, pues tanto los anarquistas como los comunistas suponen algún tipo de desviación respecto de Marx.

Estos tres grupos políticos han puesto en práctica en la historia española y con gran radicalismo las tesis ideológicas de la izquierda hegeliana. Y yo creo, y así lo explicaré más adelante, que siguen siendo marxistas y estando en la izquierda hegeliana. Pero así como el tiempo y la evolución del mundo y sus circunstancias fue dulcificando el hegelianismo del régimen de Franco, también ha conseguido moderar el radicalismo hegeliano de los partidos marxistas. ¿Hasta qué punto y con qué alcance? Sobre ello me pronunciaré más tarde.

4. Las conexiones familiares entre derecha e izquierda hegeliana

Acabamos de hacer una exploración sobre las ramas derecha e izquierda del desarrollo hegeliano y su implantación en España. Pero su estudio no quedaría mínimamente completo, si no dijera algo por lo que rogaría a unos y otros que no se molestaran. Y es que sin tal observación no podemos seguir progresando en el juicio sobre la España política de este momento. La observación es la siguiente. Tanto marxismo como fascismo son ramas que proceden de un tronco común. Son entre sí, hablando en términos genealógicos, primos hermanos, procedentes de un abuelo común que es Hegel.

Y este parentesco, como es lógico, no sólo se manifiesta en los «genes», que son los principios doctrinales que ambas recibieron de su abuelo intelectual. Sino que, como consecuencia de tener unos genes iguales, con frecuencia sus conductas son iguales.

Fijémonos en que el partido nazi de Hitler era exactamente el partido «nacionalsocialista». Y que casualmente Benito Mussolini fundó el partido fascista procediendo no de la derecha italiana, sino desde el Partido Socialista italiano del que era militante. Que el PSOE y UGT, y su líder Francisco Largo Caballero, fueron, junto con el Ejército, los principales sostenedores de la dictadura del general Primo de Rivera, con la cual «colaboró» personalmente Largo Caballero aceptando un puesto en el Consejo de Estado de nombramiento del dictador. Que cuando Indalecio Prieto pronuncia en Cuenca un discurso con motivo de la campaña electoral de febrero de 1936, José Antonio Primo de Rivera le dedica grandes alabanzas y anuncia que pedirá el alta en el PSOE cuando el socialismo acepte «lo nacional». Y correlativamente, para evitar la guerra civil, Prieto busca un pacto, no con la CEDA que era el gran partido de la derecha, sino con Falange que era extraparlamentaria.

Durante la II República española, ninguna de las dos ramas hegelianas aceptó la democracia republicana, aunque ambas (salvo la facción anarquista) utilizaron el instrumento y participaron en las elecciones. En cualquier manual de historia puede el lector encontrar textos y proclamas oficiales del PSOE diciendo que la República no era su régimen. Que no podían aceptar un sistema político en cuya virtud si perdían unas elecciones tenían que entregar el poder previamente conquistado. Que el Frente Popular era una necesidad táctica, pero que ellos no podían aceptar pactos con la burguesía, pues lo suyo era la dictadura del proletariado. Y la derecha hegeliana, encarnada en Falange, entretanto, tampoco se recataba y proclamaba que el más noble destino de las urnas era ser destruidas.

Las declaraciones públicas de ambas ramas hegelianas no se quedaban en juegos dialécticos. Al llegar las elecciones de 1933, el PSOE anunció en el Congreso de los Diputados que si ganaban las derechas habría una revolución. Ganó la derecha y el PSOE consiguió que la CEDA, el partido victorioso, no accediera al Gobierno. Y cuando en el verano de 1934, al fin el Presidente de la República consintió que en el Gobierno se sentaran tres ministros del partido mayoritario, el PSOE organizó y desencadenó un golpe de Estado que hizo correr mucha sangre en Cataluña y Asturias. Y por el lado de la derecha hegeliana, Falange tampoco dudó en alentar y participar en el alzamiento que el 18 de julio de 1936 se produjo contra el Gobierno del Frente Popular surgido de las elecciones de 1936 (1).

(1) Cuando el portavoz del Gobierno dijo que si el señor Barranco dejaba de ser alcalde, como consecuencia de las elecciones del 10 de junio, el pueblo de Madrid se echaría a la calle, tuvimos que acordarnos tristemente de cuando sus correligionarios afirmaban que si las derechas ganaban las elecciones de 1933 irían a la revolución. Y entonces fueron. Ahora... quiero creer que fue un mal desahogo.

Las dos familias hegelianas son en nuestra República dogmáticamente centralistas y antiautonomistas. Las dos son estatistas. Ambas son antiliberales. La coincidencia es tan grande que hay textos de Falange que si no se citan las autorías podrían atribuirse a PSOE o PCE y a la inversa.

Y si salimos de España podemos encontrar, asimismo, muchas manifestaciones del parentesco entre ambas corrientes hegelianas. Cuando Hitler se anexiona Polonia, Austria y Checoslovaquia, sólo le comprende la Unión Soviética que firma con él un pacto en 1939 para garantizar la expansión territorial germánica. Y es que poca gente sabe que la teoría hitleriana sobre el derecho de los pueblos superiores a dominar a los inferiores y conseguir un espacio vital, la había escrito primero, y precisamente para justificar el expansionismo alemán..., Karl Marx.

Tampoco es demasiado conocido que el actual líder del socilismo francés, Mitterrand, en los años iniciales de la Segunda Guerra Mundial estaba en la línea antiliberal y hostil a los partidos políticos de Maurras y Barres (derecha hegeliana) línea política que fue fomentada por el Gobierno colaboracionista de Vichy presidido por el mariscal Pétain. Y según he leído, F. Mitterrand trabajó en los servicios del Gobierno de Vichy que le distinguió con una condecoración conocida como «La Francisque» (1).

(1) Aunque con planteamiento y datos diferentes a los míos, Zeev Sternhell, a través de sus obras «Maurice Barrès et le nacionalisme Français», «La droite révolutionnaire. 1885-1914. Les origines françaises du fascisme», demuestra las numerosas conexiones e intensas coincidencias de las derechas e izquierdas revolucionarias en Europa desde finales del siglo XIX. Todavía después de la Segunda Guerra Mundial, algunos partidos marxistas renuncian al antisemitismo y a los proyectos eugenésicos que la propaganda nos ha hecho creer fueron características exclusivas de nacifascistas.

II. EL CUADRO IDEOLÓGICO EN ESPAÑA DESDE EL FRANQUISMO HASTA LA TRANSICIÓN

1. Las culturas políticas en presencia

Durante las décadas franquistas, existió con carácter oficial y prevalente en España la ideología propia de aquel régimen, proviniente de la derecha hegeliana, según ya hemos apuntado. Y subsistió, en la clandestinidad, la posición marxista, singularmente encarnada en el Partido Comunista. El PSOE prácticamente no existió dentro de España durante los 40 años de Franco. Era una organización mexicana o francesa. No española. A finales de los 60, me correspondió presidir en Galicia un potente club cultural, en cuya directiva quise que participaran gentes de todas las ideas. Fue facilísimo designar comunistas, porque estaban en todas partes. También marxistas independentistas. Nunca un socialista, porque si existían, nadie les conocíamos.

Pero en modo alguno puede simplificarse el cuadro ideológico de la época de Franco a la coexistencia entre una derecha hegeliana oficial y otra izquierda hegeliana proscrita.

Aunque el régimen de Franco se proclamaba asimismo y con

igual énfasis antiliberal y antimarxista, el liberalismo fue una ideología que pervivió, si bien carente de toda organización y sufriendo los ataques de un régimen que, naturalmente, aprovechaba el desprestigio internacional que tras la Segunda Guerra Mundial tuvo el liberalismo, superado en todas las nuevas Constituciones de la década de los 40 y 50 que consagraban alguna forma de intervencionismo estatal en la economía, que regulaban no sólo los derechos individuales sino también los «sociales» y que trocaban el principio de economía de mercado por el de «economía social de mercado» (como en la Alemania Federal). Pese a ello, el liberalismo sobrevivió en la sociedad española franquista, unas veces como mero «talante» que afectaba a muchas personalidades de aquel régimen, y otras como doctrina política explícita mantenida por individuos concretos que se incardinaban en ciertas plataformas como los Círculos Monárquicos de don Juan de Borbón, los ateneos y las universidades.

Y subsistió con gran pujanza, aprovechándose de la poderosa situación de la Iglesia católica, el humanismo cristiano. Porque si bien es cierto que la Iglesia católica fue un pilar del franquismo y cayó en no pocos abusos y desviaciones impropios de su mensaje, no dejó nunca de condenar los totalitarismos y socavar el hegelianismo español. Actúa privilegiadamente en defensa de los valores morales, reclama a veces con dureza la justicia social, y de manera especial a partir del pontificado de Juan XXIII y del Concilio Vaticano II, clama incesantemente por el respeto a la libertad individual, la democracia, la descentralización... Complementa además su estructura jerárquica con importantes movimientos seglares, que si bien son de naturaleza religiosa, JOC, HOAC, AC, ACN de P, sirven simultáneamente como instrumentos parapolíticos o parasindicales en una sociedad sin pluralismo político o sindical. Todo ello ayuda a potenciar un enorme movimiento de humanismo cristiano que podría haber sido la más importante fuerza ideológica española a la muerte de Franco, si no hubiere sobrevenido la crisis de identidad que sufrió la Iglesia católica en el posconcilio, agravada en España por la necesidad sentida por la Iglesia de marcar distancias con el régimen de Franco y por la acusada infiltración de marxismo en las organizaciones eclesiásticas.

2. El giro estratégico del marxismo

Pero así como el franquismo sufrió evoluciones considerables a lo largo del régimen, que ya anteriormente destaqué, el antifranquismo tampoco permaneció inalterado a lo largo de las cuatro décadas.

Notabilísima fue la modificación de las estrategias marxistas, que convendrá considerar, y que aparecen básicamente ligadas a los intereses estratégicos de la Unión Soviética.

Cuando Hitler se hace con el poder en Alemania, temen su expansión tanto las democracias europeas (por el carácter antiliberal de la derecha hegeliana que encarnaba el nazismo), como el comunismo soviético (pues no hay mayor enemigo para la izquierda hegeliana que la derecha hegeliana, y a la recíproca. Recordamos el refrán que dice que no hay peor cuña que la de la misma madera). Pero las democracias occidentales piensan que hay que dejar crecer y no enfrentarse a Hitler, pues su primera acción será contra el comunismo y contra la URSS. Inhibirse del problema nazi, representa para la Europa democrática de entonces una gran ventaja. Alemania invadirá la URSS y derrocará el comunismo, con lo cual Europa se libra de la pesadilla comunista (recuérdese que entonces el comunismo ruso llevaba 15 años de existencia tan sólo y estaba muy reciente la Revolución de Octubre). Pero al invadir Rusia, Alemania quedará muy debilitada, con lo cual podrá ser vencida o al menos contenida por las potencias occidentales. La estrategia occidental era tan atractiva y tan verdadera que hay frases de políticos como Churchill denunciándola como carente de ética y negándose a admitirla.

Esta postura occidental preocupa grandemente a Stalin que ve perdida la revolución rusa. La Unión Soviética no era entonces la gran potencia de hoy, sino un país tremendamente empobrecido y pocos años antes derrotado por Alemania en la Primera Guerra Mundial. Y preocupado por la salvación del comunismo ruso, Stalin pone en marcha una doble y contradictoria estrategia. De un lado, ya desde 1935 comienza a explorar acuerdos de paz con Alemania que se tramitan en secreto y que se firman con escándalo en 1939. Pero de otro, trata de conseguir un giro en la política de las democracias occidentales para que se enfrenten a la Alemania nazi, de modo que Hitler tenga un frente abierto con occidente que le disuada de iniciar otro en el Este contra Rusia, o que en el peor de los casos le obligue a mantener una doble lucha en dos frentes simultáneos, con lo que Rusia estará en condiciones mucho más favorables de defensa.

Conseguir este giro en la Europa occidental, y sobre todo en Francia y Alemania, obliga a Stalin a cambiar de lenguaje respecto de la democracia occidental «burguesa». Sin practicarla ni permitirla en Rusia, comienza a hacer declaraciones «comprensivas». Pero además la Tercera Internacional que controla Moscú, en su Congreso de agosto de 1935, ordena a los partidos comunistas occidentales que acepten la democracia occidental y que dentro de ella creen los llamados frentes populares con partidos burgueses con la finalidad de hacer una política común antifascista. Los partidos comunistas de occidente deberán presentarse en sus respectivos países como fundamentalmente defensores del régimen democrático amenazado por el nazi-fascismo, y dispuestos a posponer sus programas estrictamente socialistas para épocas mejores.

Los partidos comunistas de occidente, pequeños pero activos y disciplinados, cumplen a la perfección el encargo y un año después se establecen Gobiernos de Frente Popular promovidos por los comunistas en Francia y España. Comienza la guerra civil española y Rusia sigue con su estrategia que llena de perplejidad a los marxistas españoles, especialmente a los socialistas. Resulta que es la Unión Soviética y el Partido Comunista de España quienes consiguen detener o hacer retroceder la intensa Revolución socialista que PSOE y anarquistas implantan en la España republicana durante la guerra. Son Rusia y los comunistas quienes se empeñan en mantener al «burgués» Azaña como presidente de la República. Es Rusia y el Partido Comunista quienes establecen la disciplina jerárquica en el Ejército republicano (aunque con el control de los comisarios políticos). Es Rusia la potencia que ayuda discretamente a la República, pero aprueba el Pacto de No Intervención que Francia e Inglaterra establecen respecto de la guerra de España.

La Unión Soviética y sus partidos comunistas europeos tenían que convencer a los Gobiernos occidentales que la revolución comunista era un objetivo congelado y que su preocupación y objetivos consistían en mantener y defender las democracias burguesas frente al peligro nazi. Stalin no dudó en sacrificar la revolución marxista española en el altar de sus intereses de defensa ante Alemania. Y la estrategia le resultó adecuada. Con el pacto germano-soviético de 1939 aplazó durante un tiempo precioso la invasión nazi de Rusia. Lanzó a las democracias occidentales a declarar la guerra a Alemania cuando Hitler invadió Polonia, permaneciendo la Unión Soviética sin mover un músculo. Y cuando al fin Hitler invade Rusia, no sólo tiene que luchar en dos frentes, sino que las democracias occidentales convencen a los Estados Unidos de América que todos tienen que ayudar a Rusia para defenderse. Con la ayuda americana, Rusia gana la guerra, ocupa el este de Europa y se coloca como superpotencia al nivel de los Estados Unidos y por encima de la Europa occidental que la salvó.

Como es lógico, estos movimientos estratégicos habrían de provocar sus correspondientes correcciones ideológicas, el artífice de las cuales es Antonio Gramsci que da una justificación teórica a la aceptación por el marxismo del método de la democracia occidental como vía para la implantación del socialismo, justificación consistente en la inviabilidad de lograr por vía insurreccional la dictadura del proletariado en los países occidentales. El eurocomunismo pasa a patrocinar los derechos humanos, la democracia, las autonomías, aunque sin negar que ello es un «instrumento» para la mejor consecución del socialismo. Así lo hacen en España, donde con estas banderas podían capitalizar y capitanear las resistencias al franquismo. En tales circunstancias, el PSOE desarbolado ideológica y organizativamente, no podría hacer otra cosa que aceptar idéntica «conversión» estratégica a la operada por el comunismo, máxime cuando los partidos socialistas europeos, con la llegada de la «guerra fría», se alinean con los Estados Unidos de América dentro de la Alianza Atlántica.

Se produce entonces un fenómeno curioso, impulsado por el Partido Comunista. El marxismo (izquierda hegeliana) se une tácticamente con fuerzas antihegelianas (liberales y cristianos) para luchar contra la derecha hegeliana (franquismo). Había una coincidencia en los objetivos inmediatos (democracia, autonomía, libertades...). Pero nada más. Al comienzo de los años 60, los comunistas me tenían clasificado a mí como «católico progresista» y vinieron a visitarme con el famoso folleto eurocomunista de Carrillo titulado «Después de Franco, ¿qué?». Me propusieron el típico pacto de acción antifranquista. Analicé sus documentos y reparé en que sólo hablaban de una primera etapa democrática. Y les pregunté qué pasaría cuando ellos por vía democrática consiguieran convertir a España en una sociedad socialista. ¿Permitirían la existencia de partidos antisocialistas? Me contestaron que permitirían (como en las democracias populares del Este) todo tipo de partidos, siempre que no pusieran en cuestión al socialismo conseguido. Tuve que advertirles que me ofrecían exactamente lo mismo que Franco: toda la libertad del mundo mientras no se menoscabasen los Principios Fundamentales del Movimiento. Y cortamos las conversaciones.

No obstante, son muchísimos los que entran en la estrategia comunista y se producen las desviaciones lógicas. La Iglesia, su clero y militancia seglar, se convierten en el principal vivero del marxismo, singularmente cuando se abre la crisis de la propia identidad de la Iglesia. Y por añadidura, los cristianos sufren el espejismo de la superioridad ética de los marxistas, porque son los comunistas y no los «cristianos» los perseguidos u hostigados por el régimen. Este complejo de inferioridad ética durará hasta ahora, y es la clave psicológica de muchos comportamientos inexplicables en la transición.

3. Las ideologías en la transición

Muerto el general Franco, tras algunos escarceos de frente popular impulsados por el comunismo (la célebre Platajunta) mientras la izquierda consideró posible la ruptura democrática, al triunfar la vía reformista hacia la democracia, los partidos marxistas volvieron a recuperar su propia personalidad y autonomía (PC, PSOE, PSP, ORT...). Pero quienes estábamos en el poder, o próximos al poder, carecíamos de aglutinante ideológico. No nos valían los fundamentos filosóficos del franquismo, porque unos no comulgamos nunca con ellos y todos queríamos pasar a una democracia occidental. Tampoco podíamos echar mano de los principios del humanismo cristiano porque la crisis de la Iglesia los había hecho polivalentes e indefinitorios, aparte de que la Iglesia, recién despegada de una política, quería evitar la imagen de que se adhería a otra. Y el liberalismo era entonces una entelequia sin prestigio ni gancho popular. Nuestro objetivo consistía en lograr una democracia integradora y conseguir la aprobación de una Constitución de concordia. Lo que permitía la creación de un partido «ómnibus» en el que cabía cualquier persona que quisiera aquellos objetivos genéricos. Apenas había ocasión para que afloraran las diferencias entre unos y otros. Hasta que se estableció la democracia y se aprobó la Constitución. Entonces había que gobernar según algún modelo de sociedad y en función de alguna filosofía de la vida. Mientras la izquierda tenía su ideología, nosotros en la UCD estábamos con el vacío y la ambigüedad. Cada cual tiraba hacia un lado según las influencias que recibía. Muy pocos poseían ideología propia. Y naturalmente, la UCD se desintegró con un arrollador triunfo del PSOE y con la necesidad de crear una nueva alternativa al socialismo. En lo que todavía estamos.

III. LA NECESIDAD DE UNA ALTERNATIVA ESPAÑOLA AL SOCIALISMO

1. El concepto de derecha

Habitualmente cuando se piensa en la alternativa al socialismo, se está configurando alguna forma de «derecha» política. Porque partimos de un punto incuestionado según el cual el espacio político se divide en izquierda y derecha. Y sin embargo, si preguntamos a nuestros interlocutores qué es derecha o qué es izquierda nos darán respuestas muy diversas, si es que recibimos algunas respuestas. Y ha de formularse la siguiente cuestión: ¿existe alguna frontera definitoria entre derecha e izquierda? ¿Cuál es? Porque en otro caso algunas de nuestras conversaciones y valoraciones políticas carecerán de sentido.

Yo creo que hay momentos históricos en los que la diferencia izquierda-derecha aparece nítida. Pero se trata de una nitidez transitoria.

Cuando la burguesía se alza contra la aristocracia dentro del espíritu de la Revolución francesa, el absolutismo monárquico y aristocratizante, es derecha, mientras que el liberalismo burgués de nuestras Cortes de Cádiz es izquierda. Pero medio siglo más tarde, cuando el proletariado comienza su lucha contra la burguesía, la derecha engloba por igual al conservadurismo aristocrático y al liberalismo burgués, mientras que la izquierda cubre los movimientos proletarios. Hoy, a los socialismos les gusta pensar y decir que la derecha sigue siendo el instrumento aristocrático y burgués de la segunda mitad del siglo XIX, porque con ello pueden montar un fantasma al que alancear a placer. Pero tal pretensión es sin duda un arcaísmo. Los intereses aristocráticos y burgueses hoy no pasan de representar un 5 % en la composición de una derecha política. Si es que permanecen en la derecha, porque la característica de este tipo de intereses es la de apuntarse al poder, cualquiera que sea el poder.

Cuando un país atraviesa una etapa de dictadura, derecha es todo lo que apoya al autoritarismo, e izquierda es todo lo que clama por la libertad, aunque se haga desde posiciones variopintas. Esto puede ocurrir así en la Rusia de hoy, o en la España de ayer. Pero cuando la libertad se consigue, el eje autoritarismo-democracia ya no distingue derecha e izquierda. Por eso ha dejado de valernos aquí la dialéctica franquismo-antifranquismo.

A veces ha sido el factor religioso el determinante de la diferencia, pero ya no lo es en una sociedad secularizada en que, además, la religiosidad o irreligiosidad no lleva a la gente a adoptar posiciones políticas encasilladas. En ocasiones, las posturas son contradictorias con este criterio diferenciador. Así en el tema del divorcio que interesa tanto más cuanto más alto es el nivel de renta del ciudadano.

En los años 30 españoles, la descentralización autonómica era una reivindicación burguesa y periférica, de derechas, a la que se oponía tanto la izquierda como la derecha extrema. Pero en la década de los 70, parecía una posición de izquierda. Y ya se intuye que para los 90 volverá a serlo de derechas.

Por el contrario, el internacionalismo fue un factor izquierdista hasta la Segunda Guerra Mundial. Hoy hay internacionalismos y nacionalismos tanto de derechas como de izquierdas.

El progresismo fue un ideal izquierdista en el siglo XIX que en el siglo XX es compartido por todo el abanico político, desde la extrema derecha a la extrema izquierda. Todos queremos el progreso, aunque la dirección del progreso sea distinta para unos y otros.

Entonces, ¿cuál puede ser en España, y ahora, el criterio clasificador de derecha e izquierda? Posiblemente para muchos está en las ideas de justicia (o igualdad) y libertad. Mientras que la izquierda ansía la justicia tanto que es capaz de sacrificar a ella la libertad, la derecha se centra tanto en la libertad que no duda en menoscabar la justicia.

Mas si éste es el criterio diferenciador, nos encontraríamos con personas, como el autor de este escrito, que serían una especie de extraterrestres de la política, porque no estarían ni en la derecha ni en la izquierda. Ni tampoco en una posición intermedia de sacrificio parcial de justicia y libertad para lograr cotas moderadas o medias de libertad y justicia. Porque yo creo que no es cierta la contraposición de justicia y libertad. Que ambos valores han de buscarse simultáneamente y con el mismo ahínco.

Si hemos de encontrar una frontera separadora de derecha e izquierda, al objeto de entendernos, yo la formulo así: izquierda es la posición política que persigue el progreso fundamentalmente a través de la socialización o el colectivismo, mientras que derecha es ir hacia el progreso a través del máximo respeto posible a la libertad individual y libre iniciativa. Lo cual no impide que la izquierda admita algunos ámbitos de libre iniciativa y la derecha sostenga también cierto sector público.

Si se comparte esta definición, yo acepto ser clasificado de derechas. Y si no se comparte, pueden llamármelo, pero no será correcto.

De todos modos, he hecho las anteriores disquisiciones porque conviene aclarar conceptos ambiguos. Pero también para advertir al lector que, en estos escritos, alguna vez utilizo la expresión «derecha» para referirme a «lo que no es izquierda» simplificadamente. Y ello me obliga a precisar mi situación personal. Hecho lo cual, ya podemos pasar a observar las características de nuestra izquierda en el poder.

2. El marxismo en el PSOE

Es corriente, lo mismo dentro que fuera de España, afirmar que el PSOE no es un partido marxista. Y a mí me parece que es una opinión errónea derivada, en su origen, del padrinazgo político que Willy Brandt y la socialdemocracia alemana (SPD) han ejercido sobre Felipe González y el PSOE. Probablemente la socialdemocracia internacional ha dejado de ser marxista en su mayoría, aunque de cuando en cuando, como ahora en Alemania, se produzcan tendencias izquierdistas preocupantes. Si yo fuera alemán, en alguna coyuntura no me importaría votar SPD. Pero es que SPD y PSOE se parecen realmente muy poco. El SPD, como el Partido Socialista Italiano, tras la restauración de sus respectivas democracias, estuvo 20 años madurando en la oposición y adaptándose a los principios del sistema político y vital de occidente. Por eso, el SPD, que además carecía de competencia comunista en Alemania, pudo en 1959, en Bad Godesberg, hacer una renuncia expresa al marxismo, convertirse en pluriideológico y aun admitir el humanismo cristiano como fuente inspiradora. Mientras que por el contrario, el PSOE, siempre estuvo flanqueado por un comunismo activo (el Partido Comunista está en crisis. Pero el comunismo sigue siendo una poderosa fuerza) que no le permite desmarcarse del izquierdismo dogmático, y por la coyuntura UCD, el PSOE llegó prematuramente al poder sin necesidad de proceso de adaptación.

Por supuesto, que para juzgar el marxismo del PSOE, no acudiré a testimonios de otras épocas. Como lo que pretendo es analizar al PSOE actual, limitaré mis estudios a sus posiciones desde la muerte de Franco hasta ahora.

El punto de partida de mi análisis está constituido por un discurso de Felipe González en la Escuela de Verano del PSOE en 1976 y publicado en el libro *Socialismo es libertad* que ustedes podrán leer al menos en la Biblioteca Nacional. Dice Felipe González (página 27 del libro): «Cuando nosotros decimos que nuestro partido es marxista, tenemos serias razones para decirlo.» Es pues incuestionable que el PSOE entró en la nueva democracia ratificando solemnemente su carácter marxista. Y es falso, por tanto, que hubiera abandonado el marxismo en los Congresos de Suresnes o Toulouse.

No obstante, en 1979 se produjeron acontecimientos en el PSOE que hacen decir a muchos que ahí ocurrió el Bad Godesberg del socialismo hispano. Hubo un Congreso socialista (el XXVIII Congreso, junio de 1979), en el que el radicalismo marxista de ciertos líderes socialistas se enfrentó y ganó frente al talante más moderado que Felipe González quería imprimirle al partido. Y Felipe González dimitió, hasta que un Congreso Extraordinario (28-29 de septiembre de 1979) apoyó sus tesis antes derrotadas. Es normal oír que ese Congreso Extraordinario fue el del enterramiento del marxismo y el nacimiento de la «socialdemocracia» en el PSOE. ¿Fue así? Creo que hay que dejarse de imágenes estereotipadas y acudir a los textos.

Es conocido que cuando en 1879 se fundó el PSOE por Pablo Iglesias, se redactó un programa conocido como Programa Máximo, que fue aprobado personalmente por Karl Marx, para que su marxismo no fuera dudoso. Ese programa, que fue el programa de Pablo Iglesias y de Largo Caballero, con base en el cual postulaban la dictadura del proletariado, ha venido siendo ratificado en todos los Congresos del PSOE de la actual etapa, mediante remisiones al mismo y aunque sin recogerlo.

Pues bien: lo primero que nos choca al leer las resoluciones del Congreso Extraordinario del PSOE de 1979, es que en vez de una referencia indirecta al Programa Máximo, como venían haciendo, asumen y recogen íntegramente tal Programa Máximo. Dice así la Introducción a la resolución política del Congreso Extraordinario del PSOE:

«...Para superar este sistema (el capitalismo) e implantar en España la sociedad socialista se reunieron el 2 de mayo de 1879 un puñado de compañeros y bajo la inspiración y el impulso de Pablo Iglesias fundaron el Partido Socialista Obrero Español. Establecieron los objetivos últimos del movimiento socialista en una *declaración de principios* que, por su actualidad, no precisan revisión alguna, sino el estudio y explicación al pueblo español de su contenido y que dice así:

»Considerando:

»Que esta sociedad es injusta porque divide a sus miembros en dos clases desiguales y antagónicas: una, la burguesa, que, poseyendo los instrumentos de trabajo, es la clase dominante; otra, el proletariado, que, no poseyendo más que la fuerza vital, es la clase dominada.

»Que la sujeción económica del proletariado es la causa primera de la esclavitud en todas sus formas: la miseria social, el envilecimiento intelectual y la dependencia política.

»Que los privilegios de la burguesía están garantizados por el poder político, del cual se vale para dominar al proletariado.

»Por otra parte:

»Considerando que la necesidad, la razón y la justicia exigen que la desigualdad y el antagonismo entre una y otra clase desaparezcan, reformando o destruyendo el estado actual que las produce.

»Que esto no puede conseguirse sino transformando la propiedad individual o corporativa de los instrumentos de trabajo en propiedad común de la sociedad entera.

»Que la poderosa palanca con que el proletariado ha de destruir los obstáculos que a la transformación de la propiedad se oponen, ha de ser el poder político, del cual se vale la burguesía para impedir la reivindicación de nuestros derechos.

»El Partido Socialista declara que tiene por aspiración:

1. La posesión del poder político por la clase trabajadora.
2. La transformación de la propiedad individual o corporativa de los instrumentos de trabajo en propiedad colectiva, social o común. (Entendemos por instrumentos de trabajo la tierra, las minas, los transportes, las fábricas, máquinas, capital, moneda, etc.)
3. La organización de la sociedad sobre la base de la federación económica, el usufructo de los instrumentos de trabajo por las colectividades obreras, garantizando a todos sus miembros el producto total de su trabajo, y la enseñanza general científica y especial a los individuos de uno y otro sexo.
4. La satisfacción por la sociedad de las necesidades de los impedidos por edad y por padecimiento.

»En suma: el ideal del Partido Socialista Obrero Español es la completa emancipación de la clase trabajadora y la abolición de todas las clases sociales y su conversión en una sola de trabajadores, dueños del fruto de su trabajo, libres, iguales, honrados e inteligentes.»

Como el lector puede comprobar, en este programa hay metas preciosas que todos suscribimos. Lo de «libres, iguales, honrados e inteligentes» o la satisfacción social de las necesidades de ancianos o enfermos. Pero, cualquiera que sea el juicio de valor que nos merezcan estos objetivos, lo que no cabe discutir es que se trata de un programa marxista, aprobado por Marx. Y así: se recoge el concepto de Estado como instrumento de la clase dominante; la plusvalía como apropiación del empresario; la lucha de clases; la abolición de la propiedad privada; la supresión de las clases, y mediante la conquista del poder, la dictadura del proletariado (la posesión del poder político por la clase trabajadora).

El programa del Congreso Extraordinario de 1979, en donde se dice que se abandonó el marxismo, es un programa radicalmente marxista. Y como es natural en un marxismo ortodoxo tiende a lo totalitario. Yo pido al lector que no considere esta expresión como una ofensa. El totalitarismo es aquella especie de Gobierno que controla no sólo el poder estrictamente político sino la vida social. Y la aspiración del PSOE a controlarlo «todo», no es una interpretación mía, sino una confesión propia de ellos mismos. Volvemos al Congreso Extraordinario de 1979 (el del supuesto repudio del marxismo y la adopción de la socialdemocracia), en donde leemos: «La mitificada conquista del poder político no es más que una de las fases de realización de nuestro proyecto. La sociedad socialista será aquella en la que todo el poder se halle socializado: el poder económico, el poder político y el poder social» (Introducción).

De acuerdo con la estrategia eurocomunista diseñada por Gramsci, citan a la democracia como mero instrumento para llegar al socialismo. «Nuestra vía es la vía democrática al socialismo» (punto 2.2, Congreso Extraordinario 1979), y «La democracia como método y como proceso es la seña de identidad estratégica del comportamiento y el pensamiento socialista» (punto 21.30, Congreso 12/1984). Y copiando literalmente palabras de Gramsci, proclaman la búsqueda de la «hegemonía». «Para potenciar la capacidad hegemónica de los socialistas» (Congreso Extraordinario 1979, punto 2.3). Hasta un dirigente tan moderado del PSOE como Txiqui Benegas, en la Asamblea del PSOE andaluz les dijo: «Compañeros: ya hemos alcanzado la hegemonía política. Ahora tenemos que conseguir la hegemonía social.»

Por supuesto, en ese Congreso Extraordinario de 1979 se sigue hablando de «la potenciación del sector público, acrecentando su participación en la economía» (3.8) y proclamando que «El sector público debe ejercer un amplio control sobre sectores claves de la economía, en especial los sistemas financiero y energético, que lleguen cuando sea necesario y factible, como es el caso del último citado, a la nacionalización» (3.8).

Entonces, ¿cuál es el cambio espectacular del Congreso Extraordinario de 1979? Pues, sencillamente, que donde antes decía: «El PSOE reafirma su carácter de partido de clase, de masas, marxista, democrático y federal», ahora dice: «El PSOE reafirma su carácter de partido de clase, de masas, democrático y federal» (se quitó la palabra marxista). Pero añadiendo a continuación: «El PSOE asume el marxismo como un instrumento teórico, crítico y no dogmático para el análisis y la transformación de la realidad social, recogiendo las distintas aportaciones, marxistas y no marxistas, que han contribuido a hacer del socialismo la gran alternativa emancipadora de nuestro tiempo.»

Si en este Congreso Extraordinario de 1979, el PSOE pone especial énfasis en reproducir un programa marxista y aprobado por Marx, diseñar una estrategia marxista de corte totalizante, y reconocen explícitamente que su inspiración científica es marxista. ¿Dónde está la tan pregonada renuncia?

Yo recuerdo haber escuchado por TVE a Felipe González en aquel Congreso. Lo más que llegó a decir fue una frase ambigua en su discurso: «Compañeros: Hay que ser socialista antes que marxista.» Y como es natural ante afirmación tan inconcreta, los periodistas al salir le preguntaron si con esa frase estaba repudiendo al marxismo. A lo cual Felipe González contestó (compruébese en las hemerotecas): «Para mí el marxismo es un método de análisis de la realidad.» Justamente es la misma frase que pronuncia en la Escuela de Verano de 1976 cuando afirma con rotundidad el carácter marxista del PSOE y como añadida a ella (véase el libro *Socialismo es libertad*, pág. 27). Y en los tiempos en que Julián Besteiro era el líder radical marxista del PSOE sustituyendo al fallecido Pablo Iglesias, cuando todavía Largo Caballero era un moderado colaboracionista con la burguesía, Besteiro preguntado por el marxismo socialista dice literalmente la misma frase: Para mí el marxismo es un método de análisis de la realidad. Porque justamente el marxismo es esto: un método de análisis de la realidad, utilizando como herramientas conceptos o prejuicios determinados (1).

(1) La valoración que hace del marxismo en 1979 Felipe González, es también la misma que realizan todos los marxistas. El comunista húngaro Lukács, en su obra de 1923 *Historia y conciencia de clase*, dice que «la teoría marxista sólo puede ser un método; un método que está dirigido a indicar al proletariado, en cada situación concreta, las posibilidades objetivas que resultan de una observación de la sociedad como totalidad dinámica; un método que plantea la urgencia de la transformación de la sociedad» (edición de 1966, página 109). Esta definición es coherente con la que Engels da para la dialéctica en su *Anti-Dühring*, pág. 132, y con las distinciones entre teoría y praxis de Marx.

Por su parte, Kautsky, marxista alemán ortodoxo, secretario de Engels y

Cualquier utilización dogmática del marxismo está condenada por el propio Marx.

Éste es el balance del supuesto Bad Godesberg del socialismo español en 1979. Nada de repudio, sino más bien reafirmación del marxismo. Que no se pone en discusión en los Congresos posteriores: En el XXIX Congreso (octubre 1981) «expresan la plena vigencia de los principios e ideales que orientaron la acción del PSOE desde su fundación en el texto del Programa Máximo del partido y reafirman: la línea ideológica trazada en el Congreso Extraordinario del partido, cuyos contenidos tienen total actualidad» (1.1) y vuelven a insistir en «la permanente afirmación de sus objetivos finales: transformación radical de la sociedad capitalista en una sociedad socialista» (1.1). Y el XXX Congreso (12/1984), en su resolución núm. 1, dice: «El XXX Congreso del PSOE expresa la plena vigencia de los principios e ideales desarrollados en el Programa Máximo del partido que orientaron la acción del PSOE desde su fundación en 1879, y reafirma la línea ideológica trazada en el Congreso Extraordinario de 1979 y en el XXIX Congreso del PSOE.»

Nada me agradaría más que el XXXI Congreso del PSOE, cuya celebración está señalada cuando redacto estas páginas, repudiara expresamente sus reiteradas proclamaciones de todos los anteriores. Me haría la ilusión de haber contribuido a tal logro. ¿Será así?

3· La estrategia gradualista en el marxismo del PSOE

Creo que ha quedado suficientemente demostrado que el PSOE sigue siendo un partido con objetivos e inspiraciones marxistas, sin haber renegado nunca, sino más bien al contrario, de tales bases de partida y fines.

Y sin embargo, sería muy injusto y erróneo negar la importante evolución sufrida por nuestros socialistas, alejados ya del espíritu revolucionario de los años 30. ¿Hay alguna contradic-

---

editor de la última parte de *El capital* de Marx, definió el marxismo como «un determinado proceso de conocimiento, basado en un método determinado» (*Gesellschaft*, t. 10).

ción entre ambas afirmaciones? ¿Cómo se compagina la fidelidad a los objetivos e inspiraciones marxistas y la actuación sosegada? Parémonos en este punto porque es capital.

Fue el propio Marx el que enseñó a sus discípulos que habían de distinguir entre la teoría y la praxis y llamó su atención sobre la necesidad de atemperar los ritmos revolucionarios a la realidad circundante si no se quería fracasar sin posibilidad de retorno. Les insistió mucho en que al socialismo sólo puede llegarse con éxito cuando previamente se han ido creando una serie de condiciones objetivas sucesivas que no pueden saltarse impunemente.

Será muy interesante recordar en este sentido lo ocurrido con el marxismo ruso prerrevolucionario. Había entonces dos facciones, la menchevique y la bolchevique, dirigidas respectivamente per Plejanov y Lenin. Pues bien, los mencheviques, que eran el sector marxista mayoritario, creían con Marx que para alcanzar el socialismo, antes había que recorrer en Rusia la senda de la revolución liberal, para lo cual el Partido Socialista debería ser aliado, aunque eventual, de los partidos liberales. Pactar con la burguesía y con la Iglesia, hacer un gran partido, de tono relativamente moderado, que pudiera atraer a su seno o conseguir la colaboración de sectores no marxistas, mantener la democracia burguesa, negar la acción insurreccional y crear varias tendencias dentro del propio partido. En definitiva ir al socialismo no de golpe y provocando reacciones contrarias insuperables, sino paso a paso y con más seguridad.

En contra estaba Lenin y sus bolcheviques que impusieron sus tesis de insurrección rápida, supresión de caminos democráticos y olvido de pactos con otras fuerzas no marxistas. Y aún había una tercera posición más drástica y violenta que era la de Rosa Luxemburgo a la que Lenin fustigó duramente calificándola como «la enfermedad infantil del comunismo».

Lo que conviene retener, es que tan marxista como Lenin era Plejanov. Y que eran muchos más los mencheviques que interpretaban la necesidad de una vía gradual al socialismo, que los bolcheviques que querían y lograron la vía rápida.

Y traigo esto a colación, porque el PSOE de la nueva democracia, que no ha renunciado al marxismo, sí que ha cambiado desde el marxismo bolchevique al marxismo menchevique: Felipe González ya no quiere ser como Largo Caballero el Lenin español. Ya aceptan la vía democrática hacia el socialismo. Y lo hacen dentro de la más pura ortodoxia marxista. En el punto 2.2 de las Resoluciones del Congreso Extraordinario de 1979 dicen, que «La revolución no es el "gran día", sino el proceso permanente y conflictivo para generar el cambio de la sociedad. Este proceso de cambios, sean radicales o graduales, de la sociedad y el Estado, pone de forma permanente sobre la mesa el tema del poder burgués. Y por lo tanto, la cuestión de valorar nuestros objetivos tácticos en función de la relación de fuerzas. Para alcanzar el poder es preciso contar con el apoyo y participación de una nueva mayoría en una revolución lenta de la sociedad, dirigida en tres direcciones: en el terreno político institucional (reformando, ampliando y profundizando la democracia y las libertades), en el terreno económico (ampliando el área de participación y decisión colectiva en los centros de poder económico), y en el campo de la sociedad civil (creando nuevas formas de organización cultural de la sociedad, impulsando la hegemonía social de los trabajadores y del pueblo). Los progresos no serán lineales, ni de golpe, ni simultáneos, ni los podemos dejar a la espontaneidad de cada sector... Corresponde a los socialistas situarlo bajo una dirección de clase y darle unos objetivos a corto, medio y largo plazo, para evitar los peligros de una "situación catastrófica" o de una "falsa posición" de los socialistas, e ir transformando la relación de fuerzas sociales existentes».

No quiero insinuar que nuestros socialistas carezcan de originalidad creadora. Pero sí afirmo que estos párrafos son un «calco» de las tesis mencheviques.

Y si a alguien le parece «antiguo» el Congreso Extraordinario de 1979 del PSOE, que acuda a las crónicas del XXX Congreso (último celebrado hasta el momento de escribir estas líneas), de diciembre de 1984. En este Congreso, la oposición a Felipe González se canalizó fundamentalmente a través de Tierno Galván. Y don Enrique Tierno acudió a la tribuna de oradores a pedir al partido mayor velocidad en la ruta hacia el socialismo. Dijo que habiendo ascensor no debería subirse por las escaleras. Felipe González le replicó, pero sin entrar a discutir ni poner en cuestión los objetivos. La discrepancia fue de métodos. González le dijo al viejo profesor, que para llegar al Himalaya se puede iniciar la marcha como un joven de 20 años, con el riesgo de no llegar, o partir lentamente como si se fuera anciano de 80 años, con lo cual se llega seguro. Felipe González manifestó querer llegar al mismo pico que Tierno, pero más seguro y en mejores condiciones. Citó también el peligro de involución como razón añadida para justificar su pragmático Plan de Marcha. Es el gradualismo en los métodos la novedad del PSOE en esta democracia. Los fines permanecen intactos. Y curiosamente, el corazón de los muy seleccionados asistentes al XXX Congreso, se volcó compensatoriamente con las más calurosas ovaciones a los invitados comunistas cubanos y nicaragüenses, que en sus países optaron por subir al socialismo en ascensor y no por las escaleras. Es decir: se aprobó la línea menchevique que propuso Felipe González, y se aplaudió la bolchevique de Cuba y Nicaragua.

Hay que valorar positivamente la labor que Felipe González viene haciendo con su gente para hacerles aceptar las vías moderadas hacia el socialismo. Lo consiguió incluso con Maravall, quien en 1982 publicó un libro titulado *Política de la transición,* en el cual distinguiendo entre modelos marxistas de sociedad y de transición (pág. 265), justifica el «gradualismo» elegido hoy por el PSOE y por la UGT, por dos razones: una, para poder conquistar electoralmente el poder dada la moderación de la clase obrera a la muerte de Franco (páginas 32 y 67), y otra, defensiva, al pervivir en España estructuras capaces de provocar un golpe de Estado si el PSOE apresura su marcha hacia el igualitarismo (págs. 36 y 217). Como vemos, Maravall se resigna al gradualismo menchevique. Pero no del todo, y en otras partes de su libro se le escapan afirmaciones menos pacientes y más en la antigua línea de Largo Caballero. Así, en la página 259, habla de la difícil compatibilidad entre socialismo y pluralismo. En la página 269 afirma que la distinción entre reforma y revolución es un engaño. En la página 246 dice que el gradualismo socialista se ha demostrado inviable en Chile, y en la página 264 sentencia que «la única alternativa clara es, por supuesto, de carácter político: algún tipo de neobolchevismo». Aún le queda a Felipe González alguna labor en la reconducción del PSOE hacia métodos moderados.

A este gradualismo táctico del PSOE, algunos le llaman socialdemocracia. No discuto las denominaciones, que siempre tienen algo de convencionales. Pero sí ha de decirse que la etiqueta socialdemócrata es confusa y ambigua. «Socialdemócrata» se llamaba el Partido Comunista de Lenin. Y, ¿cómo puede interpretarse la socialdemocracia? Si se hace alusión a que es «socialismo democrático», todos los partidos eurocomunistas pueden reclamar para sí la etiqueta después de Gramsci, pues todos aceptan la vía democrática al socialismo. Y si es «democracia social», no es nada. Yo pienso que el nombre socialdemócrata es propio de personas que quieren pasar un tiempo sin definirse, esperando a saber cuál será la tendencia triunfante. Sea la que sea siempre podrán decir que ellos ya eran de esa tendencia.

De todos modos, por si la expresión «socialdemócrata» encierra algún grado de tibieza en los ideales marxistas, algunos militantes del PSOE la fustigan duramente. En la obra citada de Maravall, se critica a la socialdemocracia como aliada del capitalismo (págs. 224 y 251). Se establecen nítidas diferencias entre los socialismos mediterráneos con los del centro y norte de Europa (pág. 221). Se ataca con rudeza a las socialdemocracias europeas (págs. 225, 227, 235, 239, 242), entendiendo que lleva a los países no a la igualdad sino a la meritocracia (página 271).

Sigo transcribiendo sus propios testimonios, marginando las cintas tomadas en sus mítines, porque las considero el reverso de una moneda poco válida, cuya cara son las declaraciones a empresarios, o ante TVE. Citaré a Miguel Boyer, presunta cabeza socialdemócrata del PSOE, quien como director de una comisión económica, en «*Socialismo es libertad*» (1976), tras rechazar el carácter estatalizador del PSOE, aclara que su modelo económico se compone de un sector autogestionario «*que agrupará a la inmensa mayoría de las grandes empresas del país*», un segundo sector de empresas estatales y otro «*que puede permanecer en manos privadas, comprendiendo las pequeñas empresas*», porque sería ineficaz separar en ellas la gestión y la propiedad. Todos ellos sometidos a la planificación estatal (páginas 140-142).

El sector autogestionario lo considera típico de la sociedad socialista y lo que diferencia al PSOE de las socialdemocracias, que sólo pretenden reformar las estructuras (pág. 189). El estatal habrá de controlar, por su parte, el 70 por 100 del valor añadido de la gran industria, el 25 por 100 del PIB y el 50 por 100 de la inversión industrial total (pág. 187).

Pero para llegar a ello distingue tres fases. La primera, de consolidación democrática, en la que el Estado debe controlar la economía, concretamente a la Banca, preparar la autogestión; e incrementar sustancialmente la presión fiscal con el objeto de ir reduciendo el sector privado en favor del público. La segunda, de transición al socialismo, en la que se nacionalizarán Banca, electricidad, petróleo, carbón, gas, energía nuclear, siderurgia, minería, industrias farmacéuticas y de alimentación, no expropiando con indemnización, sino convirtiendo las acciones en obligaciones. La tercera fase sería la ya plenamente socialista (págs. 137, 158, 181-189). En agricultura, en la segunda etapa, «*el objetivo es exactamente igual que era hace cuarenta, cincuenta o cien años: dar la propiedad de la empresa agraria a quienes trabajan en ella*» (pág. 191). Y advierte que en estos planteamientos «*hemos intentado evitar toda demagogia*» (pág. 193).

Pues bien, este mismo Miguel Boyer, que desde su salida del Gobierno se cita como supuesto hombre de derechas que ha abandonado el socialismo, y que es duramente criticado por Alfonso Guerra, se va a Nueva York y en el Spanish Institute, en octubre de 1986, para atacar al «guerrismo» adopta la más fiel argumentación marxista. Leo en la prensa del 3/10/86 que advirtió que «si al llegar al poder los socialistas hubieran fracasado económicamente, hubiese sido muy probable que todas las fuerzas involucionistas se hubieran unido para dar marcha atrás». Y recordó el caso de Allende en Chile. «En aquellas condiciones, siguió, hubo que posponer las ambiciones sociales y tradicionales del partido para volver a los equilibrios económicos más elementales... En España quedan todavía por hacer tales transformaciones que sólo un partido grande puede hacerlas. Porque (en otro caso) alejaría de nosotros a sectores de la población que se han identificado con el Gobierno sin ser socialistas.»

¿No vuelve a ser otra vez la argumentación del marxismo menchevique? (1). Frente a ciertos miembros del partido en el

(1) Para Marx, según explica él mismo con frecuencia en sus obras y concretamente en su Tesis 11.ª sobre Feuerbach, la teoría, el dogma, no es más que un arma, un método, una estrategia, al servicio de la praxis revolucionaria, del cambio social.

Explica asimismo Karl Marx que la verdad no es estática sino cambiante, sometida, como todo, al proceso dialéctico revolucionario. No puede predicarse la verdad más que del proceso histórico en su conjunto, nunca de una de sus fases. «Toda la vida social tiene un carácter esencialmente práctico. Todos los misterios que disponen la teoría para el misticismo encuentran su solución racional en la praxis humana y en la comprensión de esta praxis» (Tesis 8.ª sobre Feuerbach) y en su *Deutsche Ideologie*, añade: «No se expli-

poder que acusan a Miguel Boyer de traicionar al PSOE, yo entiendo que el señor Boyer es hasta hoy un socialista leal, aunque moderno, competente y con la virtud de la prudencia política. Probablemente está alejado del marxismo dogmático. Pero es que el dogmatismo marxista es una corrupción del marxismo. Marx patrocinó en sus escritos la supremacía de la praxis sobre el dogma. Y la praxis marxista es una invitación permanente al oportunismo (utilizo la expresión en sentido no peyorativo, sino de constante adecuación táctica a las circunstancias).

No pretendo ahora criticar al PSOE. Simplemente trato de recoger sus planteamientos, para que tomando conciencia de ellos podamos elaborar una alternativa. Sin maniqueísmos, pero sin dejarnos sorprender por el estilo dulce y civilizado con el que nos están dirigiendo hacia la sociedad marxista y en todo caso colectivista. Máxime cuando pueden argumentar con verdad que son honrados en la proclamación de sus intenciones. Somos nosotros quienes queremos interpretar que han renegado de sus objetivos para así seguir tranquilos en la inacción o en juegos políticos frívolos.

Alguien podrá reprocharme que yo defiendo la honradez de los socialistas, cuando éstos, tanto en campañas electorales como en el día a día de su gestión, silencian sistemáticamente sus objetivos últimos de partido y aun los cubren con palabras y gestos contradictorios. A pesar de ello, yo sigo sosteniendo su honradez básica. Porque se da la circunstancia de que también nos tienen anunciadas estas cortinas de humo sobre sus objetivos últimos. Vuelva a repasar el lector la resolución 2.2 del Congreso Extraordinario del PSOE de 1979, que prevé tal estrategia (en este libro la he recogido en la Parte IV, 1.4 f, páginas 180, 181).

No obstante, muchos no desean dar por recibido el mensaje. Piensan que como el PSOE es un partido constitucionalista que proclama la libertad, la ética y la democracia, pueden seguir en posición de descanso.

Yo no dudo de la fidelidad constitucional del PSOE. Pero no deben olvidarse ni la elasticidad de la Constitución ni que se es leal a su texto cuando se la reforma. Y deseo recordar que

---

ca la praxis partiendo de la idea; se explican las formaciones ideales partiendo de la praxis material.»

los conceptos de libertad, ética y democracia tienen en labios marxistas un significado propio.

La libertad socialista no impide «conquistar el poder para que se revise drásticamente la manera de producir y consumir», según manifiesta su XXIX Congreso. Es una libertad compatible con un intenso dirigismo de los poderes públicos.

La ética marxista no tiene parentesco con la moral cristiana, permitiendo al profesor Tierno justificar el engaño electoral y al actual presidente Felipe González manifestar por televisión que son lícitas las medidas injustas cuando se adoptan para lograr la Justicia con mayúsculas. Obviamente la Justicia con mayúsculas es Su modelo de sociedad.

Aunque creo que hacen sinceros esfuerzos por aceptar la democracia occidental, todavía no lo han conseguido. La democracia para ellos es un cajón de sastre, «es democracia (también) que los trabajadores de las fábricas asuman cada vez más las parcelas de poder del empresario» (Felipe González, «*Socialismo es libertad*», pág. 36). Así se comprende que la UGT en su Congreso de 1976, Felipe González en las elecciones del 77 y muchos líderes y militantes, en 1984, reivindiquen con orgullo el golpe de Estado que organizaron en 1934 contra el resultado de unas elecciones democráticas. O que publiquen declaraciones de satisfacción con la actual «democracia» nicaragüense.

Hasta aquí la voz del partido, de la que pueden discrepar, prudentemente, algunos militantes. A continuación, veremos si lo que hacen desde el Gobierno responde o no a sus fundamentos marxistas.

4. El marxismo en el Gobierno del PSOE

El PSOE confiesa su carácter marxista con suficiente claridad a quien quiera conocerlo. Ésta fue la tesis de anteriores epígrafes.

Ser marxista no tiene ningún sentido diabólico. Pero es ingenuo creer que carece de un significado profundo. Para el marxismo la suprema realidad es el Estado (Hegel y Lenin) o el poder colectivo (Marx). En todo caso la persona está subordinada a la colectividad y no a la inversa. Repudian la propiedad privada, considerada como ilegítima apropiación por los individuos de bienes colectivos. Especialmente de los bienes de producción, y por tanto aspiran a la colectivización de los bienes y servicios. Proclaman el igualitarismo. La retribución al individuo debe hacerse según sus necesidades ignorando sus méritos. La igualdad socialista es un concepto esencialmente diferente a nuestra igualdad de oportunidades. Postulan la destrucción de todas aquellas superestructuras (derecho, moral «burguesa», religión...) que dificultan la consecución de su ideal social.

Inicialmente patrocinaban la dictadura insurreccional del proletariado como etapa intermedia. La revisión gramsciana de Marx supuso la constatación de que en las sociedades occidentales era imposible la revolución proletaria y resultaba aconsejable ir a la conquista del poder utilizando las vías de la democracia. Simultáneamente deberá efectuarse una penetración marxista en todos los medios de comunicación, cultura y educación, de forma que destruidos los resortes espirituales de la sociedad occidental, sus estructuras se desplomen, pudiendo ser así sustituidas por las marxistas. Gramsci genera la doctrina eurocomunista, y el socialismo español, siempre influido intelectualmente por el PCE, asume igual que éste el compromiso de la vía democrática «burguesa» hacia su meta final.

El PSOE está hoy en el poder en España. Es verdad que han incumplido muchas de sus concretas promesas electorales. Sin embargo, vamos a ver cómo su política es francamente coherente con la filosofía marxista y con la táctica gradualista que aprobaron en sus últimos Congresos.

En materia económica, el señor Presidente se manifiesta contrario a la estatalización. Igual que lo hiciera Boyer. Pero no hay que confundirse. La estatalización no es sino una de las varias formas de colectivismo. Es la desviación leninista de la filosofía de Marx. El ideal marxista es la propiedad socializada y no estatalizada. Lo explica lúcidamente Felipe González: «¿Para qué necesitamos nacionalizar la Banca si los mismos objetivos los podemos conseguir de otras formas más sencillas?» Con sus reformas el Gobierno socialista puede controlar el 55 por 100 de los recursos ajenos de la Banca. Dominan a través del Banco de Crédito Agrícola la red de Cajas Rurales y han modificado la organización de las Cajas de Ahorros para que puedan ser dirigidas por socialistas. En electricidad no sólo hicieron la nacionalización de la red de alta tensión, sino que con la misma ley van a intervenir todo el proceso productivo y comercial de las empresas privadas del sector. En cinco años de legislatura, habrán incrementado en un 50 % el índice de presión fiscal sobre el PIB existente en 1982, y, además, están también ensanchando el sector público, por vía de ingresos extrafiscales, merced a diferentes variedades de Deuda, que sitúan para el futuro la carga financiera del Estado en límites temerarios. Han reducido los conciertos con la sanidad privada y aprobaron una ley que supone un ataque durísimo a la enseñanza libre con carácter propio. En contra de ciertas declaraciones tranquilizantes lo cierto es que, mes a mes, el porcentaje de economía colectivizada sube en España (1).

El dirigismo en la vida social va *in crescendo* de forma alarmante. Los grandes medios de comunicación arrojan índices impresionantes de propaganda, no sólo de la gestión gubernativa, sino de la concepción marxista de la vida en todos los órdenes. Y un socialista de la oficina del portavoz del Gobierno, llamado Santiago Varela, llegó a decir en un seminario en Salamanca que habrá de hacerse una LODE de la información, pues los medios de comunicación privados deben responder a la orientación que la mayoría del pueblo muestra en las elecciones y no a los criterios libres de sus titulares. El tal socialista, ni fue destituido, ni siquiera desmentido.

La Justicia, poder independiente según la Constitución, ha quedado también bajo la dirección política del socialismo. El Consejo General del Poder Judicial está dominado por personas de la ideología del partido gobernante, que lógicamente tienden a hacer su política de nombramientos y control, según su especial concepción «progresista». Y no puede decirse que la Judicatura es independiente porque no recibe presiones del Ejecutivo.

Si mañana, mis amigos ideológicos me seleccionaran como árbitro para dirimir los conflictos que se produjeran entre la cultura marxista y la occidental-cristiana, podrían estar seguros de que yo haría grandes esfuerzos por ser imparcial en mis decisiones. Pero, ¿podría decirse que mi arbitraje sería independiente cuando yo sería designado por una de las partes en litigio a sabiendas de que yo, íntima y profundamente parto de la convicción de que la razón está del lado de mis amigos? Los

(1) En algunas zonas de España, es posible que el resultado electoral del 10-VI-87, haga que al PSOE se le vuelva en contra la Ley de Órganos Rectores de Cajas de Ahorros. Pero la socialización queda intacta hasta que la ley se cambie por el Parlamento estatal.

jueces son instigados a sentenciar considerando «el sentir popular» que previamente preparan los medios de comunicación social. Y así es normal que entre los habituales expedientes que abre a los jueces el Consejo del Poder Judicial, predominan claramente aquellos que tratan de corregir supuestas desviaciones de las resoluciones judiciales respecto de la línea «progresista» que va configurando el poder político.

Desde que el Partido Socialista ha llegado al poder y conformado la organización de la Justicia según sus criterios, viene siendo frecuente, como acabo de indicar, oír a altos dignatarios la afirmación de que los jueces han de dictar sus resoluciones «de acuerdo con el sentir popular». Con los máximos respetos debo indicar que la tesis me parece aberrante y altamente preocupante. Aberrante, por cuanto que la voluntad popular, representada en las Cortes Españoles (art. 66 de la CE), es la que hace las leyes. Y una vez establecida la Ley, los tribunales han de aplicarla (artículos 9.3 y 117.1 de la Constitución), de forma que los jueces han de considerar en su actuación la voluntad popular que se ha objetivado en la Ley, y no otra voluntad o sentir popular. Sentenciar según lo que pida el pueblo en el momento de la sentencia, es anticonstitucional y atenta a los avances que el Derecho moderno nos ha deparado, como los de seguridad jurídica, legalidad y no punición de aquello que no sea delito en el momento en que se ha efectuado el acto que se juzga. Y además de aberrante, tal principio es sumamente preocupante, porque ¿qué es y cómo se valora el sentir popular? ¿Por lo que aparezca en los medios de comunicación? ¿Por las manifestaciones callejeras? ¿O acaso lo que se pretende es que los jueces consideren en sus sentencias la voluntad presunta de los ciudadanos según las últimas elecciones y antes de que las nuevas mayorías modifiquen las leyes? ¿Para qué servirá entonces el Parlamento? ¿Qué ocurrirá en los municipios en los que las votaciones hayan sido de signo distinto al general del país?

La Administración Pública también se politiza. Invito a mis lectores a que acudan al Diario de Sesiones del Senado del 12 de diciembre de 1978. Yo era ministro de la Presidencia y protagonicé con el señor Ramos Torrecilla, del PSOE, un debate parlamentario sobre la función pública. Yo defendía la profesionalización de los funcionarios, salvo en los niveles de director general y delegado provincial, que por ser cargos de confianza política deberían seguir siendo de libre designación. El señor Ramos reclamaba también el nombramiento por concurso de estas dos categorías administrativas. Cuando el PSOE llegó al poder, el señor Ramos fue secretario de Estado de la Función Pública. Hizo su Ley de Reforma... pero en sentido contrario al que pidió en el Senado. Las leyes del franquismo consagraban la provisión por concurso de méritos de todos los puestos de funcionarios a nivel de servicio e inferior. A veces se hacían combinaciones fraudulentas. Pero se podían corregir por los tribunales. Yo conseguí para un cliente que un tribunal anulara por desviación de poder una de esas combinaciones, desalojando al beneficiario de la maniobra y nombrando al perjudicado. Pues bien: ahora resulta que los jefes y jefes adjuntos de servicio los nombra por sistema de libre designación la Administración socialista, para lo cual no duda en cesar previamente a quienes accedieron al puesto por concurso de méritos. ¿Puede concebirse que en una democracia, el Poder tenga sobre la Administración un control político superior al de una dictadura?

En su confesado afán de control político, económico y social, han llegado a interferir en una actividad social tan espontánea como es el deporte. Modificaron sus reglamentaciones para renovar de sus puestos a personas dirigentes que no les parecían gratas.

La cultura de izquierda se oficializa. Las universidades que ellos dirigen otorgan sus distinciones a gentes de su color político, y los artistas piensan —parece que con fundamento por los resultados— que los proclives al poder tienen a su favor las enormes posibilidades de promoción del sector público estatal, autonómico o local.

El socialismo de la II República luchó frontalmente contra la Iglesia. Para menoscabar su influencia en el primer bienio cerraron seis mil aulas de colegios católicos. Ahora el procedimiento fue más civilizado. Con la LODE y sus principios de zonificación en la admisión de alumnos (y por tanto de padres de alumnos), selección del profesorado privado por concurso público, y dirección autogestionaria, el carácter propio de los colegios católicos que reciban alumnos financiados con fondos públicos quedará en mera fachada sin contenido real alguno. Los centros confesionales —que son los que les preocupan, como han reconocido en el Parlamento— quedarán así circunscritos a un 5 por 100 de la población, sin posibilidad de continuar atendiendo a las clases medias y bajas del país. Y paralelamente, en correcta aplicación de las tesis de Gramsci, van socavando desde los medios de difusión los cimientos de la moral media tradicional de la sociedad española. Nuestro país se ha convertido en el paradigma de la permisividad moral y de la droga (dura, blanda), cuyo consumo y tenencia para consumo han liberalizado.

Han hecho desaparecer prácticamente los puros delitos contra la propiedad privada. Hurto, estafa, apropiación indebida, carecen de sanción real en sí mismos. Pongamos un ejemplo: si un ciudadano se apropia de veinte millones de pesetas en un Banco, la pena a imponer dada la importancia de la suma, en su grado máximo, es de seis meses de arresto mayor (535 C.P.). Con la reforma operada de la Ley de Enjuiciamiento Criminal no cabe prisión provisional. Y si el ciudadano no tiene antecedentes o aun teniéndolos obtuvo la rehabilitación, o está en condiciones de obtenerla, tampoco pisará la cárcel tras la condena (93 C.P.). Cuando se dieron cuenta del deterioro gravísimo del orden público que habían provocado, afirmaron que no rectificarían, sino que sólo agravarían las penas de los delitos contra la propiedad cometidos con armas. Es decir: los delitos contra la propiedad, en sí mismos, seguirán sin ser delitos. No es ligereza. Es marxismo coherente. Pero ni siquiera realizaron la anunciada agravación de penas.

El igualitarismo lo están acercando al sector público, mediante la tendencia niveladora de haberes activos y pasivos y la implantación de una mediocracia aniquiladora de los colectivos de funcionarios más prestigiosos y preparados. Hoy los funcionarios españoles han de mirar incluso con envidia las posibilidades de promoción y recompensa del esfuerzo que se dan en la Unión Soviética, muy superiores a las que establece el socialismo hispano (1).

Y eso que estamos en la primera fase de su poder para la que han programado ser sumamente prudentes. ¿Qué ocurrirá si se estabilizan en el poder, cuando vayan dejando de tener resistencias sociales «derechistas» a sus propósitos y carezcan del temor a la involución? ¿Es que acaso un Partido Socialista

(1) Sólo los gobernantes con talla intelectual y seguros de sí mismos soportan unas élites funcionariales a su servicio. Los políticos de escaso peso específico humano, necesitan un funcionariado de bajo nivel. El cambio se hace luego con disculpas diversas.

como el PSOE podrá dejar de seguir haciendo y acumulando reformas en dirección hacia su objetivo? Suponiendo que los líderes sean moderados, ¿cómo contestarán dentro de 5 o 10 años a sus bases o a su izquierda cuando les pidan nuevos e intensos pasos hacia el socialismo? Con expresión menos prudente, varios líderes del PSOE han repetido la misma frase de que con la segunda legislatura socialista nadie reconocerá a la sociedad española.

Si el PSOE proclama y no desmiente sus objetivos finales marxistas. Si señala unas etapas intermedias para su consecución. Y si obtenido el poder, se comprueba que justamente están siguiendo el camino anunciado, aunque sea con quiebros tácticos o retóricos y van cubriendo las metas previstas para cada momento, ¿no resulta gratuito pensar que han abandonado su filosofía?

Cierto es que nadie puede asegurar que, algún día, el PSOE no llegue a abandonar sus dogmas marxistas. Sería ello escaso consuelo si mantuvieran su ideal colectivista y totalizante. Pero por ahora es poco serio confiar en tal cambio. Cambio que a mí me encantaría. Me agradaría que en España hubiera como en los EE.UU. varias alternativas políticas, ninguna de las cuales pusiera en cuestión los principios básicos del sistema de vida occidental. Así se podría ser izquierdista. Yo creo que la mayoría de las veces votaría izquierda como los «liberals» de EE.UU.

Entretanto, algún amigo me ha recriminado como de mal gusto el hablar del marxismo del PSOE. Pienso que no se debe ocultar. Primeramente, porque hay que decir la verdad y conocer la realidad en la que nos movemos, no vaya a ser que luego lamentemos nuestra voluntaria ceguera. Pero es que, además, si queremos lograr que el PSOE abandone sus dogmas radicales, hay que airearlos. No los suprimirán mientras con púdicos velos puedan tenerlos semiocultos, y así, con programas radicales, consigan millones de votos moderados y no socialistas. Me parece que hablando de ello podemos obligarles a optar: o el mantenimiento de sus objetivos últimos, o la mayoría electoral. Si se ven en la texitura de optar, probablemente consigamos que renuncien a sus dogmas, y la política española comience a moverse establemente entre parámetros occidentales.

Es poco relevante que conozcamos, como a mí me ocurre, a muchos socialistas encantadores, pacíficos o aficionados a los lujos burgueses, a otros que coloquialmente no aceptan el dogmatismo marxista, y a unos terceros que ignoran lo que significa Marx. Lo que importa de un partido gobernante es la línea oficial de su estructura a la que sirven eficazmente los distintos tipos de «colaboracionistas» (1).

Cuando en la Alemania de los años 30 se producía una algarada antisemita, enseña la historia que muchos diplomáticos acreditados en Berlín, no deseaban creer que aquello fuera un síntoma de persecución. Conversaban en salones sociales con altos dirigentes nazis, cultos, amantes de una vida refinada y plácida, quienes calificaban aquellos episodios como anécdotas de sectores exaltados del partido. Siempre podían utilizar frases o gestos sosegadores de Hitler que creaban la impresión de que el Programa del *Mein Kampf* era una reliquia de la etapa heroica pregubernamental. Probablemente eran mayoría los miembros del partido que no compartían el dogmatismo fundacional y estaban con la imagen del Hitler moderado que conquistó el apoyo de la burguesía germana. Pero todos ellos colaboraron a que, paso a paso, se impusiera la línea doctrinal nazi.

Concluyendo: El socialismo español tiene una ideología marxista, una visión científica y global de la vida y unas estrategias y tácticas para ir implantando al ritmo más conveniente su modelo de sociedad. Frente a ello es imprescindible contar con una ideología alternativa, otra cosmovisión científica que pueda dar respuesta a los problemas del hombre y la sociedad coherentemente y con superioridad sobre la marxista. Una estructura política sin ideología lucha a la defensiva y con complejos frente al socialismo y acaba deshaciéndose necesariamente, como le ocurrió a la UCD.

(1) En su obra *Riqueza y pobreza*, George Gilbert defiende la interesante tesis de que para que una ideología llegue a implantarse socialmente, precisa primero unos núcleos de personas convencidas a las que debe rodear después una constelación de hipócritas.

IV. LA SOLUCIÓN DE CENTRO

El centrismo no es una ideología ni una necesidad política electoral. Es sólo una táctica. Juega papeles importantes en un momento de transición política, al servir de colchón amortiguador y, sobre todo, de catalizador para el entendimiento mínimo entre fuerzas inicialmente incompatibles. No sé si será una autojustificación por haber trabajado a fondo la baza centrista en nuestra última restauración democrática. Valió el centro para lograr el consenso democrático. A partir de la Constitución, todos tenemos que decantarnos en función de otras posiciones concretas.

Lo mismo había ocurrido en etapas anteriores de nuestra historia. Cuando en la España del siglo XIX coexistían dos tendencias recíprocamente excluyentes, absolutistas y liberales, hombres beneméritos como Moret, el Narváez de sus comienzos, O'Donnell y Cánovas, eran legítima e inteligentemente centristas porque querían construir un país donde cupieran, respetándose mutuamente, unos y otros. Pero ese centrismo estaba justificado mientras no se lograba el objetivo. Quien lo consiguió fue Cánovas, y ocurrió lo que tenía que suceder: que en cuanto estableció el sistema de alternancia pacífica ya carecía de sentido el centrismo, y se convirtió en líder de la derecha dinástica dentro de aquel modelo de convivencia.

Juego parecido fue el de la II República. Frente a la izquierda republicana había una derecha monárquica que no aceptaba la nueva legalidad. Fueron inicialmente precisos partidos de centro que en realidad agrupaban a la derecha moderada que aceptaba la República. Mas cuando irrumpe decididamente la CEDA como derecha legal, los partidos de centro quedan reducidos casi a la nada.

Nadie ha sido capaz de dar una definición aceptable del centrismo, sencillamente porque no es una ideología.

En UCD se pretendió decir que era la equidistancia entre la derecha y la izquierda, reflejando una postura de indigencia intelectual carente de afirmaciones propias. Es un puro relativismo geométrico, necesariamente cambiante en cada caso según las posturas que fueran adoptando derecha e izquierda.

El centro como superación de izquierdas y derechas, como crisol que sintetiza cuanto de bueno hay en todas las tendencias, lo practicó Napoleón, lo fundamentó Hegel y lo extendió en España Falange. Para contestar a su pregunta clave, ¿quién y cómo decide lo que hay que sintetizar?, hay que otorgar la confianza política a alguien según las fórmulas autoritarias.

Calvo-Sotelo (Leopoldo) explicó en televisión su política centrista, como aquella que adoptaba una medida de izquierdas y otra de derechas. Y puso ejemplos concretos. Es el eclectismo que nadie puede seriamente defender. Exige gobernar con una balanza en cuyos platos se han de poner mercancías ajenas. Nunca una propia. Es la incoherencia institucionalizada y exige además responder a unas preguntas incontestadas. ¿Por qué se es de derechas en educación básica y de izquierdas en familia y enseñanza universitaria? ¿Por qué no al revés? ¿Quién pidió el voto con tal programa?

Lavilla, en la campaña electoral del 82, presentó al centro como alternativa entre la derecha pura y la izquierda inmadura. Con cuyo discurso se llega a la conclusión de que en cuanto la izquierda madure o la derecha demuestre talante moderado, es indiferente ser de izquierdas o de derechas y deja de estar justificado el centro que se propone.

Algunos conciben el centro como puro pragmatismo. Evitan deliberadamente definirlo, utilizando formulaciones vagas y descomprometidas que les permitan actuar de fuerzas «bisagras» y aliarse con quien en cada momento les convenga. No juegan a «ganador», sino a «colocado». No hago ninguna censura personal, pero en un análisis objetivo, parece que es una posición oportunista. Es apostar por colaborar con el poder cualquiera que sea la fuerza gobernante. Y desde el punto de vista de estos trabajos, implica renunciar a la búsqueda de una alternativa triunfante frente al marxismo.

¿Qué oferta electoral ilusionante y con capacidad de convocatoria se puede presentar con estos centrismos incoloros?

Otras personas, conscientes de la falta de fundamentación ideológica del centrismo, tratan de justificarlo como una estrategia. No creo que un partido pueda sobrevir establemente por razones estratégicas. Pero voy a entrar en su dialéctica.

Quienes tratan de justificar la subsistencia de un centro político aislacionista ofrecen un argumento: el centro es necesario para evitar la bipolarización. Se insinúa que tal bipolarización ha sido la causa o el antecedente de la guerra civil de 1936 y que, por tanto, para evitar la repetición de la historia, hay que introducir un tercer grupo político que haga de colchón entre los bloques.

Plumas distinguidas han puesto en cuestión el razonamiento. Se ha destacado cómo la confrontación democrática entre derechas e izquierdas es la norma habitual de los países civilizados y se ha llamado la atención sobre las condiciones sociales, económicas y culturales de España, que hoy no se parecen en nada a las de 1936. Podría también recordarse que el largo período de la primera restauración española se integró por la lucha pacífica de las izquierdas y derechas de la época.

Entro ahora en el tema para aportar algunas reflexiones personales. Porque juzgando un objetivo prioritario el garantizar la convivencia pacífica y democrática de los españoles reconozco que he sufrido el impacto del mito centro-aislacionista. Lo he sufrido hasta que me decidí a analizarlo. Y como con frecuencia ocurre, mito analizado equivale a mito deshecho. Porque me encontré con que la referencia histórica en que se basa está manipulada. Si acudimos a los textos de historia, resulta que la lucha política en la II República nunca estuvo polarizada entre dos bloques de derecha e izquierda.

Contra la imagen que se transmite, la realidad es que en la II República ya existieron varios e importantes partidos de centro, tanto de centro-derecha como de centro-izquierda, hasta el punto de que los dos presidentes de la República lo fueron de partidos centristas (Alcalá Zamora y Azaña) y las diez jefaturas de Gobierno que se sucedieron hasta el 18 de julio fueron siempre ocupadas por centristas (seis veces de centro-derecha, cuatro de centro-izquierda). Ni el PSOE ni la CEDA llegaron a ocupar nunca tan altas magistraturas.

Por otra parte, en ninguna de las tres elecciones generales de la República contendieron los bloques de izquierda y derecha, porque si bien es verdad que la izquierda compareció unida entre sí y con el centro-izquierda en las dos ocasiones en que ganó —junio de 1931 y febrero de 1936—, la derecha no formó nunca bloque electoral ni entre sí ni con los partidos de centro-derecha.

Es decir, ni el mapa político que precedió al 18 de julio de 1936 era el bipolar, que se abomina como causante de la guerra civil, ni la existencia de importantes partidos de centro sirvió para evitarla. Por el contrario, aquel mapa se parecía mucho más al que ahora se quiere establecer desde algunos sectores: una derecha desunida, varios centrismos autónomos, una izquierda coaligada o concentrada y algunos partidos burgueses apoyando a la izquierda.

Las candidaturas centro-derechistas que se empeñaron en acudir solitariamente a las elecciones de 1936 obtuvieron un pobre resultado pese a que el partido de Portela Valladares, nacido y mantenido desde el poder, contó con todo el aparato del Gobierno. Lerroux, que era el líder del segundo partido nacional y acababa de dejar la presidencia del Consejo, no consiguió para sí mismo el acta de diputado. Pero su comparecencia autónoma sirvió para restar escaños a la CEDA, que, pese a subir a cuatro millones de votos, no pudo impedir el triunfo de una izquierda unida, que por su concentración de votos recibió la prima de la ley electoral a las grandes coaliciones, y que fue ayudada por la unión de grupos burgueses o secesionados del centro-derecha, como fueron los de Azaña y Martínez Barrio. ¿No es verdad que a los nombres y situaciones de entonces se les puede fijar su paralelo del presente y posible inmediato futuro? Es curioso que esgrimiendo el temor a una supuesta bipolarización prebélica se nos esté conduciendo a repetir prácticamente el mapa político real de febrero de 1936.

Procede entonces preguntarnos por qué se esgrime la bipolarización como fantasma para impedir la lógica coalición de centro-derecha que impone ahora la legislación electoral si no se quiere facilitar un triunfo seguro de la izquierda.

La contestación nos la da desde la izquierda y con mucha claridad Santiago Carrillo: hay que evitar la creación de lo que él llama gran derecha, porque si se forma ganará las elecciones. Tradicionalmente, en la izquierda hay un temor, muy por encima del democráticamente normal, al triunfo de la derecha. Indalecio Prieto —líder moderado del PSOE— advirtió en 1933 desde el pleno del Congreso que si las derechas ganaran las siguientes elecciones, se produciría una revolución de izquierdas. Triunfó el centro-derecha en aquellos comicios, y la CEDA, pese a ser el partido mayoritario, fue apartado del poder por la presión de la izquierda ante el centrista Alcalá Zamora. Y cuando, tras los desórdenes del verano de 1934, Gil-Robles exigió y consiguió tres carteras en un Gobierno de centro, la izquierda organizó una sublevación armada que resultó sangrienta. No citaré nombres porque no es mi intención molestar a nadie. Esgrimían el temor a la deslealtad republicana de la CEDA. Lo cierto fue que Gil-Robles pudo fácilmente dar un golpe desde el poder y no lo hizo, mientras que sus desconfiados adversarios sí que lo produjeron.

La contradicción dialéctica de la izquierda es ahora similar. Nos dicen que una victoria electoral de la derecha es peligrosa porque crearía tensiones con los movimientos sindicales de izquierda y acto seguido denuncian como antidemocrática la opinión de quienes piensan que el triunfo de la izquierda puede generar tendencias involucionistas.

El mensaje que se transmite es pintoresco: «Para evitar un hipotético peligro de enfrentamiento entre bloques de derecha e izquierda, aborten ustedes el bloque de derechas. Mejor sería que frente a la izquierda haya un centro ambiguo que por su parcial componente izquierdista o al menos contemporizador, no se le oponga claramente al socialismo.» Mientras tanto, la concentración de izquierdas se va fraguando e imponiendo. Por métodos varios: por la desaparición o absorción de partidos como PSP, PT, ORT... Por la concentración creciente del voto útil del PC o PSA en el PSOE. Y en todo caso, siempre que haga falta, por la unidad de acción del PSOE y PC.

Los partidos existen en las democracias para canalizar eficaz y civilizadamente los intereses e ideales de sus electores, lo cual exige que las organizaciones políticas coincidan con los bloques de afinidades sociales. Cuando esto no ocurre así y algún sector social siente que, por razón de las traiciones, los vetos, los dogmatismos o antagonismos personales de sus dirigentes no consigue tener la influencia democrática que le corresponde, orienta sus esfuerzos fuera del sistema y poniendo en peligro su estabilidad. Hacer coincidir las superestructuras políticas con la realidad social es el reto permanente de la democracia, que tiene su garantía de moderación en la aceptación generalizada de las reglas constitucionales. El centrismo debe ser un talante y un componente de las fuerzas políticas, tanto a la derecha como a la izquierda, impulsado —como así está ocurriendo en España— por la moderación de la mayoría de los votantes de ambos signos. La experiencia democrática de Europa y nuestra propia historia nos demuestran que, tras los períodos de transición o coyunturales, los partidos de centro sólo han subsistido con empuje cuando se decantaron por algún lado del espectro. En otro caso o desaparecieron o se convierten en pequeños grupos que viven de la oferta de sus apoyos parlamentarios a cualquiera otros.

Con la importante salvedad de que cualquier gobierno constitucionalmente elegido por el pueblo es legítimo, cuando desde la izquierda o desde grupos con vocación de alianza con la izquierda se condena la coalición de centroderecha, yo recuerdo aquellos mensajes de Hitler al pueblo francés: si ustedes desean la paz en Francia, ríndanse al ejército invasor o acepten la constitución de un gobierno pronazi.

Por otra parte, no es lógico atribuir al centrismo efectos moderadores en una democracia normal. En la medida en que un partido de centro tuviera éxito, al actuar como cuña entre derechas e izquierdas, empuja a éstas a reforzar sus perfiles más característicos, alejándose de la moraderación y corriéndose hacia sus extremos para tener campo electoral. Por el contrario, es la ausencia de partidos de centro significativos lo que permite e impulsa a las derechas e izquierdas en el mundo democrático a buscar el triunfo electoral acentuando sus notas más moderadas en busca del votante indeciso o fluctuante. Gracias a ello los cambios políticos son poco traumáticos en las democracias consolidadas.

También se argumenta la necesidad de un partido de centro, dada la existencia de un espacio electoral que, dicen, está ahí reclamando se le haga una oferta centrista. Y ha de precisarse la cuestión.

En primer lugar, hay mucho de falacia en eso del espacio electoral centrista. Es verdad que en las encuestas de autoubicación política un gran porcentaje de encuestados, al pedirles que se sitúen en una escala numérica entre uno y diez correspondiente a los polos izquierda derecha, se colocan en números templados. Pero cuando luego se les requiere que contesten a quién han votado, resulta que los supuestos centristas han votado a todos los partidos, AP, UCD, CDS, PSOE, PC, ERC, PSA... Sociológicamente se explica, porque toda persona templada, sea de izquierdas o de derechas, suele considerarse «centrada», normal. Casi todos tendemos a considerar nuestra posición como la equilibrada y la que sirve de pauta para medir las desviaciones de los demás.

Y en todo caso, ya se ha demostrado erróneo el argumento de que un espacio electoral centrista requiere un partido de centro que lo canalice. La inmensa mayoría de los anteriores votantes de UCD se inclinaron en 1982 y 1986 por repartirse entre un PSOE, que no alteró su definición de izquierdas y por la Coalición Popular, que no reivindicó el centrismo. En ese espacio centrista de las encuestas pueden captar votos absolutamente todos los partidos, y de hecho los captan, siempre que adopten un aire realista y equilibrado.

A los cinco años de iniciadas las respectivas Constituciones, en 1936 y 1982, líderes centristas en el poder o que lo habían detentado recientemente, Portela Valladares y Lerroux, Calvo-Sotelo y Suárez, fracasaron electoralmente, pese a la amplitud inmensa del supuesto espacio de centro. Y aunque el CDS ha vuelto a subir, si estudiamos los resultados electorales de la democracia, veremos que, desde 1979, el voto centrista ha ido disminuyendo permanentemente.

De donde extraigo las dos siguientes conclusiones:

a) La existencia de varias ofertas electorales de centro y derecha, no es buena. Por mucho que queramos resulta suicida olvidar la ley electoral D'Hont que castiga la dispersión y premia la concentración. Un centro derecha, compareciendo fraccionado a las elecciones, aun obteniendo un 20 % más de votos que el PSOE, puede perder las elecciones por lograr menos escaños. Y el tema es tanto más grave, cuanto que en España hay dos importantes derechas (catalana y vasca) que no aceptan el juego político integrado a nivel nacional. Mientras los socialismos y comunismos vasco y catalán, sí que comparecen unidos con los del resto del Estado. Si a esta fragmentación desgraciada de la derecha le sumamos nuevas opciones separadas, será dificilísimo ganar.

Se dice también que la diferencia entre el votante de centro es tanta con el de derecha, que se pueden recoger más votos con ofertas separadas que con otra unitaria. A mí me parece que esta apreciación podía ser válida en 1977 recién salidos del franquismo, y cuando la derecha se presentaba con rostro franquista. Hoy seguramente es un argumento arcaico. Pero, además, la argumentación es difícilmente sostenible hoy en España. Pues sin duda que las diferencias de criterio y sensibilidad existentes dentro del centro derecha, son grandes. Pero no mayores que las existentes entre votantes socialistas de izquierda revolucionaria y de centro «progre» y liberal. Si el PSOE, con un partido único y una oferta única, puede captar simultáneamente tantos millones de votos como para tener la mayoría absoluta, es que eso también es posible en el centro derecha.

En este trabajo, hecho sin afán partidista de ningún tipo, yo no propongo cómo debe hacerse la unidad del centro derecha. Si ha de lograrse en torno a lo que hoy se llama centro o alrededor de lo que ahora se define como derecha. Abstractamente me es indiferente, con la siguiente condición: si se articula en torno a la derecha, ésta tendrá que presentar un programa y una imagen que, reteniendo sus cinco millones de votos, consiga otros tres más hacia su izquierda. Y si se aglutina en derredor de lo que hoy es centro, el mensaje y objetivos habrán de dirigirse no sólo a los tres millones de «centro», sino también a los cinco de derecha. Tampoco afirmo que haya de articularse necesariamente en un partido único. Pero si son varios, su comparecencia electoral ha de ser integrada.

Mucho me temo que cualquier otra estrategia conduzca, ayudada por el control que el PSOE ejerce sobre la sociedad, a la permanencia del socialismo en el poder por una generación (1).

(1) Si consideramos el mapa político español sobre la base de una división entre izquierdas por un lado y centro y derecha por otro, incluyendo en el centro y derecha, además de AP, a CDS, CiU, PNV y Eusko Alkartasuna, nos encontramos con el siguiente cuadro:

b) El «centrismo» no puede ser una alternativa al PSOE, porque no aporta nada positivo y consistente. Admito como posibilidad táctica, que el partido que quiera alternar al PSOE, comparezca ante la opinión pública llamándose de centro. Quizá la expresión tenga más posibilidades electorales que la de

---

1. La izquierda está muy bien estructurada cara a las elecciones del Congreso de los Diputados, pues prácticamente sus partidos importantes operan en todo el Estado unitariamente, y por otra parte la división entre PSOE y comunismos es poco relevante ya que el PSOE es hegemónico en su campo, mientras los comunismos son pequeños, lo que permite al PSOE capitalizar las primas de la Ley D'Hont a la concentración del voto de izquierda.

2. El centro y la derecha, están mal concebidos para la lucha electoral por el Congreso de los Diputados (de donde sale el Gobierno), ya que hay importantes partidos de territorios autónomos (PNV, EA, CiU...), a lo que se suma la existencia de otros varios nacionales, dos de los cuales son importantes (AP y CDS). A diferencia de lo que ocurre en las elecciones al Parlamento Europeo, en las del Congreso, este fraccionamiento perjudica notablemente al centro y derecha por el juego de la Ley D'Hont sobre distritos electorales tan pequeños como la mayor parte de los que operan en las elecciones al Congreso.

3. Cuando en España hubo Gobiernos sin izquierda, concurrían dos circunstancias: *a*) Que los votos de centro y derecha, superaban a los de izquierda por cuatro puntos porcentuales, acaso porque entonces la sociedad española aún temía la revancha izquierdista. *b*) Que en el País Vasco, había un solo PNV y a nivel de Estado aunque coexistían UCD y AP, UCD era hegemónica y AP residual, lo que permitía a UCD beneficiarse del sistema D'Hont.

4. En las elecciones de 1982 y 1986 el centro y la derecha han obtenido alrededor de diez puntos porcentuales menos de votos que la izquierda.

5. Para que el centro y la Derecha puedan gobernar sin el PSOE con su actual estructura electoral, se precisaría que se dieran acumuladamente las dos circunstancias siguientes: a) Que sumaran más del 55 % de los votos, dejando a la izquierda con el 45 %, para poder contar con el 50,2 % de los escaños del Congreso. (176 diputados son el 50 ,2 % de la Cámara). Es decir: que se invirtiera la situación presente pasando el centro y la derecha de perder por diez puntos a ganar por más de 10 puntos. *b*) Que con tal victoria, todos los partidos de centro y derecha AP, CDS, CiU, PNV, EA...) se coaliguen entre sí para gobernar juntos y mantengan establemente el Pacto de Legislatura. Si cualquiera de los dos requisitos es difícil que se dé en estos momentos, mucho más que se produzcan simultáneamente.

6. En estas circunstancias, es imprescindible para que el PSOE no esté en el Poder, que al menos a nivel nacional comparezca una sola fuerza a las elecciones del Congreso, bien la pilote el CDS, o AP; o en el peor de los casos, que si existen dos, una de ellas sea hegemónica y la otra testimonial (como en 1977-1979). No es necesario que se trate de un partido único. Pero sí que sea una fuerza electoral única, a través de fórmulas como la que se intentó con la Coalición Popular, o la que en su día tuvo éxito bajo el nombre de la CEDA. Una estructura como la de la CEDA, podría articular en su seno a partidos nacionales con otros de Comunidades Autónomas.

7. El mantenimiento de dos partidos nacionales fuertes en el centro y la derecha, coexistiendo con otros del mismo signo en ciertas zonas territoriales, mientras subsista la vigente Ley electoral y se sostenga la hegemonía del

derecha. Pero no puede pasar más allá de un juego de imagen para los sectores sencillos de la opinión pública. Ese partido, si quiere ser alternativa, ha de contar con una ideología definida. Algo distinto a lo centrista. Porque ser centrista es no ser nada.

PSOE en la izquierda, debe dejarnos bien claro que hará prácticamente imposible que el PSOE no gobierne. La máxima aspiración alcanzable en esta hipótesis —que es la actual—, será que algún partido de centro en algún período, comparta Gobierno con el PSOE. Y probablemente ni siquiera «modere» al PSOE, pues la dinámica del partido centrista, para lograr su diferenciación electoral con la derecha le llevará (algo de eso ya ocurre hoy) a intentar desbordar al PSOE por su izquierda, pudiendo incluso radicalizar al PSOE en vez de moderarlo.

V. LA TENTACIÓN DEL CENTRO IZQUIERDA

Es una constante de la política española en esta nueva democracia. Reaparece periódicamente, como la gripe o la polución. Se intentó desde UCD cuando era partido mayoritario. Y se sigue acariciando por algunas gentes: llegar a un Gobierno de coalición de centro izquierda con el PSOE.

La idea tiene sus facetas atractivas, comenzado por su relativa facilidad. Frente al indudable esfuerzo que habría de hacerse para relevar al PSOE en el poder, esta operación puede ser bastante cómoda. Basta con que el socialismo continúe su línea de deterioro, lo que le puede llevar a perder la mayoría absoluta en las Cámaras y preparar uno o varios grupos «centristas» que reúnan entre todos 30 o 40 diputados en el Congreso.

El plan será tentador para Felipe González. No ya sólo porque le permitirá seguir gobernando y sin tener que contar con un Partido Comunista previsiblemente crecido en el futuro, sino especialmente porque un gobierno de coalición con la derecha es lo único que le legitimirá para frenar a los sectores de su base, que ya le reclaman el paso a la segunda fase en la construcción del socialismo, aceleración que él percibe como suicida. Gana tiempo sin perder el control del partido.

Algún malpensante opina que el PSOE está fomentando la existencia de partidos centristas con vocación de coalición a la italiana. Así se impediría la vuelta de la derecha al poder y en el caso de un hipotético bajón electoral del PSOE, éste podría seguir gobernando.

Puede seducir a grupos de la derecha clásica que en este momento temen un asalto final del socialismo contra sus posiciones y que se ven aliviados si alguien les garantiza que aun manteniéndose una tensión de escalada podrán sobrevivir medianamente.

Tiene su interés para potencias amigas que verán así cómodamente disipado el riesgo de entrada del comunismo en el poder en este flanco sur de Europa y las veleidades tercermundistas o neutralistas de España.

Y es un aliciente para los partidos de derecha que participaran en la operación, que consiguen de tal modo una rápida y fácil cuota de poder susceptible de ser consolidada y continuada en el futuro.

Sin embargo, he de manifestar mi discrepancia con este proyecto. Creo que parte de un análisis superficial y sobre todo miope de la situación, no contemplando ni el pasado ni el futuro de España.

Para empezar, sólo es comprensible que desde la derecha se apoye esta idea, por aquellos a quienes el socialismo marxista les es en buena medida indiferente. Bien por carencia de ideología propia o porque sólo les preocupa la defensa de intereses muy puntuales despreciando el modelo de sociedad en que pervivan. Así se conforman con moderar al socialismo, cuando a lo que debe aspirarse no es a moderarlo, sino a sustituirlo democráticamente. Si el PSOE consiguió participar del poder real gobernando la UCD en solitario, mucho más logrará hacer avanzar su programa contando con una minoría de derechas en un Gobierno suyo. Tendríamos en España un Gobierno básicamente marxista, que mantendría su ritmo actual de marxistización en vez de acelerarlo, y con la única ventaja de algunas incoherencias en su marcha socializadora.

Pero hagamos un elemental ejercicio de prospectiva. ¿Qué pasaría a continuación en España?

La derecha de este país sufriría una decepción profunda al comprobar cómo en virtud de maniobras políticas se vería imposibilitada de llegar al poder democráticamente. Buena parte de sus efectivos se pasarían —ello es humanamente comprensible— a los partidos centristas coaligados, con lo que la fórmula del centro izquierda tendería a perpetuarse como en Italia, con la diferencia de que el partido eje de la coalición sería el PSOE. Pero dos o tres millones de votantes, a muchos de los cuales ha costado arrastrar hacia la democracia, pasarían a considerar que este sistema no es el suyo. Ahí queda apuntado un serio elemento desestabilizador.

Mas los problemas no surgirían sólo de la derecha. En la izquierda podrían generarse dos escenarios. Uno a la italiana. Supongamos que, efectivamente, el PSOE se modera con el Gobierno de coalición, en medio de fuertes demandas sociales en la calle. El socialismo perdería el liderazgo de la masa de izquierdas en favor de un comunismo creciente que pronto vería resueltas sus crisis internas y se colocaría como en Italia rondando el 40 por 100 de los votos. ¿Nos imaginamos a nuestro país con un 15 o 20 por 100 de derecha desesperanzada sobre las posibilidades de la democracia y un 40 por 100 de voto comunista? ¿Valoramos las sustanciales diferencias que existen entre la política italiana, artesanal, casi artística, pactista, y la española, siempre radical, dogmática y vehemente? ¿Nos damos cuenta de qué clase de cultivos se estarían produciendo en la sociedad española ante ese escenario?

La segunda hipótesis es más adecuada al ser histórico de España. El Partido Comunista no pasaría a liderar a la izquierda española, porque se volvería a producir lo que De la Cierva, en su *Historia del Socialismo en España* (1983), denomina el rapto del socialismo español por el PC. Al igual que en épocas pasadas, la estrategia de la Unión Soviética contaría con el PSOE como pieza fundamental, siendo el comunismo sólo un elemento catalizador. Yo sé que los socialistas españoles son unos buenos patriotas. Lo fue Largo Caballero, que expulsó de su despacho de primer ministro al embajador de la URSS, no obstante lo cual, debidamente flanqueado por personas adecuadas, fue pasando desde el colaboracionismo con Primo de Rivera y con la burguesía en 1931, es decir, desde la derecha del PSOE, a convertirse en 1933, en el «Lenin español», y durante la guerra en un ejecutor inconsciente de la política soviética. Tampoco ignoro que es preocupación constante del PSOE la de cerrarse a la infiltración comunista. La tenía en la II República y hacían duras proclamas anticomunistas. Una de ellas corrió a cargo de Santiago Carrillo, que muy poco después se llevó las Juventudes Socialistas al PC.

Y es que así como la UCD pecó en su tiempo de complejo de inferioridad con la izquierda, se detecta, asimismo, un complejo semejante del PSOE con el comunismo. El PC ejerce sobre los socialistas la fascinación de su mayor ortodoxia y coherencia marxista. Y ya hoy, con un PSOE hegemónico y exultante y un PC capitidisminuido, el monopolio televisivo es progubernamental en los noticiarios, pero está manejado por los comunistas o en favor de los comunistas en muchas áreas, como comunistas son muchísimas de las personas que en este tiempo de Gobierno del PSOE reciben nombramientos de libre designación en el mundo de la educación y la sanidad. Un buen amigo, sinceramente comunista, me sorprendió en 1983 trabajando para el PSOE. Ante mi perplejidad, dijo: «Comprende, José Manuel, que el papel histórico de un auténtico comunista, en este momento, es el de introducirse dentro del PSOE.» En política social, se comprueba cómo el Gobierno socialista está constantemente preocupado por las reacciones del PC que condicionan las decisiones del PSOE. Para no perder el liderazgo de la izquierda el PSOE acabaría controlado por minorías comunistas y posiblemente respondiendo a la estrategia de la URSS. Sería insultar a la inteligencia de las grandes potencias pensar que carecen de estrategias alternativas sobre España.

¿Nos damos cuenta de lo que ello puede significar en una democracia como la nuestra cargada de asignaturas pendientes?

La coalición centro izquierda, no es, pues, la alternativa razonable al marxismo. Consolida al PSOE, potencia al comunismo, destruye la derecha y hace entrar más tarde en riesgo la estabilidad del sistema.

VI. LOS REQUISITOS PARA UNA ALTERNATIVA AL PSOE

1. El asombroso mantenimiento electoral del socialismo hispano. Sus causas

No participo de la idea según la cual, la derecha española se apuntaría un tanto importante, aunque parcial, si consigue que el PSOE pierda la mayoría absoluta parlamentaria. La mayoría absoluta ha sido trascendente en los años de transición. Hoy el PSOE no la necesita. Con una mayoría relativa, como la que tuvo la UCD, puede gobernar perfectamente y mantener sus programas políticos. El riesgo de la mayoría relativa estriba en la posibilidad de una moción de censura en la que todos los demás grupos se unan para derribar al Gobierno. Pero éste es un riesgo fácil de superar para el PSOE. No sería normal que Herri Batasuna y los comunistas se concierten con la derecha para designar candidato a presidente. Y en todo caso, puede el PSOE firmar un pacto de abstención con un partido, como los nacionalistas vascos, para sortear tal riesgo, pues así como la inicial designación del Presidente del Gobierno, puede obtenerse por mayoría simple (artículo 99.3 de la Constitución), la moción de censura sólo triunfa si logra la mayoría absoluta (artículo 113.1 de la Constitución). Y ¿para qué más se necesita mayoría absoluta? Pues para la aprobación de leyes orgánicas. Pero el PSOE, en este momento tiene ya aprobadas las leyes orgánicas que precisa. Puede funcionar perfectamente con leyes ordinarias. Por el contrario, será la derecha la que necesitará mayoría absoluta si desea poder cambiar el sentido de las leyes orgánicas que ha aprobado ya el PSOE.

Pese a ello, el socialismo que obtuvo una enorme votación en 1982, repitió la mayoría absoluta en 1986. Y en el momento en que escribo estos textos, no puede predecirse que vaya a sufrir un bajón electoral importante. ¿Tan buena es su manera de gobernar? ¿A qué se debe esta exitosa marcha del PSOE? ¿Cómo no sufre eficazmente el desgaste del poder? ¿Cómo supera la onda mundial de derrumbe de las izquierdas en países democráticos? (1).

Para mí, éste es un tema que requiere profunda meditación. Porque no creo que se deba al resultado positivo de su gestión gubernamental. No pretendo con estas líneas formular críticas al Gobierno socialista. Sólo anotar que no es su balance el que puede arrastrarles los votos que mantienen.

Su política economicosocial, sin duda que puede contabilizar puntos positivos. Por ejemplo, la rebaja en términos absolutos de las tasas de inflación. Pero las clases populares españolas, las «masas» que deciden las contiendas electorales, no pueden considerarse beneficiadas. Hasta que modificaron en 1986 el procedimiento técnico de cómputo de parados, éstos crecían al ritmo de 1.000 por cada día laborable de gobernación socialista (2). Mientras esto ocurre, los españoles que trabajan, tampoco ven mejoradas sus condiciones de vida. El poder adquisitivo de los «colocados» ha mejorado algo en 1985 y 1986, pero tras haber empeorado en 1983 y 1984. Y el tercer género de españoles ante el mercado laboral, los españoles pasivos, jubilados, han tenido que soportar una Ley de Recorte de sus pensiones.

(1) A pesar del castigo sufrido en junio de 1987, el PSOE obtuvo dos millones más de votos y cuatro puntos porcentuales más que la UCD en su mejor momento.

(2) La modificación del sistema de cómputo del paro en 1986, impide ahora hacer estimaciones de la evolución del paro desde que empezó a gobernar el PSOE. Tan sólo se puede comparar el paro de 1982 con el de comienzos de 1986. Y el de 1986 con el sucesivo. Pues las magnitudes consideradas no son homogéneas. ¿Han sentido en 1986 la tentación de romper un espejo que les reflejaba mala imagen?

Si salimos del electoralmente importante mundo del trabajo y contemplamos la sociedad desde otras ópticas, cuesta igualmente comprender el éxito del socialismo.

Las clases medias son, como siempre, las que más sufren las elevaciones de la presión fiscal. Todos los estudios del Ministerio de Hacienda nos muestran cómo los incrementos recaudatorios pivotan sobre estas clases. Que por otra parte están muy sensibilizadas ante el creciente deterioro de la seguridad ciudadana. La espectacular proliferación de la droga, el aumento de atracos, robos y otras alteraciones del orden, sitúa a las clases medias, que tienen algo que perder pero pocos medios para defenderlo, en posición crítica.

No podemos creer que en España las motivaciones religiosas son electoralmente trascendentes. Pero tampoco cabe minusvalorar el dato de que algún sector de la población (¿tres millones de votantes quizá?) se sienten hostigados por el poder socialista en su política sobre la enseñanza religiosa, el aborto o la degradación de los valores morales tradicionales promovida desde instancias controladas por el socialismo.

El socialismo ha mostrado expresamente su desprecio por la política de obras. Algún ministro ha declarado que tal política es propia de dictaduras que se ven precisadas a recabar por estos medios un prestigio que no tienen. Y realmente los españoles no vemos nuevas carreteras o autopistas, ni más o mejores puertos, ni inauguraciones de centros hospitalarios, ni planes de colonización o regadío, ni nuevas plantas industriales. Por el contrario, observamos cómo se paran y cierran centrales nucleares y otras industrias. Prácticamente sólo se ponen en marcha obras iniciadas en épocas anteriores, como Despeñaperros o el Saneamiento del Manzanares en Madrid. Y aun cuando se abre oficialmente algo tan importante como la autopista Asturias-León que conecta Asturias con la meseta superando el puerto de Pajares, el ministro del ramo manifestó que se abría porque no era una alfombra que pudiera enrollarse y llevar a casa.

Nos prometieron que gobernarían para que España funcione. ¿Alguien ha notado que los trenes o los aviones sean mejores? ¿La Administración es más eficaz? ¿Han desaparecido las listas de espera en los hospitales? ¿Ha mejorado la calidad de las universidades?

Han conseguido, al fin, que España entrara en las Comunidades Europeas, y con ello se apuntaron un tanto político. Pero, aunque no todos los aspectos negativos de la adhesión les sean atribuibles (igual que ocurre con los favorables), lo cierto es que, en estos momentos, el pueblo español sufre más que se beneficia con nuestra entrada en la Europa económica. La implantación apresurada del IVA o el espectacular déficit de nuestra balanza comercial con Europa, son aspectos que pesan muy negativamente sobre nosotros en esta coyuntura.

Naturalmente algunos datos pueden darles votos populares. No sólo los de los «nuevos instalados». Bastantes empresarios, por circunstancias diversas han obtenido beneficios en 1985 y 1986. Pero con los votos de grupos dirigentes no se obtienen mayorías electorales. Y tampoco parece que el número de personas tan entusiasmadas por la «liberalización» de costumbres que se vean por ello impelidas a votar al PSOE sin contar con otros factores, sea trascendental, especialmente cuando la alternativa al PSOE en este campo, preconiza más la moderación que la reacción.

Insisto en que en esta parte de mi estudio no pretendo criticar al socialismo. Me sería ahora indiferente si los puntos débiles de su gobernación estuvieren absolutamente justificados. Lo que quiero preguntarme, es cómo siendo las cosas como son, pueden seguir en línea de éxito electoral. Voy a ensayar unas respuestas que nos ayuden a reflexionar en profundidad.

Y reflexionar en profundidad implica, a mi juicio, evitar caer en la trampa habitual de considerar que la culpa del éxito del PSOE la tienen los partidos de la derecha. No es mi propósito defender a los partidos de derecha o a sus líderes. Sin duda que tienen —o tenemos— responsabilidades ciertas en esta crisis. Algunas ya las he apuntado y a otras me referiré. Pero centrar el análisis en los partidos y líderes de la derecha, es una maniobra de diversión con la que, creo que inconscientemente, tratamos de eludir cuestiones más serias. Pues los partidos en definitiva son superestructuras políticas de ciertos sectores sociales (advierto que no me importa utilizar terminología marxista si es buena. Pero que la relación superestructura-infraestructura, aunque la popularizó Marx, no es suya, sino que la tomó de Saint-Simon). Y cuando los partidos de derecha yerran tan estrepitosamente, hay que bajar a ver cuál es la realidad social subyacente que procova el fallo superestructural.

Seguramente influye en esta situación que contemplamos, lo

que en otra parte de este libro, he definido como la ley social del péndulo. Muchos años de política de derechas han constreñido tanto ciertos mecanismos sociales, que hay una fuerte inercia a favor de la posición izquierdista. La tendencia prima sobre la racionalidad del análisis. Parece indudablemente cierto. Pero no absolutamente decisivo. Portugal, que vivió situaciones en algo paralelas a las españolas, también giró con intensidad a la izquierda, pero ya lleva algunos años volviendo de esa primera tendencia reactiva.

No menos importancia tiene el comportamiento de las fuerzas sociales que integran el mapa de la derecha sociológica, sobre todo, de aquellas que tradicionalmente han ejercido la función «tractora» en la derecha. Porque, en buena medida, al ver por delante al tren del PSOE, han desenganchado los vagones de derecha que arrastraban y se han ido a empujar por detrás al tren socialista. Aunque acaso pensando que si el convoy socialista descarrila o cambia de vías, pueden dejarlo ir y volver a reenganchar al tren de la derecha. Porque tampoco renuncian de manera decidida a su papel mentor tradicional. Entretanto, la derecha, poco acostumbrada a autoestructurarse en democracia y a generar energías motoras de sus propias capacidades, se siente entre desasistida y traicionada. Buscar nuevas locomotoras que la arrastren, exige renunciar a las antiguas, cuando éstas, desde su posición de apoyo al tren socialista la dirigen de cuando en cuando un guiño de complicidad indicándoles su posibilidad de retorno a engancharse con la derecha de la que se despegaron. Y además había que esperar al momento adecuado de llegada a un empalme por el que pudieran entrar nuevas locomotoras en la vía de marcha.

¿Qué es lo que ocurre? Por supuesto que la culpa básica en el fenómeno la tiene la sociedad de derechas, a la que siempre le resultó más cómodo dejarse conducir por quien, con fuerza, decía encarnar sus ideas e intereses. Y sin examinar la supuesta coincidencia de ideales, se dejó dirigir y representar, en vez de crear su propia dinámica.

Pero, no me cabe duda de que también existen culpas en esos antiguos sectores dirigentes que participan, con exceso a mi juicio, en una filosofía posibilista. El posibilismo, la teoría del «bien posible», es algo muy digno y respetable. Pero corre peligro permanentemente de transformarse en oportunismo y en insolidaridad. Puede ser una coartada para estar siempre con el poder y disfrutando de los beneficios del poder, sobre todo en quienes no se resignan a dejar de componer eso que en España se conoce como «poderes fácticos». Para ser «poder fáctico», hay que acoplarse siempre al tren del poder, cualquiera que éste sea.

No estoy haciendo con ello crítica personal alguna. Los responsables del desenganche de la derecha, intentan, como seguramente deben, salvar lo que se pueda de los intereses que defienden, mientras el socialismo dure. Pactan todo lo pactable y esperan que a ellos no les llegue la inmolación (aunque puede ser que también les llegue, y que para entonces carezcan de capacidad de reacción). Y se animan con los gestos pacificadores que reciben desde un gobierno formado por gentes que son también inteligentes y pragmáticas.

Lo peor de esta situación es que, tanto la derecha dirigida, como estos sectores dirigentes, no se olvidan unos de otros decididamente. Y así la derecha social está en franca desorientación, de la que su estructura política es un reflejo. ¿Cómo va a organizarse políticamente la derecha social con fuerza, unidad e ideas claras, si sus mensajes de alternativa al socialismo son contradichos con las posiciones y aun declaraciones explícitas de los tradicionales dirigentes de la derecha social? Para que la derecha social constituya una alternativa política al socialismo, es imprescindible, o bien que sus dirigentes antiguos renuncien definitiva y realmente a todo protagonismo en este sector, o que si creen que tienen un modelo de sociedad común con la derecha social —creencia que nadie puede legítimamente imponerles— acepten los sacrificios que impone la condición del liderazgo. Y de todos modos, requiere que la derecha social española recomponga su propia estructura, con organización populista, para no depender de líderes que sólo lo son ocasionalmente.

Junto con estas causas de debilidad de la derecha española que contribuyen más o menos poderosamente a mantener el éxito electoral del PSOE, hay algunas otras que voy a analizar con mayor atención en epígrafes siguientes.

2. La anemia ideológica de la derecha española. Sus remedios

Durante el pasado régimen, y sin entrar ahora en el estudio de si la derecha social era más o menos franquista, había una buena parte de ella que comulgaba francamente con la ideología básica del sistema, aunque tal ideología fue paulatinamente, como ya he explicado, desdibujándose y vaciándose de contenido.

Eran probablemente mayoría, los miembros de la derecha social, que aun sin identificarse con la ideología del régimen, no sentían la necesidad de proclamar y defender sus valores propios, porque en buena medida se los garantizaba la acción inevitable de aquel sistema, aunque ello fuera a costa de otros que la derecha social consideraba no prioritarios, o que reputándolos prioritarios no creía posible defender eficazmente dada la situación de poder.

Superada la etapa inicial más dogmáticamente hegeliana del régimen, la trabazón ideológica de la sociedad española se efectuó en torno a la doctrina católica expandida por una Iglesia potente.

Pero cuando Franco va a morir, muchos franquistas pierden definitivamente su asidero ideológico y entran en un «movimiento continuo» seducidos y arrastrados por las fuerzas que muestran una posición ideológica propia.

Las capas populares mayoritarias de la derecha social, se encuentran sin el asidero en el que colocar sus valores y con largos años en los que ni siquiera se preocuparon en definir, concretar y fundamentar tales valores.

Y la fuerza ideológicamente vertebradora de la Iglesia, entra en crisis simultáneamente. Coincidió la confusión posconciliar con el despegue eclesiástico respecto del régimen de Franco. La Iglesia se convierte en un elemento beligerante en favor de la democracia. Pero no va más allá. Por una parte no puede ir más allá, dado el exacerbado pluralismo que la domina en estos años. Por otra, tampoco quiere, pues desea y necesita vitalmente, para ser creíble, su «autoneutralización política». Ello reportó ventajas innegables tanto para la sociedad como para la propia Iglesia. Pero también generó una corriente dominante que relegó lo cristiano a la intimidad personal, sin aceptar su trascendencia social. Con lo cual se desarboló al cristianismo como factor ideológico.

Así se explica la casi repentina desideologización de la derecha española. Muy pocas personas mantienen una filosofía de la vida que les permita adoptar una posición propia dentro de la democracia. La derecha española consigue integrarse en UCD con ideales coyunturales para el establecimiento de la democracia. Pero realizado este ideal, faltan nuevas ideas que desarrollar, mientras, enfrente, los socialismos sí que tienen una filosofía de la vida que, como es la única que se defiende, aparece como la única «defendible» en la vida intelectual y cultural del país. Ante el pueblo, la Justicia, el Progreso, la Modernidad, son pues banderas socialistas y la derecha se percibe como la voz de personas que sin norte, protestan por los sacrificios de intereses mezquinos que imponen el coherente proyecto socialista. Y la derecha, en su galopante anemia ideológica, se muestra incapaz de comprender que para derrotar una idea, es preciso ofrecer otra. Se pierde en operaciones de ortopedia estructural y a veces de «mimesis» izquierdista, creando centrismos, progresismos, reformismos y otra serie de «ismos» sin sustancia intelectual propia. La consecuencia salta a la vista: el socialismo triunfa, se mantiene, y sobre todo se asienta en la conciencia social, mientras las artificiosas estructuras políticas de la derecha nacen, fracasan, mueren y vuelven torpemente a reiniciar el mismo ciclo sin anclaje ideológico. Ignorando que un partido con financiación, militantes y poder, pero sin ideología está llamado a perder y a desaparecer. No hace falta citar ejemplos. La ideología que quiere llevarse a la realidad política, no es el único elemento necesario para triunfar. Pero es imprescindible para intentarlo. Aparte de que si no tenemos proyecto ideológico que realizar, ¿para qué habríamos de desear la victoria electoral?

No se trata de que yo patrocine la ideologización del debate político. Ello habrá de estar en función de las circunstancias de momento, lugar y tema. A veces habrá de acudirse a la ideología. Pero normalmente deberá plantearse en términos pragmáticos y de gestión, sin mención explícita a ideología alguna. Lo que yo digo, es que la ideología hay que tenerla. Para mostrarla, cuando haga falta, o también para que sirva interiormente a los políticos de referencia en su actuación pragmática.

Por supuesto que no estoy pretendiendo hacer una descalificación global de la derecha. Por el contrario, sé que hay quienes son conscientes del problema que recojo e intentan solucionarlo. Veamos cómo, para intentar llegar a una fórmula intelectual suficientemente buena.

3. Lo liberal - conservador

Lo liberal: A diferencia y en contraposición a lo que dijimos del centro, el liberalismo no es sólo una doctrina política, sino mucho más: una doctrina integradora, filosófica, política, económica, social. Es una ideología completa que triunfó en el mundo político rotundamente. Pero para valorar su vigencia actual debemos refrescar algunos contenidos. Es esencial al liberalismo la convicción de que el mundo está dominado por unas leyes internas que lo llevan necesariamente al progreso. Es poco importante que cada ser humano obre por motivaciones egoístas, pues la razón tiene una especie de astucia (Adam Smith) que hace que buscando cada hombre su satisfacción, trabaje inconscientemente por el bien general. Ha sido paradigmático al respecto «la fábula de las abejas» que en 1723 escribió Mandeville. De ahí el famoso dogma liberal «*laissez faire, laissez passer, le monde va de lui méme*». Las interferencias del Estado en la vida social son malas, porque alteran los perfectos ritmos naturales de la vida social, política y económica y menoscaban la libertad del hombre. La armonía natural, en materia económica, se produce por los mecanismos del mercado y de la libre competencia.

Pone énfasis el liberalismo en el individuo y en la libertad. Para ellos el hombre, la persona individual, es lo único importante. Todas las demás instituciones no tienen valor ni justificación en sí mismas, sino sólo como servidoras de la persona. El poder político, el Estado, existen porque a los individuos así les interesa y pactan su creación (Rousseau). Por eso el individuo es soberano y debe serlo.

La libertad es su bandera más llamativa. Pero la libertad liberal es la libertad en su vertiente negativa. Es la libertad frente a otros, especialmente frente a los poderes públicos. Garantizar la libertad consistía para ellos en conseguir que el individuo no se viese presionado o coaccionado a hacer, decir o pensar determinadas cosas. El régimen liberal no se preocupó —consecuencia consciente de su individualismo— de si el individuo, libre de coacciones, podía efectiva y positivamente ejercitar los contenidos de su libertad.

Todos tenemos una gran deuda de gratitud para con el liberalismo. Todos nos proclamamos liberales, en el sentido que da Marañón al término como sinónimo de tolerancia. Pero no por ello debemos dejar de apuntar que el siglo XX acreditó sus fracasos y sus errores. La gran crisis de 1929 destruyó el mito de la armonía natural. El *New Deal* de Roosevelt marcó la salvación del sistema occidental, saltándose los principios liberales mediante el intervencionismo del Estado para corregir los desequilibrios y abusos producidos por el «*laissez faire*», y tras la Segunda Guerra Mundial, todos los Estados occidentales pasaron a reconocer los derechos sociales junto con los individuales, el concepto positivo de la libertad además del negativo, y la necesaria intervención del Estado y de la comunidad supranacional, para superar la injusticia. Fue una quiebra profunda de los cimientos filosóficos del liberalismo, de modo que es muy difícil hablar hoy de liberalismo reformista o progresista, porque encierra la expresión una contradicción íntima, como lo sería hablar de catolicismo ateo. El liberalismo reformista no es liberalismo. Es otra cosa. Conozco que hay neoliberales que hacen meritorios esfuerzos para limpiar lo liberal de sus fallos de origen y, conservando sus logros, hacerlo apto para el momento presente. Y seguramente lo consiguen. Pero es a costa de unas finuras intelectuales que hacen a este neoliberalismo sólo accesible a minorías ilustradas. Pienso que la etiqueta no resulta válida para integrar movimientos de masas frente al pensamiento marxista que nació precisamente como reacción frente a los dogmas liberales. Y de hecho así ocurre en toda Europa donde hoy los liberales forman partidos estimables pero menores.

Lo conservador: El concepto conservador tiene una lectura peyorativa bastante difícil de corregir en España. Suena en amplias capas de la población como igual a defensa de intereses creados, como equivalente a un inmovilismo poco aceptable para una sociedad inmersa en la dialéctica —aunque contradictoria como toda dialéctica— del cambio. Falta en España un poso de avances sociales tan consolidados como en Gran

Bretaña, donde la idea conservadora despierta muy distintas resonancias.

Es muy sintomático el tratamiento semántico que la televisión gubernamental da a la oposición parlamentaria. El principal grupo parlamentario de oposición en estas dos últimas legislaturas, se denomina «Grupo Parlamentario Popular», y ha estado integrado, junto con AP, por otros partidos como el democristiano PDP, el liberal y otras varias formaciones. Lo lógico sería que para contar sus intervenciones, televisión se refiera al Grupo Popular o a los «populares», pues tal es la definición que el grupo da de sí mismo, y la que está oficialmente registrada. Pues no: sistemáticamente, para referirse a ellos, televisión dice siempre «la oposición conservadora» o «los conservadores». Cierto que el núcleo más importante del Grupo Popular es Alianza Popular, que se conceptúa como «liberal conservador». Pudiera explicarse, aunque no justificarse, que televisión quiera calificar al grupo, no en función de la voluntad del propio grupo, sino por referencia a su núcleo más importante. Pero entonces tendría que decir: «los liberal-conservadores» o la oposición «liberal-conservadora». No es así: permanentemente se «confunden» y toman sólo la mitad de la denominación de la parte mayor del grupo. Pero en esta «confusión», siempre es la segunda mitad «conservadora» la que recogen. Nunca se han confundido con la primera mitad hablando de la «oposición liberal» o «los liberales». Ocurre que televisión conoce que al meter los mensajes del Grupo Popular bajo el rótulo de «los conservadores», automáticamente generan el rechazo de buena parte del electorado, incluido el de derechas, hacia sus proposiciones. Tanto como ocurriría si para referirse a los socialistas dijeran «los rojos» (utilizando el color de su bandera o los antecedentes de la historia) o los izquierdistas, o los marxistas. Serían todas ellas expresiones gratas a un sector del electorado del PSOE pero descalificantes para buena parte de los votantes socialistas.

Este sentido peyorativo de lo conservador no es, desde luego, el propio de la expresión en Fraga Iribarne. Aunque ya me lo suponía, he leído atentamente su libro *El pensamiento conservador español* (1981), que quizá convenga conocer a quienes estén interesados en hablar del conservadurismo español sabiendo a qué se refieren. Al hilo de un estudio documentado de Jovellanos, Balmes, Cánovas, Maura y Maeztu, va señalando

Fraga cómo lo conservador se diferencia de lo reaccionario y de lo revolucionario y destaca una filosofía dinámica de lo conservador concebida como reformismo permanente de la realidad existente en un momento dado, pero contando con el ser de la nación —su Constitución en sentido material y real— de modo que se logre un progreso homogéneo, coherente y susceptible, por su solidez, de dar pie a sucesivas mejoras, evitando los revolucionarios saltos en el vacío que acaban siendo regresivos al no asentarse en los cimientos de la realidad social del país. Creo haber interpretado bien su exposición.

Tampoco se me oculta que las instituciones y realizaciones que consolidaron el progreso español de nuestro siglo han sido obra de políticos calificados de conservadores. La profesionalización de la Administración Pública (ahora en peligro de quebrar), la infraestructura de carreteras, la política de regadíos y energética, el INI y la industrialización del país, la Seguridad Social fueron obra de estos políticos. Algunos se adelantaron a su tiempo, como Guadalorce y José Calvo-Sotelo, que crearon las Confederaciones Hidrográficas, el Banco Exterior, la Campsa, antes de que en EE.UU. se constituyera la Tennesee Valley Authority, citada como pionera del intervencionismo en el mundo libre.

A pesar de todo, el sentido peyorativo de lo conservador está muy extendido en España. El concepto, aunque injustamente, tiene una mala presentación ética. Y salvo, quizás, en coyunturas crispadas como la presente, no es fácil que la idea conservadora —mal entendida como defensa de intereses— pueda aglutinar los siete millones de votos necesarios para ganar unas elecciones, pues no es posible hacer coincidir los puros intereses de esos siete millones de votantes.

Pero en todo caso, aunque se lograra explicar bien el sentido de lo conservador, mantiene un hándicap de base. ¿Cuál es el criterio y la dirección de las reformas que hay que operar sobre la realidad? Falta, obviamente, una ideología con la que responder a estos interrogantes. Ideología que se percibe tras los escritos de Fraga, pero que es necesario explicitar. El «sentido común», lo «razonable», la «moderación» son técnicas o modos de acción. No orientaciones.

Resumiendo: Si alguien interpreta estas reflexiones como crítica a lo liberal-conservador está equivocado. Respeto profundamente a quienes se agrupan en partidos con estas etiquetas y no dudaré en ayudarles dentro de una operación política más completa de sentido no colectivista. Es más: estoy pensando en una serie de políticos que se autocalifican como liberales o conservadores, con los que puedo trabajar a gusto y sin reserva alguna.

Simplemente quiero someter a juicio de ustedes la necesidad de encontrar una ideología suficiente por sí misma para articular con éxito a los españoles que creemos con el mismo afán en la justicia y la libertad.

4. El humanismo cristiano

El humanismo cristiano, a pesar de su nombre, es una filosofía laica, aconfesional, desvinculada de las Iglesias y las religiones y aceptada por distintas variantes de creyentes y no creyentes.

Su origen está en los Evangelios que contienen un mensaje religioso, pero con una visión global de la vida y el cosmos. En la misma medida en que el Evangelio se implantó en todo el mundo, fue segregando una nueva forma de cultura grecolatina, una filosofía de la existencia de común aceptación en los países cristianizados con independencia de la religiosidad de sus habitantes.

El Evangelio tiene un conjunto de principios de indudable trascendencia y proyección en la vida política social. El valor básico de la *persona* que es la que individualmente, y no por clases o grupos, consigue una vida eterna. La *responsabilidad* del hombre por sus actos. El concepto radical de la *libertad* hasta el punto de que Dios que promulga la ley faculta al humano a violarla o aceptarla.

El cristianismo consagra la *igualdad* de todas las personas ante Dios. De sexos (pasaje de la mujer adúltera), de razas («*ya no hay griegos ni judíos*»), de clases (pasaje del rico Epulón), de niveles culturales diferentes («*Porque ocultaste estas citas a los sabios...*»); pero complementada con la idea del *mérito*, pues la persona recibirá premio o castigo en función de sus actos sin que le salve siquiera su adscripción religiosa («*No todo el que dice Señor, Señor...*»). Y la responsabilidad social de las personas en función de sus cualidades diferenciales (parábola de los talentos).

Predica con énfasis la *justicia* («*Bienaventurados los que tienen hambre y sed de justicia, los que sufren persecución por causa de la justicia*»), la *solidaridad* con todos los necesitados para asegurarles su mínimo vital («*Porque tuve hambre y me diste de comer*», parábola del samaritano...), los valores del *espíritu* («*No sólo de pan vive el hombre*»), la *firmeza en los Principios* («*El que no está conmigo...*») y la *no violencia* en los Métodos («*Vuelve la espada a su vaina*»). Su personalismo es, no obstante, *comunitario*. No sólo sacraliza la familia, sino que fomenta todas las formas de agrupación social («*Cuando dos o más os reunáis en mi nombre*»), y por supuesto la agrupación religiosa, fundando una Iglesia organizada («*sobre esta piedra edificaré mi iglesia*») que, no obstante, debe ser algo distinto de la sociedad civil («*Dad al César lo que es del César*»).

Concibe todas las *estructuras* sociales al servicio del hombre («*No se ha hecho el hombre para el sábado, sino el sábado para el hombre*»). De aquí se desprende el principio de subsidiariedad, tanto en su vertiente negativa como positiva. El Estado debe hacer *Sólo* y *Todo* aquello que no hagan eficazmente los individuos y grupos sociales intermedios. Y contiene un mandato de *progreso* indefinido, ilimitado y permanente («*Sed perfectos como vuestro Padre Celestial*»).

Estos principios y otros que pueden ser detectados por personas más competentes que yo en la materia, reúnen todas las características necesarias para integrar una ideología capaz de movilizar a los hombres y a los pueblos. Son susceptibles de ser entendidos a los niveles más populares, y de hecho han sido asimilados por todas las clases sociales. Han dado lugar a una construcción científica, coherentemente elaborada y desarrollada en millones de páginas escritas sobre las consecuencias temporales de la doctrina. Y se han adaptado a lo largo de dos milenios a todas las coyunturas. También hoy actúan socialmente a través de los partidos políticos populares que recogen el humanismo cristiano, encuadran masas, no sólo cuadros, y que son poder o alternativa de poder en numerosos países democráticos. Con una profunda penetración social, en España, de manera singular, hasta el punto de que la crítica a lo cristiano se hace inconscientemente con criterios cristianos. Si así son las cosas, y creo que lo son, ¿por qué hemos de hacer ascos a la única ideología elaborada y compartida por amplísimas capas de la sociedad española, católicos y no católicos, capaz de vertebrar una alternativa superior y mucho más aceptada que la marxista?

Hay realidades que no se pueden discutir. El internacionalismo característico de lo cristiano («*Id por todo el mundo*») ha motivado que la tendencia a lo supranacional fuera potenciada por esta filosofía en la Edad Media, en el Renacimiento y hasta en el moderno europeísmo. Quince siglos antes de nacer Marx, los cristianos protagonizaron con la esclavitud un movimiento de liberación de clases oprimidas. Las actuales declaraciones universales de derechos humanos son al 99 % una versión laica de lo cristiano. Los movimientos cristianos fueron los pioneros de la ayuda al Tercer Mundo, a los huérfanos, cautivos, ancianos, impedidos y necesitados y así se reconoce internacionalmente al hacer funcionar la Cruz Roja bajo un símbolo evangélico. Las modernas teorías de la utilidad marginal del dinero base de la fiscalidad progresiva están clara y comprensiblemente contenidas en la parábola evangélica del óbolo de la viuda. E incluso las muchas miserias que han producido los cristianos pueden ser y son conceptuadas como desviaciones de su doctrina.

No tiene por qué suscitar ningún escrúpulo de confusión. A diferencia del clericalizado movimiento «*cristianos por el socialismo*», el humanismo cristiano no es una agrupación de creyentes, sino de personas que con fe o sin ella consideran los valores y la cultura derivados del Evangelio como los mejores para el progreso del hombre y la sociedad. Aunque los recelos por la semántica religiosa del adjetivo «*cristiano*» que califica al «*humanismo*» me parezcan intrascendentes, no habría inconveniente en suprimir tal adjetivo, siempre que permaneciera absolutamente claro el cuadro completo de valores de referencia de esta doctrina.

Mas para que el humanismo cristiano pueda cumplir en España este papel histórico, será preciso evitar que caiga en ciertas tentaciones desnaturalizadoras.

Desnaturalizarlo es querer convertir al humanismo cristiano en una especie de centro. Con ello se dota a la definición de toda la carga de ambigüedad propia del centrismo, esterilizando su mensaje al poder ser interpretado pluriideológicamente, introduciendo alas y tendencias que no respondan a la propia filosofía, «*ucedizándolo*» en definitiva.

El humanismo cristiano en modo alguno puede concebirse

como una vía media entre un supuesto egoísmo de la derecha y otro supuesto progresismo de la izquierda. El humanismo cristiano no está en el medio o en el centro, sino en la vanguardia de la lucha por la justicia, la libertad, la solidaridad, el progreso. Debe ser realista y pragmático en la consecución de estos objetivos, pero definirlo como moderado sería traicionarlo. No es lo mismo ser progresista con moderación táctica, que moderadamente progresista. No se puede confundir la filosofía y los principios con la estrategia, la táctica o el talante.

Implica inadmisible complejo de inferioridad situar al humanismo cristiano fronterizo con el socialismo. Es contrario a su esencia instrumentarlo como un movimiento de clases medias o una doctrina que busca la justicia algo menos que la izquierda. El humanismo cristiano ha de ser interclasista, pero orientarse más, especialmente, a los más necesitados, a los parados, a los enfermos, a los trabajadores de más bajas rentas, a los jubilados. A todos ellos debe dirigirse, prometiéndoles una satisfacción de sus necesidades más completa que la que les proporciona el marxismo, sin violar la justicia para ello, sin sacrificar su libertad y dignidad y con más eficacia. Por caminos no colectivistas sabemos que se puede dar a todo el pueblo más educación, mejor atención sanitaria, más empleo, mayor poder adquisitivo, y por supuesto, respetando la libertad de todos y los méritos de cada persona cualquiera que sea, alta o baja, su condición social.

No es mi propósito, bajo este epígrafe, hacer propaganda de partido alguno. Los partidos justifican su existencia, en tanto aplican políticamente una concepción de la vida, y se pervierten cuando pasan a ser un fin en sí mismos o en instrumentos fácticos al servicio de las posiciones de sus dirigentes. Lo que sí sugiero es que, bajo la fórmula técnica que pueda resultar más eficaz, el contenido ideológico de eso que yo conozco como humanismo cristiano, sea el eje que vertebre la alternativa política al socialismo en España. Me parece que sería arrancar por el buen camino.

5. El mito de la superioridad ética socialista

Llegados a este punto de mi análisis, estamos ya, metodológicamente, en condiciones de examinar un elemento a mi modo de ver capital para la victoria socialista, primero en el terreno de las ideas, y luego, como consecuencia, en las urnas. Me refiero al complejo que nuestra derecha, y sobre todo los sectores más cristianos de nuestra derecha, han sentido respecto de una presunta superioridad ética del socialismo.

En el último siglo, el cristianismo vino enjuiciando los movimientos políticos desde una perspectiva globalmente ideológica. Los aceptaba o rechazaba beligerantemente según que sus planteamientos filosóficos fueran o no compatibles con la fe. En este cuadro, simplificador como todos los esquemas, se produjeron documentos como *Syllabus, Mit brenender sorge, Quadragésimo anno*..., que impregnaron la orientación política de los católicos.

Es quizás, a partir de los años 50, cuando se comienza a dar un vigoroso paso de profundización. El cristianismo se avergüenza de haber apoyado sistemas económicos sociales teóricamente compatibles con su religión, pero generadores de prácticas antievangélicas, y empieza a comprender aquellos otros que, con fundamentos diferentes o aun contrarios, adoptan una actitud nítida de lucha en favor del hombre y la justicia. De esta época son la *Mater et Magistra* o la *Laborem exercens.*

Surge entonces una corriente de «cristianos por el socialismo» que sostiene, según la tesis de Garaudy o Lombardo-Radice, que con objetivos últimos, distintos y aun contradictorios, es posible y necesaria la colaboración temporal de cristianos y marxistas, porque ambos ansían con la misma intensidad el mejoramiento del hombre sobre la Tierra y existe un importantísimo trecho del caminar humano que, al ser posible, están obligados a recorrerlo juntos.

No quiero entrar a analizar cómo este planteamiento táctico puede obedecer a una táctica previa, ni es mi intención ocuparme ahora de este sector de cristianos, que con frecuencia son, al fin, más socialistas que cristianos. Pienso más bien en aquellos otros, más numerosos, que se debaten en una cierta contradicción interna, porque siguen rechazando la filosofía socialista como contraria a su fe y a la imagen del mundo que se deriva de su fe, pero consideran la praxis socialista más acorde con el Evangelio que la de quienes se confiesan políticamente más cercanos al cristianismo. Son aquellos que se alegran de esta «pasada por la izquierda», porque les parece que va a arrinconar injusticias seculares. Son los que creen que el socialismo busca sincera y denodadamente la justicia, mientras que la derecha es un artilugio para la defensa de los privilegios de unos pocos a costa del sacrificio de los más. Son los que sueñan con el ideal de gobiernos futuros de centro izquierda. Son bastantes entre quienes han dado al PSOE sus millones de votos.

Creo que están equivocados, y a ello me voy a referir. No sin antes advertir que carezco absolutamente de autoridad en materia religiosa y que en mi opinión no se puede exigir a los católicos una determinada militancia política. Pero sin tampoco renunciar a los valores de los que parte mi preocupación por la vida social.

Es indudable que la praxis evangélica demanda la solidaridad entre los hombres. Que un cristiano está radicalmente obligado a preocuparse por la implantación del máximo grado de justicia y a postular tantos sacrificios sociales como sean necesarios para cubrir las carencias de todos los humanos. Que por la natural imperfección del hombre y la sociedad, nunca deberá sentirse satisfecho y siempre habrá de trazarse nuevas metas de superación y progreso.

Pero, ¿quién y con qué razones objetivas ha dicho que la izquierda busque el bienestar material y espiritual de los ciudadanos con más ahínco que la derecha? Es verdad que en la derecha podemos encontrarnos con núcleos puramente conservadores en el sentido peyorativo de la expresión, anclados en el egoísmo más brutal, y que estos núcleos son muy visibles tras largos años de permanencia en el Poder. Pero confío en que no vamos a ser tan ilusos como para ignorar que estos núcleos tienen su exacta contrapartida en otros de izquierda, simplemente revanchistas, que pugnan por instalarse en los mismos privilegios que critican o en otros similares, o que sueñan con el Poder con idéntico egoísmo al existente entre sus adversarios. ¿Es que los hombres de izquierda están hechos de distinto barro que los de la derecha?

Obviamente, si queremos razonar con seriedad habremos de trascender de lo anecdótico e ir a la comparación estructural, contemplando a la izquierda democrática junto a la derecha también democrática, y concediendo a los propósitos proclamados por ambas el mismo crédito —siempre relativo— de sinceridad y honradez.

Si nos acercamos a sus Congresos internos o leemos sus programas electorales, comprobaremos cómo las dos posiciones políticas persiguen el mismo grado de satisfacción de las necesidades humanas. Ambas quieren solucionar el paro, desean la completa escolarización, ansían la elevación del nivel material y cultural de pueblo, pretenden conseguir la salud y la paz con una vivienda digna para todos... La diferencia no está en los fines, ni tampoco en el criterio básico de que el sacrificio social debe pesar más sobre quien más tiene. La teoría de la capacidad contributiva, con su corolario del impuesto progresivo, la tiene prácticamente establecida toda la derecha del mundo, incluso la no democrática. Yo puedo asegurar con absoluta convicción que nadie desde la izquierda me gana en la prosecución de esos ideales.

La diferencia, repito, no la podemos encontrar en los fines, sino en los métodos para conseguirlos. Utilizando la terminología de Musgrave, la separación entre izquierdas y derechas no está en el propósito de provisión social de las necesidades individuales. Aquí no sólo no hay diferencias favorables a la izquierda, sino que incluso podemos poner bastantes ejemplos de sociedades de derechas que prestan más servicios sociales a los ciudadanos y a las clases necesitadas que otras de izquierdas. La distinción radica en la forma de proveer a las necesidades. La izquierda, fiel a sus postulados marxistas y en todo caso socialistas, confunde provisión social con producción social, y para llevar la escuela o la sanidad a todos, pretende el objetivo de la escolarización u hospitalización en centros públicos, aunque transitoriamente tolere el complemento privado. Todavía en los últimos Congresos del PSOE se cita como objetivo permanente «la transformación radical de la sociedad capitalista en una sociedad socialista», y al bajar a los proyectos en la situación actual señalan que «la transformación social ha de consistir no sólo en la mera transformación de las estructuras de la propiedad, sino fundamentalmente en la conquista del Poder para controlar el sistema de producción en su conjunto y dirigirlo hacia la creación de condiciones que hagan posible una... revisión drástica del modo de producir y del modo de consumir, orientando el trabajo social a la satisfacción de las necesidades colectivas».

La derecha, por el contrario, persigue las mismas metas sin empeñarse por principio en reducir el ámbito privado de producción de servicios sociales. Volviendo al ejemplo escolar, mientras la izquierda tiene reiteradamente confesado su ideal de destinar el presupuesto de educación a dotar a todos los españoles de plaza en la escuela pública (y laica), la derecha postula destinar ese mismo presupuesto para que todos los españoles, en condiciones de igualdad, puedan elegir el tipo de centro que deseen. El nivel de atención y de esfuerzos sociales son los mismos. Pero el PSOE quiere imponer desde el Poder un modo de producir y consumir. La derecha desea que la forma de producir y consumir la determine fundamentalmente la libertad de los ciudadanos y el Estado actúe en función de tales decisiones libres (no sólo para suplir, sino también para corregir cuando sea conveniente). En un análisis ponderado vemos, pues, que de ninguna manera puede sostenerse que estén más próximos a la virtud cristiana de la solidaridad los fines de izquierda que los de la derecha. Pero, ¿qué decir de los métodos?, ¿es que a idéntica satisfacción de las necesidades del prójimo son más éticos los procedimientos colectivistas que los de la libre iniciativa social?, ¿en qué podría basarse tal prejuicio? Creo que es justamente al contrario. Será más ético el medio que consiga el mismo resultado de solidaridad con mayor margen de libertad individual. ¿O es que queremos olvidar que junto con la solidaridad son también valores esenciales del cristianismo la libertad y el mérito?

Como resumen de esta exposición diré que la izquierda no es éticamente superior en los fines, pero es claramente inferior en los métodos. A continuación analizaré qué ocurre en cuanto a los medios, a los modos de actuación y a las medidas concretas.

Posiblemente los lectores estén de acuerdo con mi anterior exposición en que no cabe hablar de primacía ética en los fines entre un socialismo civilizado y democrático y una derecha moderna. Y en que acerca de los métodos son más acordes con los valores cristianos los de una derecha libre que los de la izquierda colectivista. Sigamos con la reflexión. ¿Qué ocurre en cuanto a los medios?

Hace poco que el socialismo nos dio su punto de vista al respecto desde TVE. Nos dijeron que la obtención de la Justicia con mayúscula, permite la realización de una serie de injusticias con minúsculas.

Desde mi posición, este planteamiento de la izquierda no es

admisible. No creo que el fin justifique los medios. Porque además, ¿quién determina los fines superiores que legitiman los medios injustos? ¿Acaso la mayoría? ¿Es que la voluntad mayoritaria no conoce límites? ¿Puede la mayoría, en interés propio, ir restringiendo los derechos de las minorías? ¿Es la Justicia con mayúscula lo que se corresponde con el interés de la mayoría que se forme en cada momento? Estoy seguro que la izquierda no se da cuenta de que quienes practicaron el genocidio utilizaron la misma argumentación moral. ¿Por qué es válida hoy en España y no lo fue ayer en Centroeuropa? ¿Sólo por la diferente magnitud de los hechos?

Sé que la consecución de ciertos beneficios sociales choca a veces con legítimos intereses individuales. Cuando tal cosa ocurre, la solución no puede ser generar comportamientos injustos, ni siquiera con minúscula. O bien se respetan los derechos individuales adquiridos, o se expropian compensando la sociedad al ciudadano por el sacrificio especial que éste haya de sufrir en aras del interés general. La Justicia no es un monstruo abstracto al que haya de alimentarse con injusticias singulares. ¿Es éticamente superior esta filosofía izquierdista de los medios?

Pero quizás alguien me arguya que la superioridad ética del socialismo radica en los modos, en el talante, o en las medidas concretas. Yo comprendo su ilusión. Cuando una conciencia mínimamente sensible ha vivido siempre bajo un sistema de derechas contemplando las mil miserias y abusos que se dan a diario en la vida social, y de repente, una fuerza política relativamente descomprometida con el pasado inmediato se alza al Poder con la bandera desplegada de la moralización de la vida pública, es natural que tienda a identificar a la nueva fuerza con la personificación de la ética y que una propaganda inteligente haga el resto.

Yo creo que la reversibilidad del Poder en una democracia ayuda siempre a mejorar la moral ciudadana como consecuencia de la competitividad del sistema. Pero esto ocurre por la mera posibilidad del cambio y no porque lo sea en dirección al socialismo. Yo temo que mi imaginario lector pueda haberse llevado una decepción si esperaba otra cosa. Como parcialmente me ocurrió a mí.

Durante el franquismo, cuando conocía situaciones de corrupción, me hacía la ilusión de que lo mejor para moralizar el país consistía en traer la democracia, y por ahí canalizaba mis inquietudes. Creo que era razonable pensar que la libertad y la pública competencia privarían a la corrupción de su importante soporte que es la impunidad social. Me contrarió seguir observando nuevos focos de corrupción bajo la democracia que nosotros gobernamos. Y cuando los socialistas llegaron hablando de moralización de la vida pública, volví a esperar, que al menos en principio, dada su mayor pureza de origen, lograrían ese paso positivo. Sabía que más pronto o más tarde, también ellos fallarían en este terreno como ocurre, debajo de la propaganda, en el día a día de los países socialistas. Pero su meteórica velocidad de adaptación me sorprendió. Yo incluso tengo la sensación, en función de las realidades que conozco, de que en estos años la corrupción ha aumentado notablemente. No pongo ejemplos, porque no es mi intención aquí ser censor. Sólo acotar una realidad. Y extraer la conclusión de que no hay razones objetivas para pensar que el socialismo pueda mejorar los comportamientos morales de la clase política o de la sociedad en general. Que no es lógico esperar un comportamiento más elegante o más moral de la izquierda que de la derecha. Ni siquiera pretendo decir aquí y ahora que sean peores. Sólo deseo constatar que es un puro arbitrismo afirmar que son o van a ser mejores.

¿Por qué habría de ser más moral un socialista que un hombre de derechas? Son personas con las mismas tendencias que sus adversarios políticos. Su ideología propende a la moralización individual y social, no lo dudo, pero seguramente en menor grado y con menor exigencia que la de fundamentación cristiana que inspira a otros que están clasificados en la derecha. Y si puede decirse que el largo apartamiento del Poder les ha hecho más morales, por aquello de que el Poder corrompe, ello sólo es válido hasta que alcanzan y se aseguran en el Poder. No en cuanto socialistas. La presunción de moralidad por tal motivo estaría en este momento en favor de la derecha.

Pudiera ocurrir que el lector comparta hasta ahora mis puntos de vista. Que los fines del PSOE no son más éticos que los de la derecha. Que sus métodos y medios, lo son menos. Y que sus modos no puede esperarse que sean globalmente mejores. Y sin embargo, piensa que sus medidas concretas de gobierno son más moralizantes que las de la derecha. Para recordar un caso muy citado como modelo, el proyecto socialista de lucha contra el paro. Veamos.

La batalla contra el paro la plantean los socialistas con dos tipos de medidas. Por una parte, un conjunto de actuaciones técnicas conducentes a crear empleos. Muchos creen que estas medidas son peores que las que diseña la derecha y que el tiempo lo irá (o lo está ya) demostrando. Pero en cualquier caso estamos en el terreno de lo técnicamente discutible y no puede juzgarse la alternativa en términos morales.

Pero, por otro lado, hay una medida que se presenta como el gran avance y aportación ética del socialismo en la lucha contra el paro: la prohibición del pluriempleo. ¿Es realmente así? Vamos a tratar de razonar sin prejuicios ni demagogias.

Parto del principio de que todos los españoles tenemos que sacrificarnos solidariamente para ayudar a nuestros conciudadanos en paro. Sacrificio que, para ser justo, ha de ser general —de todos— y progresivo —más intenso para quien tenga más posibilidades. Por ello propugno que debemos hacer el esfuerzo fiscal que sea necesario y adecuado para que se pueda llevar a cabo una política de inversión —pública y privada— creadora de puestos de trabajo y una política de subsidios de total amplitud (y de gran rigor). Admito también que debemos repartir el trabajo con los desempleados. Pero, ¿supone esto que haya que acabar con el pluriempleo? ¿Todo y sólo el pluriempleo?

La contestación no puede ser simplista. En algunos casos, sí. Con carácter general, creo que no. Es un error o una manifestación demagógica, considerar al pluriempleado como titular de un privilegio. Con frecuencia es lo contrario. Es una persona que no gana lo suficiente para vivir y debe buscar unos complementos para pagar la enseñanza de sus hijos o las letras de la vivienda familiar. No es normal estar pluriempleado por gusto.

No es justo reputar como amoral o antisocial al ciudadano que gana un sueldo de ocho a tres y un complemento por la tarde en otro empleo, y obligarle a dejar su segundo trabajo, mientras que merece todo el respeto social quien percibe un salario incluso superior en un solo trabajo, sin que nadie le exija que comparta su empleo. No comprendo por qué se piden al «pluriempleado» sacrificios que no se reclaman al «uniempleado» aunque esté en iguales o mejores condiciones que aquél. No es justo. Como tampoco lo es la batalla que todos los años emprendemos contra las personas que «disfrutan» de dos pensiones miserables dejando en cambio en paz a quien goza de una sola pero buena.

Hay pluriempleos antisociales por razones de incompatibilidad moral o material. Son pluriempleos a extinguir y en este objetivo la izquierda no pondrá más énfasis que una derecha de inspiración cristiana. Pero prohibir el pluriempleo con carácter general, es provocar numerosas injusticias (absolutas y/o relativas) para obtener unos pobres resultados que pueden y deben superarse por otras vías más equitativas. ¿Dónde está la ventajosa moralidad de la medida?

Concluyendo: quienes votan a la izquierda porque les convence su filosofía o sus programas, tienen todo mi respeto. Aquellos que lo hacen porque buscan un mejoramiento ético de la sociedad, creo sencillamente que están equivocados. Y quienes lo hicieren por liberar su mala conciencia cristiana —individual o colectiva— ansiando una especie de purificación a la polaca, deberían buscar soluciones auténticas en vez de fomentar un síndrome que ya demostró su potencia destructora con la UCD.

VII. LA CONCENTRACIÓN DE PODERES EN EL PSOE, OBSTÁCULO PARA LA ALTERNATIVA

1. Los desmesurados poderes del PSOE

En la antigüedad clásica, ya Aristóteles nos ilustró sobre las perversiones de las formas de Gobierno. Y habló concretamente sobre cómo una democracia puede desnaturalizarse y dejar de serlo sin haber cambiado su denominación, ni siquiera su estructura formal.

En este trabajo, al autor, le importa quede claro que la democracia no existe si el poder gobernante posee los medios para perpetuarse. Por muchas elecciones «libres» que se practiquen, si el Gobierno es capaz de condicionar el sentido del voto popular y asegurarse la mayoría, no hay tal libertad de elección, no es posible la reversión del Poder y falta la más fundamental base de la democracia.

Por eso yo opino —y supongo que el lector también— que el totalitarismo no es compatible con la democracia. Porque cuando el Poder del Gobierno es «total» en la sociedad, la libertad de voto es teórica, pues lógicamente el Gobierno orientará sus controles en favor de sus sucesivas victorias electorales. Suponiendo que, por las razones que sean, quiera mantener la ficción de vivir en una democracia. Una de ellas puede consistir en que la ficción democrática es un modo como otro cualquiera de mantener más fácilmente el control de la sociedad. Los pueblos repelen, si pueden, los controles descarados. Pero tienden a conformarse con los solapados.

Y porque el totalitarismo es incompatible con la democracia, los demócratas siempre se han preocupado por establecer impedimentos a la concentración de poderes. La división de poderes fue conceptuada por Montesquieu, como requisito *sine qua non* para el mantenimiento de la libertad. Pero los liberales sólo clamaron contra la concentración de los poderes políticos, porque no concebían que algún poder político pudiera pretender contar, además y acumuladamente, con el poder social.

Yo deseo ser respetuoso con todos, y constructivo en mis opiniones. Nadie debe ver agresividad en mis juicios. Pero he de razonar con seriedad. Y no puedo ocultar fenómenos que todos conocemos, aunque acaso no valoremos suficientemente.

Uno de ellos es que ya nuestra Constitución, como las de todas las democracias parlamentarias (y a diferencia de las llamadas presidencialistas), consagra la concentración real del Poder Ejecutivo y Legislativo. Quien gana las elecciones, al manejar el legislativo, impone y dirige el Ejecutivo. Pero después de la Constitución, con la Ley Orgánica del Poder Judicial, el Legislativo designa, y por ende controla, los Órganos de Gobierno de la Justicia. De modo que el ganador de las elecciones cuenta en sus manos con los tres poderes del Estado.

Pero no es sólo eso. Es que, además, ese ganador de las elecciones, el PSOE, no es un ganador cualquiera, sino que es un Partido que, como ya demostré con sus propias Resoluciones, está convencido de que puede y debe, no sólo conseguir el Poder político completo, sino asimismo, los poderes económicos y sociales, y ello con carácter hegemónico. Es decir: es un Partido que postula honestamente la concentración de todo el Poder en sus manos, sin duda para realizar unos fines que ellos reputan óptimos para la sociedad. Y que además va camino de conseguir esa concentración de poderes totales y hegemónicos. Si lo logra, aunque mantenga todos los mecanismos constitucionales vigentes, la democracia habrá dejado de existir. Y no se nos diga que ese control social es democrático pues se consigue merced a la voluntad popular manifestada en los votos. Eso sólo ocurre en el momento inicial antes de ejercer el control. Después es a la inversa. No es el control social el que deriva de los votos. Son los votos los que provienen del control social. Razón por la cual la denuncia ha de hacerse cuando todavía estamos a tiempo. Por si es posible convencerles a ellos de que no pueden mantener sus ansias de control total por muy justificados que se crean por sus fines. Y en todo caso, para crear los necesarios mecanismos de resistencia de la sociedad frente a su «ocupación». Prestaré singular atención a los medios de comunicación social.

2. El desequilibrio democrático en los medios de comunicación

La libertad de expresión no sólo es uno de los derechos fundamentales de la persona, y como tales digno de todo respeto y esfuerzo, sino que ADEMÁS de ello, es factor indispensable para la existencia de una democracia. Es el medio para influir en la opinión pública y propiciar el cambio de Gobierno, sin cuya posibilidad efectiva la democracia no existe.

Obviamente, cuando hablamos en 1987 de libertad de expresión, no podemos referirnos a la libertad formal de expresión, como si viviéramos en la infancia de la libertad, sino a la libertad real y efectiva. La que permite eficazmente que las distintas opciones políticas y sociales tengan posibilidades equivalentes para hacer llegar su mensaje y su propuesta a los electores del país. Porque, a riesgo de ser pesado, debo señalar que un sistema escrupulosamente «democrático» en sus estructuras, con libertad de expresión formal para todos, pero en el cual el Gobierno y su maquinaria política dominen en su favor la mayoría de los medios de comunicación en los cuales debe ejercerse la libertad de expresión, no es de verdad democrático. La igualdad de oportunidades desaparece, y la alternancia se hace inviable. Dicho con otras palabras: no es democrático.

Así se comprendió siempre. Pero nunca el tema fue tan importante como ahora. La efectiva libertad de expresión es mucho más transcendental para la democracia hoy que en sus orígenes. Pues en tiempos pasados, la opinión pública con relevancia política era reducida, ya que el voto era censitario o dirigido. Bastaba para llegar a las personas decisivas, con las intervenciones orales en los Parlamentos a las que se sumaban unos pocos miles de ejemplares de periódicos y libros, más la acción de tertulias, ateneos o púlpitos. Hoy la situación es radicalmente diferente. El voto es universal y, además de ello, todo votante recibe en mayor o menor grado el impacto de la información o propagandas políticas, merced a las modernas técnicas audiovisuales. Convendrá, pues, que pasemos revista al estado actual de la efectiva libertad de expresión en España.

En materia de Prensa escrita, la libertad formal y la real de principio, es con mucho la mayor de las existentes en todos los medios de comunicación, pues la creación de periódicos es una actividad que puede ser ejercitada por los ciudadanos sin concesión alguna del Poder. Pero no es suficiente como para generar el equilibrio de las distintas opciones políticas ante el hecho de la información. En primer lugar, porque si bien la Prensa es un medio que marca una huella intensa en sus destinatarios, y éstos son las porciones cultas de la sociedad, su número es proporcionalmente escaso. Poco más del 20 % de los españoles leen periódicos con la atención o preparación mínima como para recibir sus mensajes. Pero es que tampoco puede decirse que la Prensa escrita sirva para compensar, en su ámbito de lectores, la tendencia progubernamental de los medios audiovisuales. Los periódicos de «Provincias» son en gran medida puramente comerciales, sin adscripción ideológica, aunque unos pocos sí que la tienen, unas veces prosocialista y otras en favor de tendencias de derecha. Y en cuanto a los de difusión «nacional», el resultado en balance es sensiblemente favorable en tirada hacia el socialismo, no porque se trate de periódicos de Partido, sino por sus afinidades ideológicas hacia la izquierda. El Poder tiene asimismo unas posibilidades grandes de influir en la Prensa, para hacerla favorable o evitar que sea adversa, especialmente si tenemos en cuenta las dificultades de financiación de los periódicos clásicos de largas tiradas nacionales. El manejo de distintas partidas presupuestarias (papel Prensa, inversión...), la distribución de la publicidad e información del sector público, las deudas fiscales y a la Seguridad Social de las Empresas periodísticas, la influencia en profesionales colaboradores de periódicos... son distintas vías de penetración en el sector. Creo que, en resumen, el número de mensajes proizquierdistas que reciben los españoles a través de la Prensa exceden con mucho a los contrarios al socialismo.

La Radio es un medio comunicativo en alza y con audiencia considerable. Pero en este medio, la libertad es francamente reducida. Hay primeramente un importante bloque de Radio oficial, integrado por las antiguas redes de Radio Nacional, sindicales, y del Movimiento, dotado de enormes medios y posibilidades y cubriendo amplia y acumulativamente toda la geografía patria. Su orientación es abiertamente progubernamental y prosocialista. Existen también emisoras privadas, pero por un sistema de concesión gubernativa, temporal, sin garantía de renovación, y con un 25 % de presencia del Estado —obligatoria— en su capital y dirección. La mayoría de ellas son comerciales y sin definición ideológica. Unas cuantas se integran en cadenas (SER, COPE, RATO...) importantes. La SER, que era «contestataria» respecto del Poder de turno (primero ejerció la función con UCD. Luego con el PSOE), pasó a ser controlada por las gentes de *El País* y perdió mucha de su independencia crítica. La COPE va girando (en las horas que yo la escucho) hacia posturas ingratas para el socialismo. El balance actual de la Radio es, pues, considerablemente beneficioso para la izquierda. Y sus perspectivas de futuro, merced al control concesional, pueden ser todavía mejores para el Poder.

Las cosas ya funcionan, pues, en dirección propicia al PSOE antes de entrar a considerar el elemento televisivo. Con la Televisión, el desequilibrio pasa a ser brutal. Es el gran medio de comunicación. No sólo por su número de seguidores que es la gran mayoría de la población, sino por su capacidad de impacto, que no se circunscribe al mensaje claro y diáfano, sino que utiliza la imagen subliminal y hasta la película aparentemente innocua. Posiblemente la propaganda indirecta sea más importante que la declarada. A efectos electorales, me refiero. Recuérdese que en democracia, un hombre es un voto con independencia de su cultura o preparación intelectual. Y que el español inculto ve más impulsado su voto por los gestos o imágenes que perciba en Televisión, que por los discursos o razonamientos que se le hagan.

Y la Televisión ya sabemos que hoy por hoy, cuando escribo estos textos, es un monopolio gubernamental. No voy a decir que sea monolítica en la presentación de ideas. Sería injusto. En parte se cumplen los principios programáticos del pluralismo. No es monolítica en cuanto a la totalidad de los impactos que emite. Pero sí en cuanto al mensaje resultante de tales impactos. Quien es capaz de controlar el 75 % de los impactos que emite Televisión, gana más reservando para sí ese 75 % y distribuyendo el 25 % restante entre sus adversarios, que aprovechando el 100 %. Porque consigue el mismo resultado de aplastar dialécticamente al adversario, pero con unas pequeñas dosis de variedad que, encima, le hacen más creíble en el mensaje que impone.

Ésta es la realidad de nuestra Televisión oficial. Tanto en cuanto a la filosofía social o de fondo que sistemáticamente promociona la nueva cultura del Poder, como en sus juicios sobre la labor de Gobierno. Todos hemos podido ver cómo la opinión mayoritaria de los españoles fue moldeada por Televisión en poco tiempo, en asuntos tales como la trivialización de la droga (ahora se percibe un parón), la apología de la homosexualidad, la ampliación del aborto. Con dos o tres meses de Televisión beligerante, las encuestas de opinión de los españoles van girando a favor del Poder. Hasta en el asunto de la OTAN, donde el Poder partía de posiciones contrarias a las finales.

La oposición política también accede a la pequeña pantalla, pero cubierta por un alud de presencias contrarias representadas por los informativos institucionales del Ente, individuos de Gobierno, miembro de su Partido, o ciudadanos simpatizantes de sus tesis.

Todas las posiciones parlamentarias del Gobierno son amplia y sucesivamente expuestas en Televisión. Como inquietud, como rumor, como borrador, como anteproyecto, como proyecto y como norma en su caso. Mientras la actuación parlamentaria de la oposición permanece ignorada. Alguna vez les he dicho a mis correligionarios de las Cortes que yo admiro sus esfuerzos e iniciativas. Pero que son inútiles ante el silenciamiento de TVE. Para el pueblo en su mayoría, no existen. Lo que no está en Televisión, no está en la vida política práctica. Si un diputado de derecha, interpela al Gobierno sobre un asunto importante y Televisión se limita a contar que en la sesión de la Cámara legislativa, tales diputados plantearon cuestiones al Gobierno que fueron contestadas por los ministros respectivos, las interpelaciones quedan sin eficacia social.

El control político no se ejerce tan sólo en informativos y en programas de fondo. Hasta en los espacios de variedades tenemos que soportar el alud socialista. Yo últimamente veo poca Televisión. Pero una noche que la encendí, me encontré en primera cadena al ministro de Educación en una comparecencia parlamentaria. Sólo se recogía su voz, y escasísimamente la imagen de los señores diputados. Como me molestó cambié a la segunda cadena que presentaba un espectáculo de variedades mezclado con entrevistas. Los entrevistados eran tres. El presidente del PSOE, don José Prats, el líder de las Juventudes Socialistas, y un tercer invitado «independiente» (aunque no tanto que carezca de algún nombramiento de libre designación del PSOE). Por supuesto, lo mismo el señor Prats que el joven socialista, se dedicaron con amplitud a predicar las bienaventuranzas del socialismo y a defender la gestión del Gobierno.

Junto a la técnica de dar y quitar espacios, se utiliza también la del enfoque de los que se dan. En los últimos tiempos de Fraga como líder de AP, se publicó un largo reportaje dedicado a su desprestigio. Curiosamente pocos días tras su dimisión, se emitió otro, no menos largo, exaltando su figura pero desprestigiando a todos los dirigentes de la derecha. El resultado es el mismo políticamente hablando: el Poder, a través de Televisión, enloda a sus adversarios del momento.

En una ocasión, un miembro del Gobierno socialista atacó mi pasada gestión política desde Televisión utilizando datos falsos (o equivocados si se prefiere). Escribí al director del Ente acompañando la documentación. Y solicité, no tanto en virtud de normas legales, como en función de los principios democráticos, que se rectificara la información. Guardo la contestación recibida a mi solicitud. Era negativa. Y me negaban la rectificación, alegando que quien había incurrido en falsedad no había sido Televisión, sino un «invitado» de Televisión.

Yo no digo que Televisión consiga manipular las convicciones de todos sus oyentes. Ni mucho menos. Incluso en estos momentos hay gentes en las que suscita un rechazo sistemático. Pero son minorías las que quedan inmunes. Y en todo caso, con que Televisión, día a día, mes a mes y año tras año, sea capaz de convencer a un 30 % de su audiencia de la utilidad del voto socialista, ya es bastante y determinante para el triunfo electoral del PSOE. porque todos los partidos tienen unas clientelas más o menos estables y lo que necesitan para ganar es atraer dos o tres millones de votantes indecisos. Pienso que nadie me discutirá que el PSOE puede asegurar varios millones de votos gracias a Televisión. Con eso, sumado a su esfuerzo, garantizan la victoria.

Y volviendo al juicio global, no será temerario decir que acaso el 80 % de los impulsos informativos o políticamente orientadores, distribuidos por los medios de comunicación social españoles en este momento, o son controlados por el Poder, o son favorables al Poder. ¿Permite ello el funcionamiento real de una democracia con alternativa de Poder? Contéstese a sí mismo el lector, aun dando por supuesto que no llegue a plasmarse en realidad el proyecto sugerido por don Santiago Varela de una LODE para los medios privados de comunicación.

3. La TV privada como eventual solución al desequilibrio

El planteamiento según el cual, con el establecimiento de cadenas privadas de Televisión, puede darse solución al desequilibrio actual del que el Poder goza en los medios de comunicación, tiene algunos vicios de partida. Uno, que el equilibrio y sus condiciones objetivas, han de existir en todo los medios y no sólo en TV. Otro, que falta por suscitar una cuestión previa: ¿Por qué han de existir Radio y Televisión públicas? ¿No deben privatizarse estos medios como se hizo con la cadena de Prensa del Estado? ¿Por qué unos sí y otros no? Aunque en los abusos gubernamentales sobre RTVE quepa distinguir grados, ¿realmente alguien cree que es posible a corto y medio plazo que en España la Radio y Televisión gubernamental sea imparcial? ¿Es bueno para la democracia que el Gobierno pueda manipular partidistamente tan poderosos medios de comunicación? Y si para la democracia no es buena la existencia de una Radiotelevisión pública, ¿para quién lo es? ¿Estaría peor servido el ciudadano si la Radiotelevisión fuera toda privada como la Prensa? (1).

No obstante voy a centrarme en la realidad que se nos ofrece en forma de proyecto de habilitación de Televisiones privadas. ¿Es ésta la solución? Yo opino que no lo es necesariamente. Aunque, según y cómo, podría colaborar a la solución.

(1) Los grandes intereses nacionales se garantizarían con la legislación de movilización para la defensa nacional en casos de crisis y acaso con la obligatoriedad de difundir comunicados de los poderes públicos.

Estoy seguro de que con toda buena fe, el Gobierno socialista expone un prejuicio que es erróneo, si bien tal prejuicio sería más propio de la derecha. Se confunde régimen de Televisión privada con libertad de Televisión. Cuando ambas no son una misma cosa. La propiedad privada es un instrumento necesario para la libre iniciativa. De acuerdo. Es necesario. Pero no suficiente. Con propiedad privada de las empresas, puede haber una economía no libre. El concepto de libre empresa es mucho más amplio que el de propiedad privada. Y de hecho, en nuestra Constitución se ha considerado preciso reconocer, además de la propiedad privada, la libre empresa (artículos 33 y 38). En una ocasión en que el señor González en el Congreso quiso demostrar que su Gobierno también respetaba la libertad de enseñanza, puso como ejemplo a la LODE que permite la titularidad privada de centros de enseñanza, a los que incluso financia el Estado. Y se equivocó con el argumento. Los centros concertados en el marco de la LODE pueden ser de propiedad privada, pero su gestión y la orientación de su enseñanza están «expropiadas» por la LODE. No son «libres». Algo parecido podría ocurrir con la TV. La TV privada no supone que la TV sea libre. En la Alemania nazi, elementos esenciales se producían por empresas privadas que no eran libres.

El actual desequilibrio democrático que generan unos medios de comunicación mayoritariamente (en impactos, no en medios) dominados por el Poder, puede mejorarse, pero también mantenerse y aun empeorarse, con emisoras privadas de Televisión.

Puede empeorarse si, a la TV pública y gubernamental, se le superponen Televisiones privadas neutras ideológicamente. Porque con ello el Gobierno mantiene sus cotas de propaganda pero drenando los disgustos y rebeldías de quienes ya no soportan la Televisión oficial. Y también puede empeorarse si la TV privada se otorga a grupos afines. Pues añadiría a la más grosera influencia gubernamental de la TV pública otra influencia más creíble de la privada. (El periódico *El País* aporta más votos al socialismo siendo privado afín, aunque independiente, que *El Socialista*).

Puede mantenerse, si prospera la tesis que según indicios de este momento quiere aplicar el Gobierno. Un canal al menos para un grupo ideológicamente afín (un grupo con mentalidad «progresista» según la terminología que Felipe González utilizó para referirse a su tesis). Y otro u otros para grupos empresariales no ideológicos, o a los que con razones varias se obliga a unirse, mezclarse y neutralizarse como consecuencia. Las cadenas afines mejorarían la posición del Poder socialista. Las otras no molestarían al socialismo, o le molestarían mínimamente, pues mezclar grupos de variada ideología (aunque no sea socialista) o entidades ideológicas o ideologizadas, con otras puramente comerciales no permite crear canales compensatorios de otros que son beligerantes y unidireccionales. El peso sociológico de un Poder que va hacia el control político, económico y social, que domina o influye poderosamente hasta los instrumentos de financiación, y pesa grandemente en el mercado publicitario, hace el resto del trabajo neutralizador. O al menos aconseja la no beligerancia frente al Poder en estas cadenas privadas de los no afines.

También podría suponer una mejora notable de la situación. Pero para ello habría que abandonar tajantemente toda pretensión por parte de los poderes públicos de «conceder» canales de Televisión a los particulares. O las redes imprescindibles para su implantación, que sería lo mismo. Si la libertad de expresión por cualquier medio es un derecho fundamental de la persona (art. 20, 1, a) de la Constitución) y tal libertad es básica para la democracia, la creación de emisoras de Televisión por los particulares debe ser tan libre como la de periódicos. Cierto que los sistemas clásicos de Televisión pueden provocar interferencias que el Estado tiene que evitar. Pero ello sólo exige que los poderes públicos regulen las condiciones y puntos en que los ciudadanos, por causar perjuicios a los demás, han de abstenerse de ejercer su libre expresión televisiva. Y, respetados tales límites, los españoles deben poder emitir televisión tan libremente como escriben. Límites que, por otra parte, cada vez son menos necesarios, pues van existiendo modalidades de transmisión televisiva (la TV por cable, el vídeo comunitario, la TV por satélite, las Televisiones locales...) que no crean interferencias o las producen mínimamente.

Igualmente es verdad que los medios técnicos que utiliza el Estado para su Televisión tienen una capacidad inelástica de absorción de programas. Y si, en este momento, son más en número los proyectos de Televisión privada que quieran utilizar los circuitos clásicos de Televisión Española, que aquellos que la red pueda técnicamente acoger, habrá que arbitrar un un procedimiento selectivo (exclusivamente para los que acudan al sistema de capacidad limitada). Dicho procedimiento ha de garantizar el pluralismo político social, pero no dentro de cada emisora, sino en el sistema televisivo en su conjunto, teniendo en cuenta que la ideología socialista ya cuenta con dos importantísimas cadenas a su servicio financiadas por el Estado. Y aún podría tener una tercera si el canal de los privados se concede a Comunidades Autónomas mayoritariamente controladas por el PSOE. No caigamos en la ingenuidad del pluralismo interno de cada emisora. No sólo porque con él no se garantiza la libertad que exige también proyectos ideológicamente definidos, sino asimismo porque ya sabemos cómo el Poder interpreta el pluralismo interno en TV: a cada Partido désele espacio proporcional a sus escaños parlamentarios. La información sobre la actividad administrativa es aparte (como si la información sobre proyectos y acciones gubernamentales no fuera un eficacísimo modo de propaganda del Partido gobernante). Y las opiniones populares, culturales o científicas de los invitados a la pequeña pantalla, se escogen según lo que el Poder en Televisión considera que son más representativas (se vuelve al criterio de votos y escaños). Con lo cual el «pluralismo» interno es una burda coartada para conseguir un acusadísimo apoyo directo e indirecto al Poder. Recordemos que ningún precepto de la Constitución obliga a cada agente individual o social a recoger en «su» expresión libre el pluralismo de la sociedad. Mientras que por el contrario la Constitución garantiza a cada persona individual o jurídica el derecho a difundir libremente sus peculiares opiniones o concepciones de la vida. Tan homogéneamente como las sienta. Imponer a una persona el corsé del pluralismo social para expresar opiniones, violenta su derecho fundamental a la libre expresión. El pluralismo se consigue respetar, por el contrario, permitiendo que cada uno de los distintos agentes sociales expresen libremente sus diferenciadas opiniones y filosofías de la vida.

Y aún más, si cualquier que fuere la fórmula legal, no se llega a un auténtico equilibrio informativo e ideológico entre los distintos impactos que reciben los españoles (en cantidad y calidad análogas), la crítica al Poder o la formulación de alternativas serán un desahogo irrelevante y la democracia española, en el mejor de los casos, será ficticia.

Como lo será si no establece un sistema televisivo en el que efectivamente quepan modelos ideológicos diferentes, con opciones contrarias nítidamente a las socialistas, y de peso social equilibrante (1).

(1) No dejaría de ser lamentable que la derecha española para poder defenderse de la hegemonía socialista, tuviera que escapar del ámbito de aplicación de la legalidad interna y acudir a contratar un canal de Televisión vía satélite que podría denominarse «TV-España Libre».

VIII. ADVERTENCIA FINAL

Como persona que ha puesto muchas horas e ilusiones en el advenimiento y consolidación de esta democracia, tengo que denunciar con objetividad y esperanza que marchamos en mala dirección. Pero que aún estamos a tiempo de corregir el rumbo y salvar la esencia del Sistema. Si actuamos con rapidez y decisión. En todos los frentes que he dejado reflejados en mi trabajo. Y acaso en otros que yo no veo o que no he podido atender en esta ocasión. Y comenzando ya con la lucha condicionante por la auténtica igualdad de oportunidades en los medios de comunicación.

Si no se hace así, o los esfuerzos que se hagan resultan inútiles, pronto habrá capas de ciudadanos españoles que comenzarán a plantearse la legitimidad del Poder político imperante. Se volverá a distinguir entre legalidad y legitimidad y a acatar la legalidad pero en posición de íntima rebeldía, sin faltar, como siempre, quienes se consideren obligados a aflorar su rebeldía y a desacatar la Ley.

Se podría reproducir el dilema moral de otros tiempos. Colaboracionismo. ¿Sí o no? ¿Se debe colaborar con un sistema ilegítimo tratando de mejorarlo en lo posible, o hay que abstenerse en conciencia de servir de coartada y apoyo al Poder ilegítimo? Esta vez, la duda sobre el colaboracionismo, asaltaría a quienes se sienten de oposición. ¿Deberían seguir en las instituciones del Sistema, permitiendo así, como en México o Europa del Este, que el Gobierno adquiera imagen democrática? ¿O habrían de abandonar los Parlamentos y las elecciones de un Régimen sin posibilidades efectivas de recambio en el Poder?

Quiero ser optimista. Confío en nuestro esfuerzo. Y espero que los señores del Poder comprendan que han de abandonar su afán de control total. Porque en otro caso, lectores, amigos, advierto a quien proceda que nuestra democracia puede morir.

ÍNDICE ONOMÁSTICO

A

B

N

O

P

R

S

T

U

V

Z